O SENADOR ACABA DE MORRER

A VIDA E O ASSASSINATO DE UM DOS POLÍTICOS MAIS IMPORTANTES DA HISTÓRIA DO BRASIL

Livros do autor publicados pela **L&PM** EDITORES

Coleção **L&PM** POCKET:
100 receitas com lata
100 receitas de aves e ovos
100 segredos de liquidificador
200 receitas inéditas
222 receitas
Anonymus Gourmet em Histórias de cama & mesa
Cardápios do Anonymus Gourmet
Comer bem, sem culpa (c/ Fernando Lucchese e Iotti)
Cozinha sem segredos
Dieta mediterrânea (c/ Fernando Lucchese)
Mais receitas do Anonymus Gourmet
Na mesa ninguém envelhece
Novas receitas do Anonymus Gourmet
Receitas da família
Receitas fáceis
Show de sabores
Voltaremos!

Livros convencionais:
233 receitas do Anonymus Gourmet
A boa mesa com sotaque italiano (com Iotti)
O brasileiro que ganhou o prêmio Nobel
Copos de cristal
Enciclopédia das mulheres
Meio século de Correio do Povo
Memórias do Anonymus Gourmet
Opinião x censura
Recuerdos do futuro
O Senador acaba de morrer

JOSÉ ANTONIO PINHEIRO MACHADO

O SENADOR ACABA DE MORRER

A VIDA E O ASSASSINATO DE UM DOS POLÍTICOS MAIS IMPORTANTES DA HISTÓRIA DO BRASIL

L&PM
EDITORES

Texto de acordo com a nova ortografia.

Capa e foto: Ivan Pinheiro Machado. Detalhe do mausoléu do Senador Pinheiro Machado no Cemitério da Santa Casa de Misericórdia de Porto Alegre
Preparação: Mariana Donner da Costa
Revisão: Lia Cremonese

CIP-Brasil. Catalogação na Fonte
Sindicato Nacional dos Editores de Livros, RJ

M131s

Pinheiro Machado, José Antonio, 1949-
 O Senador acaba de morrer: A vida e o assassinato de um dos políticos mais importantes da História do Brasil / José Antonio Pinheiro Machado. – 1. ed. – Porto Alegre [RS]: L&PM, 2018.
 296 p. : il. ; 21 cm.

 ISBN 978-85-254-3812-6

 1. Pinheiro Machado, José Gomes, 1851-1915. 2. Senadores - Brasil - Biografia. I. Título.

18-52892   CDD: 923.2
              CDU: 929-029:32

Meri Gleice Rodrigues de Souza - Bibliotecária CRB-7/6439

© José Antonio Pinheiro Machado, 2018

Todos os direitos desta edição reservados a L&PM Editores
Rua Comendador Coruja, 314, loja 9 – Floresta – 90.220-180
Porto Alegre – RS – Brasil / Fone: 51.3225.5777

Pedidos & Depto. Comercial: vendas@lpm.com.br
Fale conosco: info@lpm.com.br
www.lpm.com.br

Impresso no Brasil
Primavera de 2018

*Para Maria Manoela, Antonio, Cassiano,
Miguel Alarico e Martina,
a certeza contra a intolerância:
"¡No pasarán!".*

E, claro, para a Linda.

*É a persistente
memória
de uma insistente
história
que é permanente
e não transitória.*

Os deuses se preocupam que as futuras gerações tenham algo para cantar: por isso tecem as desgraças dos homens.

HOMERO

Quem escreve só pode falar de seu pai, ou de seus pais e de seus avós, de seus parentescos e genealogias. De modo que esta será uma história de dívidas, como todas as histórias verdadeiras.

RICARDO PIGLIA

O Senador Pinheiro Machado foi uma esplêndida figura que dominou a política nacional por cerca de vinte anos, sem jamais se servir do prestígio oficial para vantagens pessoais de qualquer tipo ou espécie, fosse a si próprio, ou a membros de sua família.

ARTHUR FERREIRA FILHO

1

Seriam mais ou menos 4:35 horas da tarde. Um dos telephones da nossa redacção tilintou, rapido.

– O que deseja?
– É o Correio da Manhã?
– Sim, senhor.
– Aqui fala um dos amigos do 'Correio'. Acaba um homem do povo, ao que parece, de assassinar o Senador Pinheiro Machado!
– Como sabe o senhor disso?
– Agora mesmo saltei do bonde e penetrei no Hotel dos Estrangeiros, de onde lhe falo. O cadaver do Senador Pinheiro Machado acha-se ainda aqui.

E a ligação foi interrompida.

Immediatamente tres dos nossos companheiros abandonaram a redacção, para colher informações sobre a noticia que nos fôra, tão inesperadamente, communicada por telephone.

Poucos minutos, porém, decorreram depois da saida daquelles representantes do Correio da Manhã, quando outro nosso companheiro varou precipitadamente a redacção, informando-nos de que já se vulgarizara, com insistente brutalidade, a noticia do assassinato do vice-presidente do Senado Federal.

Essa noticia era grave demais, para ser acreditada para logo, deante das escassas minucias informadas. Esperámos, por isso, e com explicavel anciedade, a sua confirmação, para a transmitir ao publico, em boletins.

Já por esse tempo – deviam ser 5 horas – compacta massa de povo, na qual se lobrigavam pessoas de representação social, detinha-se defronte da nossa redacção, á espera dos nossos boletins.

Recebemos, então, pelo telephone, nova communicação do assassinato do Senador Pinheiro Machado, feita por um quinto ou sexto companheiro de trabalho.

– Viu o cadaver?
– Não. A noticia, porém, é verdadeira.
– Pois assim que vir o general Pinheiro confirme-a. E procure a confirmação, indo ao local.

A massa de gente defronte da nossa redacção avolumava-se, porém, cada vez mais, presos instinctivamente de anciedade. É que a noticia já corria por toda a cidade, em fórma de boato.

Na época, em 1915, o Rio de Janeiro tinha muitos jornais diários. Todos noticiaram o assassinato com destaque, expressando a surpresa e a emoção que sacudiu a capital e, em seguida, o país. O Senador Pinheiro Machado era considerado a personalidade mais importante da cena política brasileira. Também era conhecido por "general", título que recebeu do marechal Floriano Peixoto pela sua atuação no Rio Grande do Sul, na sangrenta Revolução Federalista de 1893. A notícia logo se espalhou e muitos jornais imprimiram edições extras.

A politica nacional attingida em cheio pelo golpe de punhal que cortou abruptamente a existencia do general José Gomes Pinheiro Machado, transformou-se de subito numa formidavel interrogação para o paiz.
A Notícia, 9/9/1915

O general Pinheiro Machado, a exemplo de todos os grandes dominadores das multidões, nunca tomou em conta da sua obra publica as opposições infimas, as resistencias imponderaveis ao seu espirito de luctador affeito a enfrentar e vencer as maiores energias antagonicas; nem a molestia ou a sua morte entraram jamais em seus calculos como factores possiveis do insucesso de suas idéas e das aspirações que S. Ex. aggremiara, disciplinara e movia a seu talante com absoluta confiança na sua peregrina estrella.

A Tribuna, 9/9/1915

Quiz a ironia do destino que o general Pinheiro Machado, homem cavalheiresco e altivo e possuidor de qualidades excepcionaes de coragem, experimentadas em muitos campos de batalha e em varias pendencias de honra, viesse cahir assassinado, victima de um braço covarde e traiçoeiro, a serviço da loucura de um cerebro inculto. As ultimas palavras do illustre vulto republicano mostram que elle apezar da fulminante rapidez da scena, percebera nitidamente o alcance do que succedia ao pronunciar com raiva e revolta: "Ó canalha!".

O Jornal, 9/9/1915

O *Correio da Manhã* era o jornal de Edmundo Bittencourt, inimigo do Senador: ambos chegaram a se bater num duelo em que Bittencourt saiu ferido. Mas, naqueles tempos de cavalheirismo e, diante da tragédia brutal, o *Correio da Manhã* noticiou o assassinato do Senador de forma vívida, com imparcialidade e consternação:

Um dos tres companheiros nossos que haviam partido para o Hotel dos Estrangeiros conseguiu, finalmente, comunicar-se com a redacção pelo telephone official:
– O Senador Pinheiro Machado foi, effectivamente, assassinado, com uma punhalada nas costas, no saguão do Hotel dos Estrangeiros. O assassino é um moço brasileiro, nascido em

São Paulo. O cadaver do Senador sul-rio-grandense acha-se numa das saletas de espera do andar terreo do hotel, cercado de amigos. Vi-o.

Depois de percorrermos detidamente algumas dependencias do andar terreo do hotel, inclusive a saleta de espera onde se achava, sobre uma mesa, estendido o cadaver do Senador Pinheiro Machado, voltamos á sala contigua ao saguão, onde se verificara o assassinato, e palestramos com o dr. Bueno de Andrade, testemunha de vista do tragico sucesso. O deputado paulista achava-se succumbido. A sua physionomia revelava uma fadiga moral excessiva. Trocamos um ligeiro cumprimento com o parlamentar paulista e conduzimol-o para uma poltrona daquella sala.

– Então, dr. Bueno, como foi essa tragedia?

Elle olhou-nos um momento e confirmou:

– Diz bem: uma tragedia! Estavamos a uns quatro passos da escada espiral do saguão. O Senador rio-grandense achava-se de costas exactamente para a parte anterior do saguão, de frente, portanto, para os fundos dessa dependencia do hotel. O sr. Cardoso de Almeida e eu estavamos collocados de maneira que não podiamos avistar immediatamente quem penetrasse no hotel, pelas suas portas principaes.

Os srs. Cardoso de Almeida e Bueno de Andrade, segundo uma versão, subiram, ladeando o sr. Pinheiro, ou, consoante outra versão, recusaram-se a subir, dizendo em tom de pilheria:

– Suba você sosinho...

Foi precisamente no instante em que o assassino surgiu.

– E, como era esse assassino?

– Não pude guardar-lhe as feições, continuou o sr. Bueno de Almeida. Pareceu-me, porém, que era moço, vestia roupas escuras, chapéo de palha, paletot aberto, sem collete. Vi-o de relance.

– E como praticou o assassinato?
– Ladeado pelos dois deputados, encaminhou-se o Senador do saguão para o interior do hotel. Ao se aproximarem o general e os dois companheiros do salão de leitura no hotel, o individuo apunhalou pelas costas o Senador. Este virou-se, rapidamente, e exclamou, com indignação: "Canalha!".
Este é o facto: o sr. Pinheiro Machado foi apunhalado pelas costas, quando atravessava o saguão para entrar na sala do hotel. O assassino surgiu por detrás do Senador Pinheiro e golpeou-o pelas costas.
Logo depois que o Senador estremeceu e exclamou:
– Canalha!
Então, o covarde correu.
O assassino saiu a correr para a praça José de Alencar.
O sr. Cardoso de Almeida deitou a correr em sua perseguição: saiu na perseguição do aggressor, em companhia de outras pessoas. Ferindo mortalmente o sr. Pinheiro Machado, o seu assassino foi alcançado, preso logo adiante e entregou o punhal homicida ao sr. Cardoso de Almeida, sem a menor resistencia e confessando elle o crime.
O dr. Bueno de Andrade, que não comprehendeu, ao primeiro momento, a gravidade do facto, não presumindo que o general Pinheiro Machado houvesse sido ferido, interrogou:
– O que quer dizer isto?
– Estou apunhalado, respondeu o Senador Pinheiro.
Ao sentir-se ferido mortalmente, o sr. Pinheiro Machado desceu tranquillamente as escadas e, encaminhando-se para a sala de visitas do hotel declarou estar ferido, sentando-se em uma cadeira, e expirando minutos após. O Senador Pinheiro Machado caiu sem pronunciar mais palavra alguma, expirando pouco depois, sendo inuteis os soccorros que lhe prestaram.
Correio da Manhã, 9/9/1915

Francisco Manso de Paiva, 33 anos, entrou desapercebido pela porta da frente do Hotel dos Estrangeiros, localizado na Praça José de Alencar, Lapa, no Rio de Janeiro. Inaugurado em 1849, o hotel era considerado o melhor da cidade – logo, do Brasil. Foi um dos primeiros a ter banheiros com ducha, lavanderia, restaurante e telefone com linha exclusiva para os hóspedes ilustres. Rapidamente, se tornou ponto de encontro de empresários e políticos da capital federal. Por esse motivo, inclusive, Paiva estava lá, esperando. Escondido.

Naquela manhã de 8 de setembro de 1915, às 16h30min, Pinheiro Machado chegou ao saguão do Hotel dos Estrangeiros fazendo barulho. Estava em casa. Lá era seu endereço preferido para encontros de política. Segurava pelo braço o senador Rubião Júnior, do PRP (Partido Republicano Paulista) de São Paulo, e era seguido de perto pelos deputados paulistas Cardoso de Almeida e Bueno de Andrade.

De repente, ouviu-se o grito:

"Ah, canalha. Fui apunhalado pelas costas".

A frase era literal. Aos 65 anos, conhecido por ser a eminência parda da República Velha e um dos mais poderosos políticos do país, o senador gaúcho José Gomes Pinheiro Machado foi ferido de morte por Manso de Paiva, um padeiro desempregado, desertor do exército e ex-cabo da policia, natural do Rio Grande do Sul. O assassino confesso não fugiu nem tentou se livrar da culpa. Entregou a faca suja de sangue nas mãos de um deputado e esperou a policia. Preso em flagrante, foi depois julgado e condenado a 30 anos de prisão. Até a morte, na década de 1960, declarou ter agido por conta própria, e não a mando de alguém.

Nosso Século

O resultado da autópsia revelou a extensão e a violência da agressão sofrida pelo Senador Pinheiro Machado:

> *Os medicos que autopsiaram o cadaver do Senador Pinheiro Machado encontraram um ferimento penetrante da cavidade thoraxica, attingindo o pulmão e seccionando completamente a arteria pulmonar e attingindo o bronchio.*
> Recorte da ampla cobertura feita pelo **Correio do Povo,** de Porto Alegre, 10/9/1915

A punhalada fatal, pelas costas, na entrada do Hotel dos Estrangeiros, abalou o Brasil na tarde de 8 de setembro de 1915.

Pouco depois do crime, os jornais do Rio de Janeiro, e também das principais capitais brasileiras, publicavam a notícia em edições extras: era o jornalismo ágil do começo do século XX, quando não se sonhava com internet. Considerando os recursos disponíveis na época, faça-se justiça: os jornalistas daquele tempo brilhavam em agilidade. Algumas horas depois do crime, o *Correio da Manhã* já tinha uma edição extra circulando pelas ruas do Rio, com uma vívida narração dos fatos.

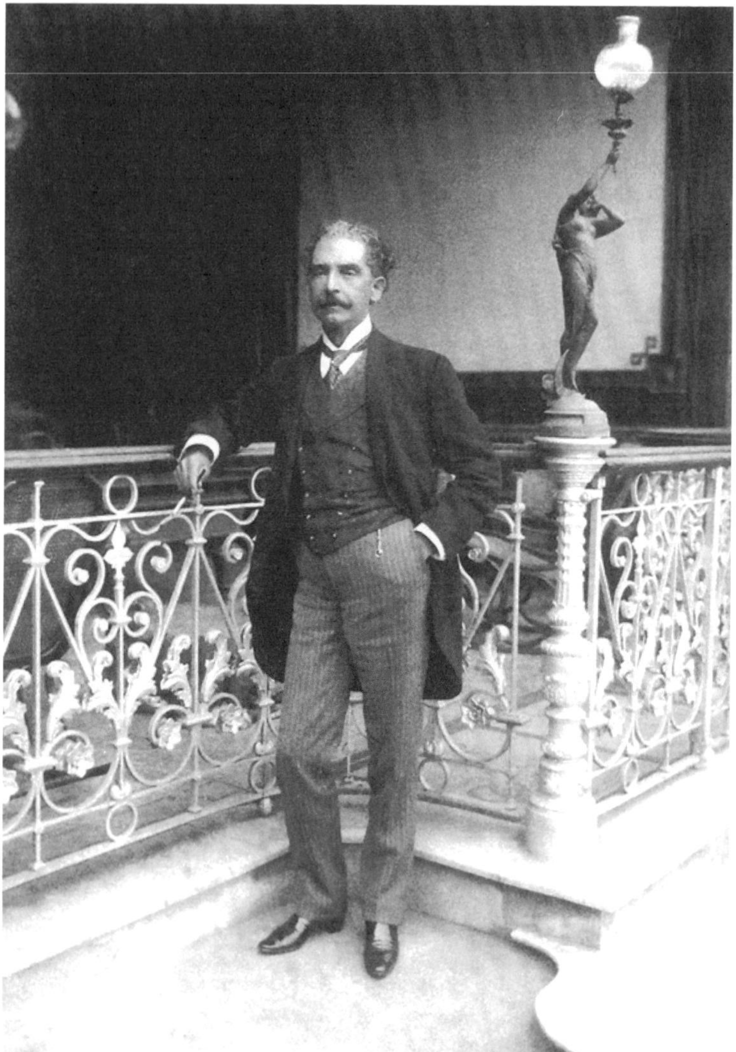

2

Assassinado em 1915, o Senador José Gomes Pinheiro Machado reviveu, inesperadamente, para me salvar, em 1968, quando eu estava encarcerado num presídio de São Paulo.

Mas a salvação só veio depois, como se fosse um sonho. Antes, foi o desespero.

Um homem muito grande e muito forte abriu a pesada porta de ferro da cela, olhou cada um dos prisioneiros e apontou para mim:
– Vamos começar por você. Vem comigo!

A voz grave e a carranca ameaçadora me fizeram recordar de imediato o João Bafo de Onça dos desenhos animados e histórias em quadrinhos da infância. Estatura enorme, ombros largos, mãos que pareciam raquetes; o medo fazia o problema parecer ainda mais assustador...

Eu estava sendo convocado para o temido interrogatório, onde, como se sabe, tudo poderia acontecer.

Levantei-me rapidamente e o acompanhei rumo ao desconhecido. Caminhando pelos corredores do presídio, tentando manter a cabeça erguida, eu disfarçava o pânico e o pensamento sinistro: nunca mais vou voltar para casa...

Antes daquele momento, na ida, de Porto Alegre a São Paulo, embarquei rumo a uma alucinação fascinante: o 30º Congresso da UNE, a gloriosa União Nacional de Estudantes, reunido clandestinamente num imenso acampamento, numa fazenda na área rural de Ibiúna, São Paulo, em 1968, o ano do Ato Institucional nº 5 (AI-5).

O AI-5 foi o quinto decreto emitido pelo governo militar brasileiro no período da ditadura militar (1964-1985). Mas 1968 foi um ano e tanto: os jovens protestavam, no Brasil e em toda parte, iam às ruas, eram presos, tentavam mudar o mundo. A resposta da ditadura foi o AI-5, e se intensificaram as denúncias de torturas e assassinatos nas prisões.

Antes de ser preso, no começo da viagem rumo àquela armadilha anunciada, eu li, da janela do ônibus, num muro de Porto Alegre, pintada por alguém de coração despedaçado, a cálida mensagem que eu poderia ter escrito para Rosiclér:

Não deciframos juntos as estrelas.
Não escrevemos nossos nomes na areia...
E eu pensando em namorar-te!

O que poderia ter sido, acabou antes de acontecer... Ao embarcar no ônibus de Porto Alegre para São Paulo, na hora do adeus, teus olhos – "marejados de lágrimas" – ficaram sem nenhuma explicação. Apenas me despedi, sem saber quando voltava: eram "normas da clandestinidade".

A lembrança de que tudo se perdera naquela despedida foi meu primeiro tormento, na caminhada pela penumbra de um corredor assustador da prisão, levado pelo João Bafo de Onça, rumo ao temido interrogatório. Cada vez mais se comentava, entre os jovens militantes do movimento estudantil, sobre a violência crescente do aparelho repressivo do governo, com notícias de prisioneiros torturados, confissões obtidas no pau de arara...

Anos depois, quando começaram a brotar as memórias desesperadas dos torturados daquele tempo, tive certeza de que o meu medo antecipado não era exagero, nem covardia de um jovem neófito. Grande parte daquelas memórias macabras foram ilustradas, muitos anos depois, pelas confirmações dos algozes:

"Era um massacre" – recordou, em depoimento de 2014, um coronel reformado da Polícia Militar do Rio, ex-chefe de uma equipe de interrogadores do DOI. *O Globo* publicou a matéria assinada por Chico Otávio com o título assustador: "O CARA URRA DE DOR". Em três horas de depoimento ao Ministério Público Federal, o tal coronel confessou que torturou cerca de quinhentos presos nos quase dois anos em que esteve no DOI; admitiu o envolvimento em sessões de eletrochoque e a prática de outras violências físicas contra presos, esclarecendo que "o aparelho mais eficaz para fazer o preso abrir a boca era o pau de arara". Isso porque, segundo o torturador, a dor era indescritível: "Todo o peso do corpo fica sustentado pelos dois nervos que passam por debaixo da dobra do joelho do torturado. O cara urra de dor!".

Fiz um esforço imenso para afastar esses pensamentos, manter a calma, tentando esquecer minhas ligações perigosas e as reuniões secretas de que participara, enquanto caminhava pelo corredor sombrio, rumo ao desconhecido, escoltado por aquele homem grande demais e que não escondia a irritação e o desconforto: mais um comunistinha vagabundo – com toda a certeza era o que ele pensava, pelo olhar de desprezo e de exasperação...

No final da longa caminhada pelo corredor, depois de ter sido retirado da cela, fui encaminhado pelo sinistro carcereiro a uma sala pequena sem janelas, com porta de madeira maciça... Logo que entramos, quando ele passou a chave por dentro, deixei a esperança do lado de fora... – e compreendi a aflição de Dante, no Canto III da *Divina Comédia*, chegando ao Inferno:

> *Abandone qualquer esperança, você que está entrando*
> *Essas palavras de cor escura*
> *eu vi escritas acima de uma porta**

---

* *Lasciate ogni speranza, voi ch'entrate*
Queste parole di colore oscuro
vid'io scritte al sommo d'una porta... (Em tradução do autor.)

Aprendemos com Jorge Luis Borges "a irresponsável seriedade de ser um leitor inocente da *Comédia*". Mas, ali, não havia espaço para sutilezas literárias. Uma mesinha com máquina de escrever e duas cadeiras frente a frente. Ao fundo, uma porta menor, estreita, entreaberta, que dava para uma salinha, na penumbra, onde se divisava a sombra de objetos não identificados, sugerindo o abismo dos horrores insondáveis: ali deveriam estar o pau de arara, os aparelhos para os choques elétricos, as banheiras dos afogamentos simulados; daqui a pouco chega o pessoal operacional...

– Senta aí! – ordenou o carcereiro que me conduzira pelos corredores do presídio rumo àquela sala assustadora.

Logo me veio à lembrança o relato que li, por indicação do Pai: *O processo*, de Kafka, fábula terrível, sobre a má sorte de um inocente num interrogatório.

Enquanto o João Bafo de Onça revirava uma pasta, possivelmente com papéis incriminadores a meu respeito, relembrei silenciosamente a tragédia do personagem de Kafka, Josef K., funcionário exemplar de um banco importante, que sempre cumpriu suas funções com dedicação e competência, o que lhe permitiu promoções e reconhecimento. Entretanto, na manhã em que completava trinta anos de idade, Josef K. foi preso, sem maiores explicações, em seu próprio quarto por dois guardas, que tomaram o café que devia ter sido dele e, depois, o assassinaram.

Uma decisão improvável enrijecia os músculos: vou aguentar firme! Vou negar tudo! Não vou entregar ninguém. Mas... Até onde aguentaria!? Lembrei que o Pai advertira – e a voz do Pai ecoava na minha cabeça: meu filho, não te mete nisso; quem entra nisso e é preso tem que se garantir até o fim! O coração batia em disparada, a boca seca, os músculos retesados e a dúvida terrível: será que eu conseguiria "me garantir até o fim"?!

Primeira constatação alarmante: aqui, nessa sala fechada, quando começar a sessão de tortura, posso gritar à vontade que ninguém vai ouvir.

Com esse desânimo prévio, sentado diante do meu interrogador, de costas para a pequena porta da salinha dos possíveis horrores insondáveis, procurei manter a cabeça erguida, disfarçando o terror que me invadia.

Enquanto isso, sentado na cadeira do outro lado da mesinha, aquele homem ameaçador revirava documentos retirados de uma grossa pasta escura e examinava-os com atenção. O medo aumentava: meu Deus, todos esses papéis! Devem ser confissões de companheiros me entregando! Comprovações das ligações políticas…

Fiz um esforço inútil para deixar de pensar nas histórias dos torturados e desaparecidos, que já rolavam entre os companheiros, em 1968. Diante daquele desconhecido ameaçador, preparei-me para enfrentar um inevitável suplício...

Com essa expectativa sinistra, antecipando o que poderia enfrentar naquele interrogatório, o pânico era inevitável: tudo poderia acontecer. Inclusive um desfecho inimaginável.

Anos antes daquele momento, logo depois do golpe militar de 1964, nos comovemos lá em casa com as crônicas de Carlos Heitor Cony, no *Correio da Manhã*. O trecho de um daqueles verdadeiros hinos de Cony, conclamando os leitores à esperança e à resistência diante da ditadura, nós, resistentes assustados, sabíamos de cor, como um alento para não submergir no desconsolo:

"Não importa, afinal, a situação desta hora. Como o náufrago perdido nas ondas, em meio da noite negra, o que importa é sobreviver até a madrugada, ainda que seja apenas para morrer abençoado pelo calor da aurora. Olhando os horizontes que o cercam, o náufrago não saberá de que lado surgirá a luz. Mas espera. Sabe que a aurora, saída das águas, de repente ameaçará uma cor de dia. Essa espera justifica a sua luta e a sua sobrevivência..."

Quando eu quase afundava no desalento, as sombrias divagações silenciosas de jovem náufrago foram interrompidas de repente, antes que eu submergisse no desespero e na aflição.

Rodolfo Walsh, o grande argentino que escreveu belos contos policiais, agudos textos políticos e terminou assassinado pelos militares em Buenos Aires, numa das frases luminosas que deixou, advertiu: "A realidade não só é apaixonante, é quase incontável".

Tive certeza de que Walsh tinha razão, quando o carcereiro interrogador, que eu mentalmente batizara de João Bafo de Onça, sentado à minha frente, concluiu o demorado exame da papelada. Tossiu e me observou, desconfiado. Olhava firme, com a mão no queixo... Parecia indeciso e confuso:

– José Antonio Gomes Pinheiro Machado? – perguntou, pronunciando cada sílaba com ênfase, a testa franzida.

– Sim. Sou eu – murmurei, como se fosse uma confissão. Pronto! Me pegaram, pensei logo.

– Qual é o seu parentesco com o falecido Senador José Gomes Pinheiro Machado?

3

Fiquei imóvel e perplexo. Aquela pergunta sobre meu parentesco com o Senador Pinheiro Machado seria movida pela admiração ou pelo ódio? Figura central da cena política brasileira por mais de vinte anos, entre 1891 e 1915, o Senador tinha sido uma personalidade polêmica.

Respirei fundo. A resposta correta sobre o parentesco seria: *sobrinho-bisneto* – o Senador era irmão da minha bisavó Leopoldina (mãe de meu avô Dulphe). Mas decidi arriscar todas as fichas. A urgência do momento e a voz interior do instinto de conservação me autorizaram uma aproximação no parentesco:

– Bisneto.

Longo silêncio, o carcereiro interrogador olhava os papéis e me observava. Tentei disfarçar a respiração quase ofegante. O coração batia acelerado, as mãos geladas e retesadas.

De repente, o meu possível algoz perdeu a expressão hostil e ensaiou um sorriso de dentes amarelados:

– Veja só que coincidência... – ele falou lentamente.

Fez uma pausa, uma longa pausa, me observando, me avaliando... Por fim, sacudiu a cabeça e disse, apontando um dedo na minha direção:

– O seu bisavô salvou a vida da minha avó!

– Hein?! Como?... O que aconteceu?... – consegui balbuciar. Eu não sabia o que dizer. Acho que arregalei os olhos, temendo algum engano, que logo fosse se dissipar.

– O meu avô era motorista... do Senador Pinheiro Machado! Motorista do seu bisavô! – disse ele, muito sério. E parou por segundos, observando minha reação.

"Será que estou sonhando?", pensei. A vida imitava a arte de João Gilberto:

...talvez quem sabe
O inesperado faça uma surpresa
E traga alguém que queira te escutar...

O carcereiro interrogador abandonara o aspecto de João Bafo de Onça. Seu olhar perdia-se no vazio, parecia ultrapassar as paredes espessas daquela sala minúscula – como se tivesse mergulhado num estado entre a inconsciência e o delírio.

Quando despertou do breve devaneio, falou com evidente orgulho:

– Meu avô, na verdade, era mais do que um simples motorista! Vovô sempre contava que o Senador gostava de conversar com ele...

Atento e imóvel, como se qualquer movimento pudesse quebrar o encanto, eu me limitava a escutá-lo em silêncio. Depois do desespero, pouco a pouco, recuperei a esperança que deixara do lado de fora:

– Você sabe, com certeza, que, na época, o seu bisavô era um dos homens mais poderosos do Brasil!?...

– Sim, ouvi falar sobre isso na família... – consegui dizer.

E o carcereiro interrogador prosseguiu na sua revelação extraordinária:

– No carro, o Senador sempre conversava com o motorista... com o meu avô! Queria ouvir dele o que as pessoas comuns, do povo, pensavam. Mas, um dia, meu avô pouco falou, estava calado. O Senador estranhou o silêncio do motorista, queria saber o que estava acontecendo... Estaria incomodado com alguma coisa?!

Então, meu avô se desculpou, explicou que tinha problemas que o perturbavam... E contou ao Senador que minha avó estava muito doente, possivelmente à beira da morte!...

Continuei paralisado, mudo, escutando aquela revelação.

– Sabe o que fez o Senador!? – ele perguntou.

Eu não sabia o que dizer, e ele continuou:

– Pois o Senador colocou a mão no ombro do meu avô e falou: "Mas por que você não me contou que sua esposa estava mal?! Fique tranquilo. Vou dar um jeito nessa situação. Dona Nhanhã e o meu médico vão cuidar dela. Traga a sua esposa para a minha casa".

Calado e imóvel, eu temia despertar daquele sonho difícil de acreditar... Então, o carcereiro interrogador bateu na mesa, de leve, com sua imensa mão de lutador de boxe. E contou com orgulho:

– Minha avó, então, foi levada para a casa do Senador, no palacete do Morro da Graça. E lá foi cuidada e tratada com todos os recursos. O Senador, i-me-dia-ta-men-te, providenciou que minha avó fosse atendida por um médico particular – o médico particular dele!...

Respirou fundo e disse com uma expressão de muito orgulho:

– E lá, na casa do seu bisavô, minha avó foi salva...

Ficou em silêncio, muito sério, me observando por alguns segundos. Em seguida, continuou:

– A bondade do Senador – disse ele se formalizando, com solenidade – salvou minha avó! Foram muitos dias, até que ela se recuperasse completamente... Minha avó ficou hospedada lá, no Morro da Graça. Além de cuidada pelo médico particular do Senador, a esposa do Senador, dona Nhanhã, esteve ao lado dela diariamente!

O carcereiro interrogador – que já deixara de ser o João Bafo de Onça –, sério e solene, continuou, com a surpreendente revelação, repetindo empolgado:

— E a minha avó sobreviveu!... Graças ao Senador! Ele comandou o atendimento, chamando o médico particular dele... Também, é claro, graças à esposa, a querida dona Nhanhã, que cuidou com carinho da minha avó!

O carcereiro interrogador tentou resumir sua imensa admiração:

— Meu avô dizia que o Senador era um homem incomum.

Parecia comovido com a lembrança. Calou-se por momentos e em seguida falou, consternado:

— Infelizmente, não o conheci. Quando ele foi covardemente assassinado, eu ainda não era nascido...

Parou por momentos e seu rosto se iluminou:

— Mas, conheci bem a esposa dele, Dona Nhanhã, uma senhora extraordinária! Eu era um menino quando ela faleceu... — disse o homem, que, por instantes, esquecera a expressão de carcereiro interrogador, lembrando a tristeza de menino diante do falecimento de Dona Nhanhã.

É de rigor lembrar que gestos como esse repetiram-se: gloriosas exceções em meio a incontáveis monstruosidades da ditadura. Por certo, entre os truculentos e torturadores, restaram boas almas que recusaram o aviltamento.

Tempos depois, Carlos Heitor Cony, na sua memorável coluna na *Folha de S. Paulo*, recordou, em meio à sucessão de violências que sofreu durante a ditadura, um gesto grandioso de calor humano, que tem parentesco com a atitude do meu carcereiro interrogador:

"CEIA DE NATAL — Indo mais uma vez contra a maré. Já se disse quase tudo sobre os crimes do regime militar. A Comissão Nacional da Verdade, apesar de suas boas intenções e das qualidades cívicas de seus membros, não está agradando a todos.

Há uma geral desconfiança de cada brasileiro, principalmente os que viveram os anos das violências sofridas — inclusive com inúmeros mortos e desaparecidos —, sobre a punição dos culpados.

Falo por mim.

Perdi dois empregos, tive a casa invadida, fui preso seis vezes, respondi a meia dúzia de processos, minhas duas filhas foram ameaçadas de sequestro e estupro, fui processado pelo ministro da Guerra – mais tarde presidente da república –, segundo a Lei de Segurança Nacional.

Quando tive oportunidade, e graças ao Antônio Callado – que também seria preso alguns dias depois –, exilei-me em Cuba. Mas me sinto obrigado a dar um depoimento que, como disse, vai contra a maré.

Neste último Natal, pensei muito em 1968.

No mesmo dia em que foi promulgado o AI-5 (13 dezembro de 1968), me prenderam no quartel do Batalhão de Guarda, em São Cristóvão, tendo como companheiro de cela o maravilhoso Joel Silveira. Não fomos torturados, mas sacaneados e ameaçados em tempo integral. Ouvíamos os gritos medonhos dos torturados.

No dia do Natal, depois do jantar miserável servido na hora regulamentar, entraram na cela quatro soldados trazendo a tradicional ceia, uma garrafa de vinho nacional, pedaços de peru e presunto, nozes, castanhas, passas, rabanadas – uma ceia completa para dois infelizes da classe média.

Mais tarde, o coronel comandante (não lhe guardei o nome), veio trazer seus votos de feliz Natal e indagou se tínhamos gostado da ceia. E informou: 'Foi a mesma que minha mulher preparou lá em casa'."

Esse coronel comandante noticiado por Cony e o carcereiro que me interrogou fazem parte daquele tipo especial de pessoa que vive de alma leve e, sempre lembrando Paulo Mendes Campos, "dorme sem sonhos, como sem sonhos dorme o seu cavalo".

No interrogatório, depois de recordar Dona Nhanhã, o carcereiro interrogador ficou em silêncio. Em seguida, sacudindo levemente a cabeça, como se voltasse à realidade, como se estivesse virando uma página, retomou a inquirição, folheando a pilha de documentos, certidões e anotações. Papéis que, de alguma forma, por certo tinham relação comigo e, possivelmente, me denunciavam...

Ajeitou-se na cadeira e retomou – de forma atenuada – a pose de carcereiro interrogador, consultando os papéis e me fazendo perguntas, a partir de então, em tom burocrático e, de certa forma, respeitoso.

Perguntado, neguei qualquer envolvimento com o Partido Comunista, ou com qualquer outra organização clandestina. Garanti que eu era apenas um estudante democrata etc.

E o interrogatório tornou-se um episódio protocolar. O interrogador não me pressionava. Perguntava em tom neutro, quase polido, como se fosse um funcionário alfandegário a preencher um formulário; eu respondia às perguntas de forma vaga e evasiva, e ele apenas datilografava, datilografava... Minhas mãos geladas lentamente recuperavam a temperatura, o coração voltava aos batimentos normais... Ele continuava a datilografar mesmo quando eu não falava: claramente, encarregou-se até de "responder" a certas perguntas, escrevendo coisas que eu não dissera. Claramente, escolhendo as melhores respostas, de forma a não me comprometer.

Entretanto, não houve qualquer informalidade. Nenhum gesto explícito de cumplicidade ou solidariedade: de ambos os lados, fisionomias sérias e modos formais. Quando terminou, ele retirou o papel da máquina de escrever, juntou as folhas do depoimento e me entregou para eu ler e assinar, "se estiver tudo de acordo".

Li com atenção. Nenhuma linha, nenhuma vírgula que me comprometesse. Assinei e devolvi os papéis. E fui conduzido de volta à cela.

4

O possível constrangimento e talvez até a possibilidade de violência e maus-tratos para os quais eu me preparara tiveram em seu lugar um questionário *pro forma*, sem qualquer pressão, sem qualquer desrespeito. Ficou a evidência óbvia: o carcereiro interrogador retribuía o gesto generoso do Senador, que ajudara a salvar sua avó.

O interrogatório que me favoreceu ficaria sepultado por décadas naquele compartimento (da alma? do inconsciente?) reservado a lealdades intocáveis e incondicionais. Guardo a memória da intenção evidente, do instante fugaz de humanidade de um homem que quebrou o código: por certo, o carcereiro interrogador fora treinado para não ter compaixão. Muito menos gratidão.

Sempre que o recordo, lembro de T.S. Eliot, que acreditava em reavivar nos seres humanos "percepções morais perenes que permitem a ordem, a justiça e a liberdade". Numa distante época futura, "quando a história do século XX parecer bárbara e desconcertante como as crônicas da Escócia medieval", escreveu Russell Kirk, amigo e biógrafo de T.S. Eliot, essa esperança, que sublinhava a humanidade de Eliot, poderá vir a ser lembrada como "a luz mais clara que resistiu às trevas universais".

Talvez eu tenha testemunhado, com o comportamento surpreendente do carcereiro, uma antecipação dessa imaginária "luz mais clara".

Bem além da metáfora de Eliot – ou, quem sabe, ilustrando-a –, dias depois daquele insólito interrogatório com o neto do motorista do Senador, um outro tipo de luz, muito concreta, real, inesperada, ofuscante, assustadora, de lâmpadas potentes, que não tinha nada de poética, se acendeu de repente na cela durante a noite, despertando brutalmente a todos nós, prisioneiros, que dormíamos acomodados lado a lado, sobre cobertores e lençóis esfarrapados, no chão frio de cimento.

Sob a luz que cegava, a porta de ferro com grades se abriu num estrondo, e dois guardas armados percorreram com o olhar os prisioneiros assustados.

Um dos policiais, com uma folha de papel na mão, gritou meu nome.

Despertei surpreso e, rapidamente, fiquei de pé.

Ele me confrontou com a foto no papel e ordenou:

– Pegue suas coisas e venha!

Os companheiros pareciam assustados, e eu mais ainda, sem saber para onde me levavam... Não faltavam histórias de prisioneiros retirados da cela no meio da noite que nunca mais apareceram... As listas de desaparecidos, na época, cresciam rapidamente.

Depois de calçar os sapatos e apanhar alguns raros pertences, acompanhei os dois guardas armados pelos corredores, em passos apressados, a boca seca pelo medo, com o coração pulsando ainda mais rápido, outra vez sem saber para onde me levavam...

A perplexidade era inevitável: seria um sequestro no meio da noite?

Intermináveis corredores e escadarias do presídio – úmidos, cinzentos e inescrutáveis – que ainda voltam em pesadelos vagos e confusos. Lembro que chegamos a uma espécie de vestíbulo, diante de outra grande e pesada porta de ferro. Por cima da porta era possível ver os fios dos postes de iluminação da rua e ouvir as buzinas e os motores dos automóveis na avenida.

No vestíbulo estavam dois homens fardados, dois gigantes de quase dois metros de altura, uniformes escuros e expressões sombrias. Um deles tinha uma cicatriz avermelhada que descia da testa até a bochecha, olhos azuis gelados e queixo proeminente que lembrava um cabo nazista saído de um filme de guerra. O outro parecia um índio sioux da ala radical do estado maior do cacique Cavalo Doido. Ambos postados à frente de uma mesa cheia de papéis me identificaram, me comparando com fotos e, quando se convenceram que eu era eu, e que, de fato, era eu mesmo que, por uma insondável ordem superior, deveria ser libertado, o índio sioux disse bruscamente:

– Assine aqui.

E, depois que assinei:

– Você será liberado.

Em seguida, lentamente, o outro, cuja tristeza parecia saída das páginas memoráveis do *Deserto dos tártaros*, de Dino Buzzati, com a mesma expressão desiludida de um daqueles soldados do Forte no Deserto do livro de Buzzati, mas com os gestos enérgicos que se espera de um cabo nazista, empurrou a porta de ferro que se abria para a rua.

Vi a avenida movimentada no lado de fora do presídio. Noite escura, faróis de carros passando nos dois sentidos.

– Pode ir embora. Você está livre.

Hesitei, lembrando velhas histórias de presos libertados que, quando saíam, eram alvejados pelas costas, como se estivessem tentando fugir.

Mas não havia alternativa. Respirei fundo e me fui, numa corrida desabalada, atravessando a avenida, entre os carros em movimento, que buzinavam, freando em ruidosas derrapagens para não me atropelar...

De repente, na corrida entre os carros que avançavam lentamente, um táxi, livre, com a luz interna acesa! O motorista viu meus braços agitados em desespero e foi diminuindo a velocidade aos poucos, enquanto se ouviam muitas buzinas de protesto pela breve interrupção do trânsito.

Entrei rapidamente no táxi e indiquei meu destino: estação rodoviária de São Paulo. E, depois, como um sonho quase impossível, o ônibus da Viação Minuano para Porto Alegre. O dinheiro escondido sob a palmilha do sapato (conselho do Pai, antes da viagem) seria o suficiente para pagar o táxi e o ônibus interurbano de volta para casa.

Olhei pelo vidro de trás do táxi e vi, na moldura da imensa porta de ferro da prisão, ainda entreaberta: lá estava, parado e melancólico, aquele policial – o "cabo nazista" do *Deserto dos tártaros*...

Ele observava de longe e talvez me invejasse: de certa forma ele ia continuar atrás daquelas grades.

Ao me recostar no banco do táxi, não contive uma lágrima furtiva diante da coincidência que brotava do rádio: *Una furtiva lagrima* da ópera de Donizetti, na voz de Nana Mouskouri.

O táxi rumo à rodoviária era o primeiro trecho de uma longa viagem para a minha Pasárgada.

A minha Pasárgada...

Foi inevitável a lembrança adolescente do poema de Manuel Bandeira que, estimulado por Dona Isolda, eu sabia de cor de tantas vezes recitar no jogral do Colégio de Aplicação. Dentro do táxi, recordei quando nós, adolescentes, ouvimos encantados Manuel Bandeira recitar aqueles versos. O poeta contou que ele era um adolescente como nós, pouco mais do que uma criança, quando teve a inspiração do poema:

> *Vou-me embora pra Pasárgada*
> *Lá sou amigo do rei*
> *Lá tenho a mulher que eu quero*
> *Na cama que escolherei*
>
> *Vou-me embora pra Pasárgada*
> *Vou-me embora pra Pasárgada*

Aqui eu não sou feliz
Lá a existência é uma aventura
De tal modo inconsequente
Que Joana a Louca de Espanha
Rainha e falsa demente
Vem a ser contraparente
Da nora que nunca tive...

"'Vou-me embora pra Pasárgada' foi o poema de mais longa gestação em toda minha obra", disse Manuel Bandeira diante de nossos olhos e ouvidos de adolescentes deslumbrados numa palestra em Porto Alegre.

"Vi pela primeira vez esse nome – Pasárgada – quando tinha os meus dezesseis anos, e foi num autor grego. Esse nome de Pasárgada, que significa 'campo dos persas', suscitou na minha imaginação uma paisagem fabulosa, um país de delícias." – contou o poeta. "Mais de vinte anos depois, quando eu morava só na minha casa da Rua do Curvelo, num momento de fundo desânimo, da mais aguda doença, saltou-me de súbito do subconsciente esse grito estapafúrdio: 'Vou-me embora pra Pasárgada!'."

Foi mais ou menos o "grito estapafúrdio", de alegria e alívio, que calei no táxi, rumo à estação rodoviária de São Paulo, iniciando a volta para casa, na longínqua Porto Alegre.

O último ônibus da Viação Minuano já estava de porta aberta, aguardando os passageiros para as quase 24 horas da viagem São Paulo-Porto Alegre. Viagem é um mito narrativo, dizia Federico Fellini: "Todos os meus filmes narram viagens. Viagens feitas ou viagens sonhadas".

Saboreei a minha viagem sonhada, de volta para casa, no ônibus, durante os mais de mil quilômetros de estrada rumo a Porto Alegre, lembrando a gentileza do destino, dando as devidas graças ao Senador, com a contrição de um devoto.

Na ida, tinha sido outro tanto de viagem rumo ao Congresso que não houve, numa chácara de Ibiúna, interrompido pelo pesadelo de mais de uma centena de soldados armados invadindo, agressivos e ameaçadores. Fomos constrangidos à prisão, ao medo e à insegurança: jovens de dezoito anos de idade e pouco mais. Tantos outros como eu, que viajamos até lá em busca de uma aventura generosa e, quando o sonho desabou, incrivelmente, mantivemos a calma.

Enquanto fazia mentalmente o resumo da ópera, depois dos dias dormindo no chão de cimento da prisão, eu desfrutei o conforto do ônibus, que deslizava pela noite, na estrada quase deserta, com raros carros e caminhões, dos idos de 1968, viajando no rumo da minha Pasárgada: feliz, sonolento e esparramado na poltrona, eu espiava da janela o céu cheio de estrelas. Na cabine às escuras, os passageiros dormiam, uma luz fraca iluminava o motorista; percebendo que eu me mexia, ele mandou um aceno sorridente pelo espelho retrovisor interno. Foi o momento de me ajeitar na poltrona do ônibus, enrolado no cobertor e viajar num sonho em que minha mãe me acomodava para dormir.

Despertando no meio da noite, no caminho de volta ao Rio Grande do Sul, me dei conta de uma amável contradição: embora morando no estado em que o Senador nasceu e viveu grande parte da vida, sendo sobrinho-bisneto, é curioso que tenha sido necessário viajar tão longe para encontrar tão vivamente os rastros dele, o "príncipe da república" e, de forma insólita, ser por ele "protegido", quase meio século depois de sua morte.

Até os dezesseis anos convivi com meu avô, o dr. Dulphe Pinheiro Machado, filho de Leopoldina, irmã do Senador que era casada com o primo Antônio Pinheiro Machado. Mais do que sobrinho, meu avô Dulphe era um protegido: foi o filho que o Senador não teve. Assim, não lhe faltaram oportunidades: graças ao tio influente, Dulphe viajou aos Estados Unidos para dois anos de especialização em agronomia e zootecnia. Foi uma viagem valiosa: anos depois, de volta aos pagos, Dulphe transmitiu esses conhecimentos avançados a centenas de alunos, na sua condição de professor e diretor da Faculdade de Agronomia da Universidade Federal do Rio Grande do Sul.

Quando o ônibus já ia longe, na viagem rumo à minha Pasárgada, fui pouco a pouco mergulhando naquele estado entre a vigília e a inconsciência... O ônibus partindo lentamente e, depois, ganhando velocidade na estrada, era a metáfora da viagem: em direção à liberdade e a um outro olhar do mundo.

5

Tempos depois, tive a compreensão ampliada da figura do meu tio-bisavô na leitura das memórias de Gilberto Amado, jornalista e escritor, membro da Academia Brasileira de Letras, celebridade nacional na primeira metade do século XX.

Inicialmente, logo que conheceu o Senador, Gilberto Amado escreveu que "podia simpatizar com o homem, mas não com o político", pois suas ligações em Sergipe o fixavam em lado oposto ao dele. Mas, atuando como jornalista no meio parlamentar fervilhante da Primeira República, no Rio de Janeiro do início do século XX, Gilberto Amado rendeu-se ao caráter e ao carisma de Pinheiro, destacando que "a verticalidade da figura, alvo dos ataques da imprensa" o impressionara:

"A crista de chantecler, a impopularidade aceita com sobranceria, a falta de arreganhos, bamboleios e abraços fáceis com palmadinhas nas costas e camaradagens dengosas, as palavras firmes, secas, curtas, que lhe saíam da boca fina, cerrada naturalmente, seu todo varonil esculpido em linhas severas e duras – batalhavam dentro de mim em favor do homem, contra o que dele diziam e lhe atribuíam os jornais da oposição."

Entre os extremos dos entusiastas que "douravam a figura", de um lado, "rivalizando do outro lado, com o ódio da oposição que o desqualificava", o escritor via "na imagem máscula do indivíduo, uma esplêndida realidade humana".

Avistara-o, uma vez, a pé, passando com um amigo na avenida; outras, presidindo no Senado, "os olhos semicerrados, a fronte erguida, os braços imóveis, autêntico na sua compleição a que não apunha verniz ou ornato postiço".

O Senador, no seu estilo formal, sempre elegante e impecavelmente vestido, cativava com um toque cosmopolita e mundano, temperado pelo fascínio de sua história pessoal de guerreiro, de cavaleiro, de gaúcho acostumado ao agreste e à aventura. Os admiradores e também os inimigos tinham diante de si o verdadeiro gaúcho tão bem desenhado por Jorge Luis Borges, que admirava os "gauchos" da Argentina, que construíram a lenda dos uruguaios e dos brasileiros do Sul.

Ninguém definiu melhor do que Borges o tipo lendário do *gaucho*. Logo ele, um cego tímido, recluso no mundo iluminado de sua cegueira, numa contradição poética, adivinhou com coração generoso, e reconstruiu na sua memória prodigiosa as imagens das planícies verdejantes do Pampa e a solidão de heróis estropiados, legião a que Pinheiro desde sempre pertenceu, e da qual nunca se afastou. Tanto que, mesmo depois de eleito Senador, aceitou essa sina: continuou a tropear mulas e a viajar pelo interior do Brasil. Essa obstinação confirma a advertência de Borges, de que "ser gaucho" é um destino:

"O ginete, o homem que vê a terra de cima do cavalo e que o governa, suscitou em todas as épocas uma consideração instintiva, cujo símbolo mais notório é a estátua equestre. Esse homem, nestas terras, foi o gaúcho. Que havia perdido tudo, menos o prestígio antigo que exaltaram a aspereza e a solidão."

Fiel a essa vocação de gaúcho aventureiro, trilhando as coxilhas e os caminhos incertos do inexplorado interior brasileiro, o Senador construiu sua biografia, conciliando a carreira política com seu destino de tropeiro. Essa obstinação fundamentou um conhecimento detalhado do interior do Brasil – raríssimo entre os políticos e intelectuais da época, como advertiu Gilberto Amado:

"Pinheiro Machado tinha uma visão completa do Brasil, do meio brasileiro, das condições brasileiras, do feitio mental e moral do Brasil, da gente brasileira, em cujo seio vivera, tratando com indivíduos de toda espécie, do estadista ao tropeiro, ouvindo-lhes a todos as opiniões, guardando-lhes as observações, descobrindo-lhes as ambições, os desejos, as crenças, as afinidades, os motivos de conduta, a estrada por onde vinham e aquela que queriam seguir."

A faculdade de decidir, de compreender, de tomar responsabilidades, de orientar e de comandar, era assim reforçada por esse conhecimento concreto do Brasil, não do "Brasil livro" que, como escreveu Amado, não existe.

"Pinheiro tinha uma ideia concreta de Brasil, do Brasil real, que ele não abandonou nunca, vivendo, sentindo, desejando, vibrando, combatendo. Pinheiro tinha o conhecimento do Brasil gente, do Brasil terra, do Brasil real, nos seus indivíduos, na sua formação, no seu flagrante."

Outro traço marcante foi a honradez do Senador.

Mais de um século depois do assassinato, ocorrido em 1915, quando se vê, no século XXI, a política brasileira transformada num balcão de negócios, vale lembrar essa virtude, destacada por Gilberto Amado: "Pinheiro Machado tinha a honestidade, a limpeza em relação a dinheiro".

E Amado ia mais longe, destacando outros fatores que se agregavam ao encanto do personagem e a causa do seu prestígio, que não estava somente na sua "maravilhosa capacidade de compreender tudo, por mais difícil que fosse, no seu gênio de conhecedor de homens como poucos porventura tenha havido em qualquer país, em qualquer tempo".

Isto é, ao contrário de sentenças definitivas que, cheias de preconceitos, o viam como um camponês tosco, quem o conheceu destacava sua sagacidade, na finura de caboclo, na vivacidade e destreza de atleta, na capacidade de negociar, "no conjunto das qualidades cerebrais que faziam dele uma máquina prodigiosamente sutil e ágil de raciocinar" – como resumia Gilberto Amado. Com todas essas qualidades, Pinheiro conquistou um prestígio incomparável, que o transformou, mesmo depois de morto, numa referência lendária.

No ônibus, de volta a Porto Alegre, lembrei ainda que o legado grandioso de sua personalidade generosa, bem antes de "me salvar o pelo" (como diz o gaúcho), o Senador, morto mas nunca esquecido, conseguiu um feito inédito: trinta anos depois de ser assassinado, "elegeu", com grande votação, um deputado no Rio Grande do Sul.

Nas eleições para a Constituinte de 1947, meu Pai, Antônio Ribas Pinheiro Machado Netto, tornou-se deputado estadual, com expressiva votação, na legenda do Partido Comunista, aos 21 anos de idade. Por certo era, na época, um líder estudantil de prestígio, mas, como ele mesmo dizia num misto de modéstia e realismo, "foram decisivos os votos do Senador" (isto é, os votos no sobrenome Pinheiro Machado).

No ônibus, percorrendo a estrada quase deserta, com os raros carros de 1968, eram tantos os fatos que cercaram a minha prisão e a insólita libertação... Lembro de ter escrito na viagem, numa caderneta que ainda guardo com as folhas hoje amareladas pelo tempo: "Não tenho como agradecer ao Senador. Se tornar pública minha gratidão, torno pública e denuncio a solidariedade do meu interrogador". Prudência incontornável nos tempos da ditadura.

Enquanto me ajeitava na poltrona, antes de cair no sono, eu relembrava os acontecimentos que antecederam e que sucederam àquela tremenda morte do Senador, e refleti sobre a sua inacreditável permanência, tantos anos depois de morto. Não resisti a uma perplexidade: assassinado em 1915, o Senador, ou a lembrança dele, conseguiu me salvar, numa época em que outros sofreram muito.

George Steiner, um intelectual exemplar, dizia que lembrar é um dever essencial: "Nunca me esqueci dos outros que sofreram muito, dos que morreram e dos que foram aviltados".

Antes da Segunda Guerra Mundial, na Alemanha, Steiner cresceu ouvindo discursos de Hitler no rádio, contra os judeus, e as exortações de seu pai que, desde 1933, advertia sem ser atendido: cansou de alertar seus amigos judeus, em Praga e Viena, sobre a tragédia que se aproximava com o nazismo. Em troca, os amigos diziam que o pai de Steiner exagerava: foi acusado pelos amigos de pessimista, alarmista e até de histérico.

Numa entrevista de 2016 à jornalista Luciana Leiderfarb, do jornal *Expresso*, de Lisboa, George Steiner, então escrevendo e dando aulas na lucidez de seus 89 anos, lembrou que, na infância, na Áustria, graças ao seu precavido pai, conseguiu escapar duas vezes: quando Hitler iniciou a caça e o extermínio dos judeus, e em Paris, quando a cidade foi invadida pelo exército nazista. Escreveu a propósito:

"O escuro mistério do que aconteceu na Europa é uma parte da minha identidade. Continuo a dizê-lo. Nunca me esqueci daqueles que morreram... Temos a obrigação de nunca esquecer."

A "obrigação de nunca esquecer" tornou-se para mim um incontornável mas sem dúvida amável dever diante da história do Senador, iniciada no século XIX, com sua liderança e o seu exemplo de honradez, que se projetaram no tempo: seu prestígio ajudara a eleger o meu pai e, na prisão, através do neto do motorista, o Senador foi meu inesperado anjo da guarda – mais de meio século depois de ser assassinado com uma punhalada pelas costas.

É doloroso pensar que outros prisioneiros da ditadura, naqueles tempos terríveis, não tiveram a mesma sorte. Inevitável lembrar de uma das grandes amizades que meu irmão e eu herdamos do nosso Pai, o jornalista e escritor Flávio Tavares, autor, entre outros livros iluminantes – do primoroso *Memórias do esquecimento*, no qual conta parte dos horrores a que, por milagre, sobreviveu, para cumprir o dever de lembrar o suplício de jovens como Stuart Angel, Luiz Eurico Lisboa, Rubens Paiva, Vladimir Herzog e tantos outros. Alguns deles, presos para meras "averiguações", acabaram torturados e mortos nos anos da ditadura militar brasileira instaurada em 1964.

Lembro o destino terrível do grande José Montenegro de Lima, meu querido amigo e companheiro de resistência. Com as prisões generalizadas dos dirigentes do PCB – Partido Comunista Brasileiro – devido à Operação Radar (operação dos DOI-CODI de todo o país para sequestrar e desaparecer com militantes), José Montenegro de Lima foi preso em 29 de setembro de 1975, em São Paulo.

No livro *Brasil nunca mais* (publicado pela Arquidiocese de São Paulo, em 1985, com prefácio do Cardeal Arcebispo de São Paulo Dom Paulo Evaristo, Cardeal Arns) encontrei informações devastadoras sobre Montenegro:

"Durante a onda de repressão que atingiu o Partido Comunista Brasileiro – PCB – em 1975, vários de seus dirigentes foram presos pelos órgãos de segurança, sendo que suas prisões não foram assumidas pelo governo, nem seus paradeiros até hoje determinados. Dentre eles, encontra-se José Montenegro de Lima, pesquisador de mercado, que foi preso no dia 29 de setembro daquele ano, em sua residência no bairro da Bela Vista, em São Paulo. Tal detenção foi realizada por quatro agentes policiais e testemunhada por seus vizinhos e conhecidos. Seus familiares comunicaram a detenção à 2ª Auditoria de São Paulo, que oficiou ao DOI-CODI-II Exército e ao DOPS. Os órgãos mencionados, em resposta àqueles ofícios, negaram a detenção de José Montenegro de Lima, informando o DOPS, ainda, estar o seu nome na relação de pessoas procuradas e foragidas. Posteriormente, em interrogatório judicial, Genivaldo Matias da Silva, réu em processo do PCB, assegurou ter visto José Montenegro de Lima detido nas dependências do DOI-CODI-II Exército. Com base neste depoimento, a família de Montenegro tentou reabrir o caso, sem sucesso."

O relato de Elio Gaspari, no livro *A ditadura encurralada* revelou os detalhes da morte do meu amigo:

"No final de setembro, de acordo com a documentação oficial do II Exército, havia doze presos na carceragem do DOI de São Paulo. Pelo menos dois prisioneiros estavam em outra escrita, a de calabouços clandestinos. José Montenegro de Lima, encarregado da reconstrução do aparelho gráfico onde se voltaria a imprimir a Voz Operária, foi capturado na Bela Vista. Foi visto no DOI. Transferido para o sítio do CIE na rodovia Castello Branco, assassinaram-no com uma injeção de matar cavalos."

O desaparecimento do corpo de Montenegro foi revelado por Marival Dias Chaves do Canto, ex-sargento e ex-agente do DOI-CODI/SP, na reportagem de Expedito Filho, publicada na revista *Veja*, de 18 de novembro de 1992:

"O último corpo que sei ter sido jogado da ponte foi o de José Montenegro de Lima, mas esse é um caso especial. Porque mostra que dentro dos órgãos de repressão também havia uma quadrilha de ladrões. Logo depois da invasão da gráfica do jornal *Voz Operária*, descobriram que Montenegro recebeu do partido, 60.000 dólares para recuperar uma estrutura de impressão do jornal. Uma equipe do DOI prendeu Montenegro, depois de matá--lo com injeção para matar cavalos, invadiu sua casa para pegar os 60.000 dólares. O dinheiro foi rateado com a equipe do DOI."

O nome de José Montenegro de Lima consta no anexo da Lei 9.140/95 (Lei dos Desaparecidos Políticos), ou seja: o Estado brasileiro reconheceu a responsabilidade pela morte dele.

Decidi ficar com a lembrança do grande Montenegro, vivo e alegre, amigo atento, agradável e elegante no convívio, que me ensinou sobre tomates grelhados. Foi num bar pobre e pequeno, de paredes de azulejo, mas com uma rica cozinha, em algum lugar da cidade de São Paulo. Depois de uma reunião, Montenegro me convidou para jantar. Enquanto planejávamos "tomar o céu de assalto, para a vitória final do bem sobre o mal", a dona do bar, que acumulava funções de cozinheira e garçonete, serviu bifes magníficos com tomates grelhados e arroz, tudo perfeito, inclusive as maravilhosas cervejas muito geladas. Ficou uma saudade que mistura dor e sabor: não há como esquecer as delícias, as esperanças e os enganos daquela noite. O jantar ocorreu depois de um encontro clandestino, no tempo da militância no Partidão, e eu nunca soube o endereço, perdido numa esquina esquecida da imensa capital paulista.

Quando fui atropelado pela devastadora notícia do suplício do grande Montenegro, decidi ficar com a cálida lembrança daquele jantar. Certa vez, atendendo a um convite de colegas de redação num jornal em que trabalhei, incluí num texto publicado na seção de gastronomia o relato daquela noite que jantei com Montenegro entre as dez experiências gastronômicas mais extraordinárias que já vivera: identifiquei o lugar simplesmente como "Ricas Paredes de Azulejo – São Paulo". Na verdade eram paredes de azulejo barato, mas a magnífica beleza daquelas duas horas de convivência fraterna deu àquele cenário a majestade de um cenário de luxo. É com essa lembrança do meu camarada que escolhi ficar.

Como foi amplamente divulgado pela própria CIA, em 2018, a tortura e os assassinatos de prisioneiros sem culpa formada e sem processo, com o conhecimento e a autorização da presidência da República, transformaram-se em política de Estado no Brasil durante a ditadura militar dos anos 1964-1985, seguindo uma longa e vergonhosa tradição brasileira de intolerância e violência política, que teve no assassinato do Senador Pinheiro Machado, em 1915, um dos destaques pioneiros.

A "eliminação" do Senador, como ato de força de setores políticos dominantes da cena brasileira em 1915, teve, entre 1964 e 1985, durante a ditadura militar, uma espécie de macabra reedição ampliada.

Tudo isso, cumprindo aquela advertência de Steiner, "significa ter ao longo da vida a obrigação de nunca esquecer".

Afora meu incontornável dever de gratidão pessoal, o exemplo do Senador, um político brasileiro que morreu com a reputação intacta, cuja honestidade e honradez nunca foi questionada, difere de algumas nebulosas figuras que tomaram de assalto a política brasileira do século XXI.

A honradez do Senador foi proclamada até mesmo pelos mais empenhados adversários, como foi o caso do deputado Maurício Lacerda, lamentando o brutal assassinato:

"Sua falta só hoje se verifica, quando a república é uma pasmaceira e os partidos não são mais que cataplasmas do Poder Executivo, para disfarçarem à socapa as medidas de que ninguém tem coragem de assumir a paternidade. Foi preciso que se abatesse esse lidador, para que a política não tomasse mais expressão."

Maurício Lacerda chegou a ser injustamente lembrado como possível mandante do crime: por certo ele foi adversário do Senador, mas sempre leal e respeitoso. Segundo ele, "o espetáculo lamentável da política transformada em balcão de negócios" (que denunciava no século XX e se observa de forma ampliada e incontrolável no século XXI) teve início justamente no vácuo deixado pelo assassinato do Senador: "Com a morte de Pinheiro Machado, a política, hoje, não passa de uma conciliação de arranjos, de um negócio de interesses, de um conclave de apetites em que nenhuma ideologia nem paixão partidária mais resta".

Também não há como esquecer Dona Nhanhã, que cuidou da avó do meu interrogador na prisão e me legou um inesperado crédito de gratidão.

6

Nhanhã foi a companheira exemplar do Senador.

Um ano antes de se formar em Direito, em São Paulo, o jovem José Gomes (como Pinheiro era chamado pelos colegas) – que não sonhava e nunca teve sequer a menor ideia de que seria um futuro Senador gaúcho – casou com a jovem Benedita Brazilina, a Nhanhã, que, segundo os registros da época, era, naquele tempo, "uma das mulheres mais belas da sociedade bandeirante". Gilberto Amado, ao descrever o casal, tempos depois, sintetizou numa frase sua imagem dessa paixão: "Eu o via açodado de amor, não esperar a formatura para casar com a bela Nhanhã, robusta mocetona paulista, a quem iria dever felicidade e calma domésticas".

Concluído o curso universitário, José Gomes e a esposa Nhanhã viajaram para o Sul. Ao seguir com o marido para lá, Brazilina afastava-se, assim, do conforto da capital bandeirante onde sempre estivera para ir viver a existência simples e rude das coxilhas.

Em seguida à longa viagem marítima, o casal enfrentou três dias de trem, percorrendo a antiga ferrovia pelo interior do Rio Grande do Sul, seguindo depois por mais três dias a cavalo, cruzando léguas de campo, até chegar o casal à fazenda Piraju, em São Luiz das Missões (hoje, São Luiz Gonzaga). Ali, na falta de outra possibilidade, construíram uma casa de sapé, "batida a sopapo, de taipa". O assoalho era "de chão", isto é: sem qualquer revestimento.

Dona Nhanhã não se impressionou com a precariedade e tomou a iniciativa de construir o próprio mobiliário, utilizando madeiras extraviadas e caixotes. O futuro Senador estava no início da sua carreira e, desde aquele momento, a esposa começava a ter posição fundamental ao seu lado. Cuidava de tudo. Inclusive das compras e eventuais vendas de animais da propriedade. Pinheiro estimulava a esposa a decidir sobre essas questões da propriedade rural do casal porque ele viajava muito, em longas tropeadas para comprar e vender animais.

Certa vez, apareceu na fazenda um homem pretendendo vender uma tropa de mulas de excepcional qualidade, excelentes para o transporte de mercadorias. Pinheiro recusou a compra:

– Falta-me numerário. Infelizmente...

Lamentou porque era um ótimo negócio perdido.

Dona Nhanhã acompanhou de longe a conversa e se inteirou da negociação. Pediu ao tropeiro que fizesse os animais desfilarem pela sua frente. Mandou que o homem repetisse três vezes o desfile dos animais. Todos olhavam admirados a disposição feminina.

– Passe os burros, mais uma vez – pediu Nhanhã ao tropeiro já meio incomodado. Regateou o preço, e o vendedor por fim concordou.

Pinheiro riu:

– Com que dinheiro vamos comprar?

A esposa pediu que esperasse e entrou em casa. Desempilhou maletas e baús. Afastou caixas. E lá no fundo apanhou um saquinho com as suas economias pessoais e comprou a tropa. E avisou o marido:

– Os lucros são meus. Dinheiro guardado vale muito!

Pinheiro elogiou a esposa, que cuidava das questões financeiras da casa. Ele já estava inteiramente voltado para a política. E começou a ficar reconhecido. A presença e a atuação de Pinheiro Machado logo o destacaram entre os chefes políticos da região das Missões, no Rio Grande do Sul.

Em família, com Dona Nhanhã à esquerda na foto

Mais tarde, nos combates da Revolução de 1893 – quando os "maragatos" se insurgiram contra o governo central da república (este apoiado pelos "chimangos", isto é, os republicanos de Pinheiro), o Rio Grande do Sul viveria a maior convulsão de sua história.

Pinheiro Machado colocou-se ao lado do governo central, licenciou-se do Senado e voltou ao estado, instalando-se em sua propriedade para comandar a luta, enfrentando grandes adversários: os maragatos comandados por Gumercindo Saraiva e Silveira Martins.

Foram anos de combates, e Pinheiro teve na esposa uma aliada de grande valor. Dona Nhanhã, além da solidariedade ao marido, se empenhou pessoalmente na guerra: seu trabalho foi incessante, atendendo necessidades da tropa, fazendo fardas, preparando barracas, recortando e bordando as bandeirolas que seriam atadas na ponta das lanças da cavalaria.

Na Revolução de 1893, Floriano Peixoto mandou um recado ao Senador Pinheiro, dizendo ao seu correligionário das Missões que poderia remeter ao Sul, direto do Rio de Janeiro, tudo de que ele necessitasse de provisões de campanha. Pinheiro, já como general dos republicanos, respondeu-lhe que tinha um arsenal preparado e um grande chefe a auxiliá-lo: sua esposa.

E, de fato, Nhanhã mostrou que tinha espírito de luta.

Certa vez, coincidindo com a ausência do marido, que saíra para combater em outra região, as tropas revolucionárias dos adversários maragatos dominaram São Luiz das Missões. Os parentes de Pinheiro se retiraram, mas sua esposa se recusava a deixar a fazenda. Até que, chegando a uma janela, viu os revoltosos invadindo as terras. Ela não tinha como resistir e, só então, concordou em partir, fugindo numa charrete, em companhia de uma criança, filha de uma antiga empregada. Os parentes que lhe emprestaram a charrete impuseram-lhe a incumbência perigosa de levar armas escondidas para os correligionários de seu marido. Quando Nhanhã atravessava as linhas inimigas com aquela perigosa carga, de repente, o susto: uma patrulha inimiga parou a charrete. Enquanto os soldados revistavam o veículo, Nhanhã portou-se com tamanha tranquilidade que eles de nada desconfiaram.

"A intrépida paulista prosseguiu viagem rumo a Porto Alegre, vencendo o cansaço das distâncias sem fim e os perigos das coxilhas invadidas por bandos perigosos" – informa um relato da época. Ao chegar à capital gaúcha, depois de dias penosos, encontrou as bandeiras enlutadas e recebeu a terrível notícia da morte do esposo.

"O general Pinheiro Machado morreu bravamente" – diziam seus aliados, como se fosse um consolo. Imperturbável, contendo a emoção, Dona Nhanhã ouviu o relato do seu desaparecimento.

Entretanto, horas depois, o equívoco se desfez. Quem tombara em combate fora outro general. A campanha prosseguiu, e a esposa acompanhou Pinheiro até a fronteira uruguaia, onde o estimulou a cruzar a fronteira "num último golpe contra os maragatos".

Depois de vencida a Revolução Federalista, era hora de voltar à capital federal. No Rio de Janeiro, Floriano Peixoto quis oficializar os galões de general, mas Pinheiro Machado recusou, dizendo que não queria ser mais do que os outros combatentes. Mesmo assim, lhe foi conferido simbolicamente o título de general de brigada. E por muitas pessoas, desde então, passou a receber o tratamento de "general Pinheiro Machado".

Vitorioso na guerra regional contra os maragatos, o casal voltou ao Rio de Janeiro, então capital da república, e Pinheiro reiniciou sua atividade no Senado. Dona Nhanhã sempre esteve ao seu lado como "conselheira e incitadora". Perante os amigos, o marido não poupava frases de louvor irrestrito à companheira: "Ela é uma mulher de ferro. É o eixo de ferro da minha vida".

Depois de residir por algum tempo num hotel da cidade que era preferido pelos gaúchos no Rio de Janeiro, o casal morou por alguns anos no Morro da Viúva. Foi aí vizinho do general Vargas, pai do então jovem Getúlio Vargas. O velho gaúcho era grande amigo de Pinheiro.

Dona Nhanhã e Pinheiro Machado também moraram na rua Haddock Lobo, durante dez anos, numa casa do conde Modesto Leal, onde é hoje a igreja de São Sebastião.

Por fim, mudaram-se para a casa do Morro da Graça – rua Guanabara, 22 –, que por muitos anos foi um dos principais centros de decisão da política brasileira. Com toda justiça, a rua Guanabara atualmente tem o nome de rua Pinheiro Machado.

O palacete do Morro da Graça

O *Jornal*, do Rio de Janeiro, publicou em destaque a notícia da morte de Dona Nhanhã, a viúva do Senador, no dia 31 de julho de 1935 – vinte anos depois do assassinato do Senador.

O texto, assinado pelo jornalista Emil Farhat, no estilo dos velhos tempos, resumia a importância e o carisma daquela "senhora extraordinária" que, tantos anos depois, ainda comovera o meu carcereiro interrogador:

Morreu Dona Nhanhã
Dona Benedita Brazilina Pinheiro Machado, cujo desaparecimento acaba de se verificar nesta capital – Dona Nhanhã, como era por todos chamada na intimidade –, foi não só testemunha como, por inúmeras vezes, figura marcante na vida política de um dos mais lendários chefes que o Brasil tem conhecido: o Senador José Gomes Pinheiro Machado. O general das épicas campanhas dos pampas e das lutas do parlamento teve sempre a sua inspiradora: a sua companheira

e esposa. Corajosa e voluntariosa, Dona Nhanhã reunia em si dois tipos diferentes de mulher. Afastada das grandes festas mundanas, ela apoiava a atividade do marido. Quando necessário deixava de ser mulher do lar, para ser a heroína que acompanhou Pinheiro Machado na sua vida tormentosa de rei sem trono. Seu amor pelas crianças e a sua bondade com os humildes fizeram de Dona Nhanhã a madrinha de mais afilhados do Brasil. Cerca de 4 mil crianças foram por ela levadas à pia batismal, no Rio Grande do Sul e no Rio de Janeiro. E tinha uma memória extraordinária em se recordar aqui e ali deste ou daquele menino, que ia tomar-lhe a benção. E quando Pinheiro Machado tombou mortalmente ferido, desapareceu também do mundo essa figura amantíssima que vivia para que ele vivesse. D. Benedita Brazilina, ilustre dama, recolhera-se à solidão de sua viuvez.

Por certo, foi nos anos finais da "solidão da viuvez" que a "ilustre dama" conheceu o menino que viria a ser meu "carcereiro interrogador". Talvez ele fosse um dos 4 mil afilhados de Dona Nhanhã. Mas não dividiu essa intimidade comigo.

7

Entre os grandes escritores que compreenderam e escreveram sobre a dimensão pessoal e política do Senador, inclui-se o gaúcho Arthur Ferreira Filho. Autor fundamental, foi um homem completo: além de escritor brilhante, alimentou suas obras com as vivências intensas de militar, engenheiro e político.

A ligação telúrica de Ferreira Filho com o Rio Grande do Sul teve início no dia emblemático do nascimento: sua longa e valiosa existência começou no dia 20 de setembro do ano de 1899. Afirma-se que a data de nascimento de Ferreira Filho é emblemática porque 20 de setembro é feriado no estado por causa da Revolução Farroupilha, nossa Guerra dos Farrapos, de caráter republicano. E Arthur Ferreira Filho morreu aos 96 anos, em 25 de março de 1996. Isto é, de 1899 a 1996, viveu praticamente por inteiro o século XX.

No século XIX, as lideranças gaúchas reclamavam que o governo imperial do Brasil oprimia a então Província de São Pedro do Rio Grande do Sul, o que resultou na declaração de independência da província como estado independente, dando origem à República Rio-Grandense, que se empenhou por inteiro na Revolução Farroupilha. O conflito se estendeu por uma década: de 20 de setembro de 1835 a 1º de março de 1845. Essas marcas do passado, até hoje, no século XXI, são levadas a sério no Rio Grande do Sul.

Nos jogos do campeonato brasileiro de futebol, para citar um exemplo, na solenidade inicial dos jogos, com as equipes perfiladas, logo depois do hino brasileiro, é cantado, com vibração do público, o hino do Rio Grande do Sul.

Outro exemplo da memória da Guerra dos Farrapos é o Acampamento Farroupilha, evento já tradicional numa imensa área do centro de Porto Alegre, onde todos os anos, de 7 a 20 de setembro, é montada uma espécie de vilarejo com "piquetes", casas de madeira representando clubes, empresas, associações, sindicatos, e os CTGs – Centros de Tradições Gaúchas –, que reúnem muitos de nós, gaúchos a pé, nostálgicos da vida campeira. Durante o mês Farroupilha, a festa é permanente, à base de muito churrasco, arroz de carreteiro, ao som das músicas tradicionalistas do Rio Grande.

Esses aspectos incontornáveis da identidade e da história gaúcha foram magnificamente retratados durante a longa vida de Arthur Ferreira Filho: ele escreveu a extraordinária *História geral do Rio Grande do Sul*, entre outros textos notáveis. Sua qualidade de escritor foi enriquecida com uma intensa atividade política e militar. Como político – positivista como o Senador Pinheiro –, Arthur Ferreira Filho foi filiado ao Partido Republicano Rio-grandense e veio a ser prefeito de três importantes municípios gaúchos: São Leopoldo, Passo Fundo e Bom Jesus. Na carreira militar, foi capitão durante a Revolução de 1923, e chegou a tenente-coronel em 1925, durante a Guerra do Contestado. Intelectual de envergadura, foi diretor da Biblioteca Pública de Porto Alegre e membro do Instituto Geográfico do Rio Grande do Sul, do Instituto de Geografia e História Militar do Brasil e da Academia Rio-grandense de Letras, além de autor de uma dezena de obras até hoje consideradas referências indispensáveis aos estudiosos da história do Rio Grande do Sul.

A condição de estudioso e pesquisador incansável da saga do Senador e dos seus contemporâneos permitiu a Arthur Ferreira

Filho compreender a recusa do Senador ao carimbo simplificador de "caudilho" que, reiteradamente, lhe era imposto:

"É certo que Pinheiro Machado não recebia bem o tratamento de 'caudilho', porque alguns de seus adversários o empregavam no sentido mais pejorativo, de mandão, chefe de patuleia, ambicioso, truculento e desprezador das regras do viver civilizado. Quando ele era, em verdade, um defensor intransigente da Constituição Republicana de 1891, cuja intangibilidade sustentou com inexcedível vigor. Para se opor às tentativas revisionistas, organizou o Partido Republicano Conservador, agremiação que viveu, enquanto ele viveu."

Um ano depois do assassinato brutal, o Senador Vitorino Monteiro repelia, da tribuna do Senado, o qualificativo de "caudilho" com que o conhecido jornalista argentino, Estanislao Zeballos, se referira, em conferência pronunciada em Buenos Aires. Dizia Zeballos:

"Pinheiro Machado, recentemente assassinado, à cuja memória devemos uma piedosa saudade, é, a meu ver, o último caudilho do Brasil, daqueles caudilhos que cimentavam a sua força num consórcio, nem sempre bem definido, entre o poder oficial e a popularidade."

Na verdade, como lembrou Arthur Ferreira Filho, "nada havia de ofensivo ao grande gaúcho" nas expressões de Zeballos:

"É que, naquele tempo, mais do que hoje, a palavra 'caudilho' era ouvida com exagerada prevenção, talvez por lembrar os Facundo, os Oribe e outros carniceiros platinos, e porque, mais viva era a tradição de nossas lutas e sofrimentos no Sul, onde enfrentáramos caudilhos como Rosas, Artigas, Rivera, Lavalleja. Caudilho e inimigo eram palavras sinônimas. Daí a repugnância de nossos 'caudilhos humanizados' em aceitar tratamento igual ao que dávamos, depreciativamente, ao inimigo que fez correr tanto sangue de nossos antepassados."

Para resolver essa controvérsia linguística, o segredo seria distinguir com clareza "o caudilho bom do caudilho mau", escreveu Arthur Ferreira, que destacou dois nomes:

"Gumercindo Saraiva e Pinheiro Machado, entre outros menores, foram dois caudilhos de porte revelados na Revolução Federalista de 1893, o primeiro no campo rebelde, e o segundo entre os defensores da ordem republicana. Mas enquanto Gumercindo era um gaúcho chucro, autêntico homem de fronteira, falando exclusivamente a língua do país vizinho, Pinheiro Machado era um tipo culto, elegante, que tanto brilhava no Parlamento Nacional como nos salões das grandes cidades."

Escritor sagaz da história do Rio Grande do Sul, Ferreira Filho traçou um perfil do Senador bem diverso de certas sínteses biográficas que, muitas vezes, não passam de caricaturas:

"Os livros – poucos – que se publicaram sobre o Senador Pinheiro, são, com raras exceções, obras massudas, besuntadas de artificialismos, incapazes de revelar ao leitor essa esplêndida figura que dominou a política nacional por cerca de vinte anos, sem jamais se servir do prestígio oficial para vantagens pessoais de qualquer tipo ou espécie, fosse a si próprio, ou a membros de sua família. O que seus biógrafos têm apresentado, em geral, é um senador de poucos recursos mentais, servido por uma astúcia um tanto bertoldiana, espécie de Benedito Valadares com sotaque gaúcho. Ou, então, um caudilho prepotente e rude, egoísta, calculador, inimigo do povo e da liberdade."

Essas justificadas reservas de Arthur Ferreira Filho são partilhadas por outro grande escritor gaúcho, Carlos Reverbel, com espírito crítico e um toque de bom humor:

"Toda vez que se visualiza a imagem de Pinheiro Machado, desde a fuga da casa paterna, aos quinze anos, para ir combater no Paraguai como soldado voluntário da pátria, até a punhalada pelas costas que o vitimou no saguão do Hotel dos Estrangeiros, encerrando um ciclo da vida republicana no país, sente-se a falta de um biógrafo à altura do extraordinário desafio – digamos – literário. Os poucos e frouxos livros publicados a seu respeito vieram sobretudo chamar a atenção para as deficiências autorais frente ao grande vulto, sua vida e sua época. Ressalvem-se, porém, as cintilantes páginas dedicadas a Pinheiro Machado por Gilberto Amado..."

Jornalista e escritor que chegou à Academia Brasileira de Letras, Gilberto Amado, o autor das "cintilantes páginas" referidas por Reverbel, inicialmente adversário, logo foi cativado pelo caráter do Senador, destacando, entre outras tantas virtudes, uma característica rara:

"Uma de suas qualidades inatas, a primeira que o assinalava, era a capacidade de decidir. Em todo grupo, seja uma turma de rapazes num saguão de colégio, seja uma roda de políticos no seio de um partido, quando surge a necessidade de coordenar esforços para um fim determinado, enquanto uns intrigam, outros discutem, outros sugerem, outros divergem sempre, outros nada fazem, um só é o que toma a resolução definitiva que terá força de lei e será obedecida."

Esse, que aponta o caminho ao grupo, é o chefe natural; quem organiza, quem comanda. Não é o chefe porque quer. Os outros é que o fazem, por necessidade. Em dadas ocasiões é para ele que apelam. Está claro que do acerto verificável das suas decisões resultará a continuidade ou a frequência desse apelo. E Gilberto define:

"Naturalmente esse homem que decide terá extraordinárias qualidades pessoais, certo magnetismo que atrai, aptidão para assumir responsabilidades, capacidade de sacrifício, amor à causa pública, isto é, à causa dos outros, o que implica desinteresse, na ausência do qual ninguém o consultaria mais, porque ninguém quer ser dirigido em desproveito próprio. O homem que decide é por estes motivos o chefe. Pinheiro nasceu para decidir e para a causa pública. Em São Paulo, quando estudante, era o chefe da colônia de estudantes rio-grandenses; na propaganda republicana, entre muitos chefes aparentes, era um dos chefes reais. Na guerra civil seguramente ele mandava mais do que outros, ainda que parecendo obedecer, no que se revelava o político."

8

A forte personalidade do jovem Pinheiro Machado se formou por caminhos sinuosos e surpreendentes. Seus pais eram paulistas de Itapetininga. Pelo lado materno, José Gomes (como era conhecido na juventude) descendia dos Aires, família ilustre que – como lembra Ferreira Filho – já no começo do século XVIII, "fornecia capitão-mor e sargento-mor para a vila de Itapetininga".

Nos idos do século XIX, o pai do futuro Senador, o dr. Antônio Gomes Pinheiro Machado, paulista de Sorocaba, formado pela Faculdade de Direito de São Paulo, iniciou a vida profissional atuando como advogado em sua cidade natal, onde, posteriormente, foi promotor público. Mais tarde, veio a ser nomeado juiz municipal de Itapetininga.

O dr. Antônio Gomes Pinheiro Machado foi um homem inquieto, atento às transformações e agitações do seu tempo. Anos antes de se transferir com a família para o Rio Grande do Sul, participou ativamente, no estado de São Paulo, da Revolução de 1842, originada no descontentamento dos paulistas com os regentes do chamado Período Regencial Brasileiro.

Quando Dom Pedro I abdicou do trono brasileiro, em 1831, e foi para Lisboa assumir o trono português, seu filho, Pedro de Alcântara (que se tornaria Dom Pedro II), ficou no Brasil, como herdeiro do trono imperial. Entretanto, com apenas cinco anos de idade, obviamente não tinha condições de governar e, por isso, até que o herdeiro atingisse a maioridade e pudesse assumir o trono, o país foi governado por regentes, num período de instabilidade política e descontentamento. Em muitos estados, houve revoltas contra o governo central, como foi o caso da Revolução Farroupilha no Rio Grande do Sul. O exército imperial atuou com fortes contingentes no Sul, e também no Norte e no Nordeste, para sufocar as rebeliões que surgiam nas diversas regiões.

Em 1840, quando o novo imperador Dom Pedro II assumiu o trono, o exército estava empenhado na pacificação dos movimentos armados nas províncias do Pará (Cabanagem) e do Maranhão (Balaiada), e lutando para debelar a Revolução Farroupilha, no Rio Grande do Sul. No centro de tais rebeliões, além da insatisfação contra o governo central dos regentes, havia as disputas entre liberais e conservadores.

O dr. Antônio Pinheiro Machado, paulista, pai do futuro Senador, legou ao filho José Gomes a combatividade de liberal engajado nos combates do seu tempo: São Paulo foi um dos estados em que a oposição à legislação conservadora do governo central evoluiu para uma revolta armada. Os insurgentes paulistas pegaram em armas contra a substituição do coronel Rafael Tobias de Aguiar, presidente da Província de São Paulo, pelo barão de Monte Alegre, protegido do governo imperial.

O dr. Antônio Pinheiro Machado teve participação ativa na revolta liberal que eclodiu na manhã de 17 de maio de 1842, em Sorocaba, cuja Câmara Municipal, numa evidente provocação ao governo imperial, aprovou por aclamação, o nome de Rafael Tobias de Aguiar como presidente da província. A agitação se estendeu às cidades de Taubaté, Pindamonhangaba, Silveiras e Lorena. Os rebeldes conseguiram também o apoio do padre Diogo Feijó e de Nicolau Vergueiro – senadores e ex-regentes do império – além da população de algumas vilas.

Preocupado com a possibilidade de separatismo, o governo imperial do Brasil jogou pesado: mobilizou o brigadeiro Luiz

Alves de Lima e Silva, o barão de Caxias (que se tornaria duque de Caxias), pacificador da Balaiada na província do Maranhão. Depois de uma duríssima batalha, mesmo com contingente menor, Caxias e seus homens esmagaram a revolta de São Paulo. Depois da rendição da tropa paulista, havia entre os revoltosos dezessete mortos, inclusive seu comandante, capitão Boaventura Soares do Amaral – e foram feitos quinze prisioneiros. Os legalistas perderam um capitão, dois soldados e alguns feridos leves. Os rebeldes sobreviventes, entre eles o dr. Antônio Gomes Pinheiro Machado, pai do futuro Senador, não tiveram alternativa senão recuar e retornar a Sorocaba, onde acabaram se dispersando rapidamente.

Essa forte atuação política foi determinante para que a família Pinheiro Machado deixasse o estado de São Paulo. Depois de ser derrotado na revolução liberal, o dr. Antônio Gomes Pinheiro Machado, com a esposa e filhos, não teve outra saída senão buscar refúgio longe de São Paulo. E o destino escolhido, por insondáveis razões, foi o Rio Grande do Sul. Ainda em São Paulo, o dr. Antônio tinha casado com Maria Manoela Ayres, com quem veio a ter doze filhos. Com exceção dos quatro primeiros filhos do casal, Alfredo, Paulino, Sofia e Ana Florisbela, nascidos em São Paulo, os outros oito filhos nasceram no Rio Grande do Sul: Antônio, Salvador, o futuro senador José Gomes, Ângelo, Fructuoso, Leopoldina (minha bisavó), Maria Manoela e Cosme Damião.

Chegando ao Rio Grande do Sul com a família, o dr. Antônio estabeleceu-se na vila de Cruz Alta, onde foi muito bem recebido: era um homem rico, simpático e muito culto. Pouco tempo depois de integrado na comunidade local, conquistou a simpatia e a confiança da comunidade e exerceu o cargo de juiz municipal e de órfãos, entre 1846 e 1850. O filho mais inquieto do dr. Antônio, o futuro Senador José Gomes Pinheiro Machado, nasceu em Cruz Alta, no dia 8 de maio de 1851.

Com sua imensa família de doze filhos e com uma extraordinária disposição para o trabalho, o dr. Antônio conquistou influência na comunidade de Cruz Alta e, em 1857, foi eleito vereador, elegendo-se, a seguir, deputado provincial. Depois, abriu banca de advogado, prosperou, adquiriu várias propriedades rurais. Intensificou as atividades na área pastoril e passou a residir, com a família, em suas terras de São Luiz Gonzaga: a estância ali adquirida alcançava nove léguas e ficava às margens dos rios Arari e Piraju.

Nessa estância de São Luiz Gonzaga, o dr. Antônio dedicou-se à agricultura e à pecuária, além do fornecimento de mulas para Sorocaba. Com muito trabalho, desenvolveu seus negócios e se incorporou à vida gaúcha, tornando-se uma figura importante da comunidade. Posteriormente, o filho José Gomes, antes e durante a sua longa trajetória política que o conduziu ao Senado, dedicou-se à criação de gado em sua fazenda e ao lucrativo comércio de mulas, atividades que lhe proporcionaram os recursos para financiar a atividade política.

Em 1870, o dr. Antônio Gomes, com a lembrança dos embates que o fizeram deixar o estado de São Paulo, e já totalmente integrado à terra gaúcha, decidiu voltar à vida política: numa eleição muito disputada, conseguiu se eleger deputado geral pelos liberais, derrotando o respeitado Silveira Martins.

Quando a família se transferiu de Cruz Alta para São Luiz Gonzaga, o futuro Senador, então menino, nascido em Cruz Alta em 8 de maio de 1851, tinha três anos de idade. Desde cedo, José Gomes foi cativado pela atividade campeira. Em São Luiz, descobriu muito cedo o encanto de montar a cavalo e logo ficou claro que tinha grande perícia como ginete, destacando-se como cavaleiro impecável.

Aos catorze anos, surpreendeu o pai com sua excepcional aptidão de domador de cavalos. Além disso, ainda adolescente, aprendeu a usar o laço e as boleadeiras com muita destreza. Essas e outras demonstrações de maturidade levaram o dr. Antônio a considerar que o filho estava maduro para "ser encaminhado na vida".

Assim, com menos de quinze anos, foi levado pelo pai ao Rio de Janeiro e matriculado na Escola Militar, que era considerada uma das melhores instituições de ensino do país. No Rio de Janeiro, depois de tudo arranjado, o dr. Antônio, tranquilo que o filho estaria em segurança, voltou para São Luiz Gonzaga.

O livro de matrícula de alunos da escola preparatória anexa à Escola Militar, registra à folha 270:

> JOSÉ GOMES PINHEIRO MACHADO, soldado do 4º Corpo de Caçadores a Cavalo, filho de Antônio Gomes Pinheiro Machado, natural de Cruz Alta, província do Rio Grande do Sul, nasceu em nove (*sic*) de maio de 1851. Matriculou-se

nas aulas da escola preparatória da corte, em virtude do despacho de 11 de janeiro de 1867, e em consequência de ter obtido para isso permissão, comunicada em ofício da Repartição do ajudante-general de 27 de junho de 1866 e 10 de janeiro de 1867; havendo satisfeito as condições exigidas no Regulamento de 28 de abril de 1863. (assinado) Bel. Luiz Manoel das Chagas.

Mas, de repente, a novidade bombástica: iniciava-se a Guerra do Paraguai. Diante da verdadeira indigência, despreparo e falta de soldados suficientes do exército brasileiro, foi aberto, então, o recrutamento de jovens soldados por um Decreto Imperial.

Em 7 de janeiro de 1865, Dom Pedro II assinou o Decreto nº 3.371 convocando os brasileiros às armas "em defesa do solo pátrio invadido pelas hordas paraguaias". A convocação se dirigia a todos os cidadãos com idade entre os dezoito e os cinquenta anos que, voluntariamente, quisessem se alistar. Essa medida visava a engrossar as fileiras do diminuto exército imperial.

Surgiram então os legendários Voluntários da Pátria.

Até hoje lembrados e homenageados como nome de rua em muitas cidades brasileiras, os Voluntários da Pátria formaram destacamentos de jovens procedentes de todos os estados brasileiros. Em combate, se destacaram com atos de bravura e heroísmo.

Era uma época em que havia respeito às leis e aos governantes: o imperador Dom Pedro II controlava rigidamente as despesas e andava em trajes puídos para não onerar o Tesouro; a reverência às instituições era incontroversa, o "amor à pátria" era valor sagrado. Por isso, muitos jovens, generosamente, chegavam ao extremo de ocultar a verdadeira idade para servir à pátria e tentavam se alistar para enfrentar a guerra. De todos os cantos do país surgiam voluntários para as frentes de combate.

O jovem José Gomes foi um deles.

Cheio de ardor patriótico, tentou de todas as formas se incorporar aos Voluntários da Pátria, mas não conseguiu por causa da idade exigida para ser admitido: tinha apenas catorze anos de idade, e o decreto imperial fixava a idade mínima de dezoito anos.

Inconformado com a recusa, às vésperas de completar quinze anos de idade, tomou a primeira decisão capital de sua vida: sem o consentimento das autoridades superiores e com o desconhecimento dos pais, movido por românticos ideais de patriotismo, fugiu da Escola Militar e se incorporou anonimamente a um dos batalhões do corpo de Voluntários da Pátria como soldado do 4º Corpo de Caçadores a Cavalo, na Guerra do Paraguai.

Para tanto, ao se inscrever, "aumentou" a idade, declarando ter dezoito anos completos, o mínimo aceito para o alistamento. Logo depois, incluído nos destacamentos brasileiros em combate, lutou nos charcos e pantanais como soldado raso do 2º Corpo do Exército, comandado por Manoel Marques de Souza, barão de Porto Alegre, "portando-se com bravura e destaque nos combates", conforme foi consignado em seus assentamentos.

Muitos anos depois, da tribuna do Senado, referindo o "voluntário da pátria" que tinha sido, Pinheiro recordou esses momentos reveladores de sua juventude, em que serviu ao exército sem nunca ter recebido qualquer pagamento:

"Ainda bem jovem, com quinze anos incompletos, eu, estudante da Escola Militar, saí desta capital, sem o conhecimento do meu sempre lembrado pai, fui para o Paraguai e ali servi durante ano e tanto, só me retirando da campanha quando muito doente, com a saúde alterada pelos miasmas pestíferos daquela terra insalubre. Deu-se até o caso extraordinário de que naquela época o Exército Brasileiro estava atrasado em muitos meses no pagamento dos vencimentos do pessoal; de forma que, tendo me retirado precipitadamente e contra a vontade do meu comandante nesta capital, bem como do sr. ministro da Guerra de então, o sr. marquês de Paranaguá, que me tinha proibido que fosse para a guerra, nem sequer levei para lá guia de que não tinha recebido os meus vencimentos, porque naquela época todo o exército que se achava em país estrangeiro estava com seus vencimentos atrasados. De sorte que fui soldado dois anos e tanto, sem nunca ter recebido um tostão da nação."

Como disse Pinheiro nesse discurso no Senado, depois de "ano e tanto" no exército, a maior parte do tempo enfrentando as dificuldades de uma luta feroz no Paraguai, o jovem soldado, em clima insalubre, caiu doente com a saúde seriamente abalada, o que determinou sua baixa. Entretanto, mesmo depois de formalizado seu desligamento do exército, mas ainda antes de ir embora, o pelotão em que ele participava se envolveu em uma dura batalha. O jovem José Gomes, então, recusou-se a abandonar os companheiros: participou intensamente dos combates e foi condecorado por bravura, mesmo estando formalmente desligado da tropa.

Esse heroísmo juvenil foi o primeiro traço da biografia de Pinheiro Machado que sensibilizou, muito anos depois, o escritor e jornalista Gilberto Amado, que acabou por ser cativado pela história pessoal do Senador:

"...o rapazote que aos catorze anos de idade fugira da Escola Militar para alistar-se entre os voluntários na Guerra do Paraguai; o adolescente em cujo beiço não assomara sinal de buço, cabelos desarrumados e olhar ardente, seguindo às escondidas dos pais e sem consentimento das autoridades, para o campo de batalha e onde, logo depois de Tuiuti, é proclamado primeiro cadete, e de onde depois de ano e meses de serviço duro, com a saúde arruinada pelas febres, torna à Escola Militar, para de novo voltar ao combate, sob o comando de Andrade Neves, e participar nos encontros de cavalaria de Tuiú-Cué, São Solano e Vila do Pilar, vindo a ser promovido a alferes."

Conta a lenda que, num dos combates da Guerra do Paraguai, o general Andrade Neves teve a sua atenção despertada para aquele jovem de compleição franzina, rosto bronzeado pelo sol, imberbe e de cabelos encaracolados "que, fardado, mais parecia um colegial do que um soldado". E Andrade Neves quis saber quem era. Então, o comandante do 7º Corpo Provisório de Cavalaria, tenente-coronel Manoel Cipriano de Moraes, informou: "O menino é de Cruz Alta. É filho do deputado dr. Pinheiro Machado. O pai luta como um bravo. O filho luta como um leão".

O pai do futuro Senador, o dr. Antônio Gomes Pinheiro Machado, advogado e magistrado, diante da emergência da guerra, em 1866 foi nomeado auditor de guerra do exército nacional em campanha no Paraguai, e logo se deslocou para o cenário dos combates.

Em pleno campo de batalha, o dr. Antônio Pinheiro Machado, embora essa sua condição de auditor de guerra em campanha, não sabia de nada: não fazia a menor ideia de que o filho pudesse estar por lá, em combate no Paraguai. Um dia, no acampamento, um oficial do exército, seu amigo, convida:

"Acaba de chegar, acampando perto daqui, um Batalhão de Voluntários da Pátria de São Paulo. Vamos até lá? Pode ser que algum deles seja de família nossa conhecida."

Foram.

E o dr. Antônio ficou perplexo: a primeira cara conhecida com que se deparou foi a de seu próprio filho Juca, como era conhecido o jovem José Gomes. A coincidência de encontrar o filho no campo de batalha foi uma surpresa porque, numa época de comunicações difíceis e demoradas, o pai tinha a serena convicção de que o filho estaria tranquilamente estudando na Escola Militar, no Rio de Janeiro.

Não houve crítica nem cobrança: um demorado e emocionado abraço marcou o encontro do pai com o filho soldado, então com apenas quinze anos de idade. O pai providenciou atendimento médico imediato porque o filho estava doente, com muita febre. Na verdade, já estava dispensado pelas precárias condições de saúde, mas, solidário com os companheiros de farda, tinha participado dias antes de um último combate.

Afastado do serviço do exército, Juca acompanhou o dr. Antônio de volta à fazenda paterna, onde o contato com a vida campeira ajudou a recuperação da saúde. Revigorado, viajou com o pai a São Paulo onde, em 1874, matriculou-se na Faculdade de Direito.

No ambiente paulistano da academia, encontrou o estímulo de que necessitava para descobrir a política. Na época, São Paulo era ainda uma cidade pequena, com menos de 30 mil habitantes, mas sua economia crescia baseada no café e, com a economia, também a política ganhava força com as renovadoras ideias republicanas.

Em São Paulo o movimento em torno da luta pela implantação da república começara a se institucionalizar a partir de 1872, quando foi constituída a Comissão Organizadora do Partido Republicano. À Convenção de Itu, no ano seguinte, compareceram algumas figuras pioneiras das ideias republicanas no Brasil: Campos Sales, Francisco Glicério, Bernardino de Campos, Ubaldino do Amaral e muitos outros jovens entusiastas. Entre eles, Venâncio Aires, tio do futuro Senador, que se tornaria figura essencial na condição de parente, amigo e companheiro político de Pinheiro Machado. Venâncio Aires, posteriormente, se transferiu para o Rio Grande do Sul, onde se tornou um grande líder republicano.

Os princípios republicanos, que incluíam a luta pela abolição da escravatura, conquistaram o jovem Pinheiro Machado. Empolgado pelas novas ideias, participou, com outros colegas, da fundação do "Clube Republicano Acadêmico", em 1876, que em seguida lançou seu órgão de divulgação, o jornal *A República*, do qual Pinheiro foi redator: desde logo, nesse ambiente fervilhante de novas ideias, ele se destacou com a vocação natural para expor e defender suas convicções, escrevendo artigos na imprensa, discursando em comícios, tornando-se desde então um dos mais ardorosos propagandistas dos ideais republicanos. Concluiu o curso em 1878.

Na Faculdade de Direito de São Paulo, teve a companhia dos irmãos Ângelo e Antônio, e compartilhou do ideal republicano com muitos estudantes conterrâneos: Júlio de Castilhos, Assis Brasil, Wenceslau Escobar, entre outros. Era uma época em que as ideias republicanas começavam a mobilizar a juventude acadêmica. Em pouco tempo, multiplicaram-se os "clubes republicanos" liderados por jovens entusiastas.

A primeira Convenção Republicana aconteceu em Porto Alegre, em fevereiro de 1882. Impossibilitados de participar, Pinheiro e Venâncio Aires deram, por documento escrito, seu apoio ao que ali foi decidido.

No ano seguinte, já na condição de delegado do município de São Luiz Gonzaga, Pinheiro participou diretamente do 1º Congresso Republicano Gaúcho, realizado em março de 1883. Como decisão desse encontro, surgiu o primeiro jornal oficial dos republicanos do Rio Grande do Sul, em janeiro de 1884: *A Federação*, que veio a ter a direção de Júlio de Castilhos, em contraposição ao jornal *Reforma*, dos maragatos de Gaspar Silveira Martins.

Na década de 1880, crescia a força política das ideias republicanas, enquanto a monarquia brasileira se desgastava com crises sucessivas. Havia problemas no exército, conflitos com a Igreja e a incontornável questão da escravatura que persistia no Brasil, depois de ter sido erradicada na maioria dos países do mundo.

A escravatura sempre foi uma das maiores vergonhas brasileiras. E o Brasil foi um dos últimos países a acabar com essa prática desumana. Muitos estudiosos sustentam que a escravatura só foi abolida no Brasil depois que a Inglaterra, que tinha uma poderosa força marítima, ameaçou afundar navios negreiros, os navios que sequestravam negros na África para serem escravos no Brasil. Crises sucessivas e recorrentes sobre esses temas se aprofundavam, acelerando o enfraquecimento do governo imperial.

Os republicanos gaúchos se preparavam para o confronto com o governo. Os acontecimentos se aceleraram com a famosa "Convenção da Reserva", histórica reunião acontecida em 21 de março de 1889 na fazenda da Reserva, propriedade de Júlio de Castilhos, localizada no município gaúcho de Cruz Alta.

Como registra o precioso *Dicionário de Cruz Alta*, de Rossano Viero Cavalari, os principais propagandistas republicanos do estado estiveram presentes e elaboraram um documento conclamando a um ato revolucionário contra a monarquia:

"Reconhecendo a necessidade de organizar a oposição, em qualquer terreno, ao reinado, que ameaça nossa pátria com desgraças de toda ordem, e a necessidade de preparar elementos para no momento oportuno garantir o sucesso da revolução, declaramos que temos nomeado nossos amigos José Gomes Pinheiro Machado, Júlio de Castilhos, Ernesto Alves, Fernando Abbott, Assis Brasil, Ramiro Barcellos e Demétrio Ribeiro, para trabalharem para que consigam aqueles fins, empregando livremente os meios que escolherem. Nós juramos não nos deter diante de dificuldade alguma, a não ser o sacrifício inútil de nossos concidadãos. Excluída esta hipótese, só haveremos de parar diante da vitória ou da morte. Reserva, 21 de março de 1889."

Assinaram o documento, entre outros: José Gomes Pinheiro Machado, J.F. de Assis Brasil, Salvador Pinheiro Machado e Júlio de Castilhos.

A Proclamação da República, em 15 de novembro de 1889, encontrou preparados os republicanos gaúchos. O governador da província, Silveira Martins, foi preso quando a caminho do Rio de Janeiro. Invadindo o Palácio do Governo, populares depuseram o vice-presidente, Justo de Azambuja Rangel.

Assim, sem que houvesse necessidade de derramamento de sangue, o poder local, no Rio Grande do Sul, passava a outras mãos. A Câmara de Porto Alegre reconheceu o marechal José Antônio Correia Câmara como novo presidente provincial.

10

José Gomes completou os estudos de Direito em São Paulo, em 1878, e voltou para o Rio Grande do Sul. Em São Luiz Gonzaga, se estabeleceu com banca de advocacia e passou a desenvolver a pecuária na fazenda Piraju, de propriedade da sua família. Na banca de advocacia em São Luiz, apesar de bem-sucedido financeiramente, não se empolgou com a atividade.

Mais do que advogar, Pinheiro Machado gostava de montar no seu "pingo" e percorrer a região serrana e a campanha fronteiriça, adquirindo tropas de mulas, que eram levadas a São Paulo para comercialização em Sorocaba, onde tinham bom mercado. Muitas vezes ele mesmo levava os animais para viagem; em outras, entregava a tarefa a empregados de confiança. Mesmo depois de eleito Senador, morando no Rio de Janeiro, arrumou jeito de não abandonar a antiga atividade: continuou a dedicar-se ao transporte de mulas, que complementavam os recursos financeiros necessários para sustentar-se na política.

A advocacia, a pecuária e o comércio de mulas, além de consolidar um considerável patrimônio que veio a financiar sua vida política, foram atividades que lhe deram independência pessoal e financeira, que lhe garantiram a independência política para agir de acordo com sua consciência, pois não dependia de favores alheios.

Nunca abandonou totalmente a advocacia, mas sempre preferiu a pecuária na fazenda, o comércio de mulas e sua grande paixão: a política. Na visão de Carlos Reverbel, "o temperamento de

Pinheiro Machado não se ajeitava à arte de postular nos tribunais, não suportava a empáfia de certos juízes, aguardando morosos despachos, e acionando, penosamente, a emperrada máquina judiciária".

Ao cruzar o país na atividade exaustiva – mas muito lucrativa – de tropeiro, outro aspecto impressionou o escritor Gilberto Amado:

"Eu via o jovem José Gomes atrás da cavalhada, que trazia, como tropeiro, dos remotos pagos do sul, para vendê-la nos mercados do norte e com o produto delas pagar suas despesas. Eu o acompanhava com a imaginação nas longas estiradas, nos caminhos infindáveis, na soalheira, nas noites mosquitentas, deitado na manta do seu cavalo, o pelego da sela servindo de travesseiro, com o compêndio de Direito ou algum romance popular na mão."

À medida que ganhava destaque e dinheiro, não faltaram maledicências sobre seu sucesso financeiro. A propósito, vale sempre lembrar o depoimento de Carlos Reverbel, escritor e jornalista brilhante que tinha nítida simpatia pelos "maragatos" (partidários de Silveira Martins, adversário de Pinheiro nos confrontos gaúchos), mas sempre manteve honrada imparcialidade em relação aos arquirrivais "chimangos" (ou "pica-paus", como eram chamados os republicanos partidários de Júlio de Castilhos, Pinheiro Machado e Borges de Medeiros). Com sua independência exemplar, Reverbel sublinhou a honestidade do sucesso financeiro do jovem político:

"Comentou-se na época, que as tropas de mulas de Pinheiro Machado, quando ele exercia decisiva influência nos conselhos da república, encontravam, em igualdade de condições, mais compradores e melhores preços. A ser isso verdade, a culpa não deve ser debitada ao ilustre tropeiro, mas sim à tendência irresistível de certas pessoas, de muitíssimas pessoas, que adoram bajular os poderosos, mesmo sem visar vantagens imediatas."

É claro. Na época, comprar uma mula do Senador, a primeira figura política e um dos homens mais famosos do país, era um orgulho, causaria consideração e inveja entre os endinheirados.

Isto é: comprar uma mula do Senador, usando uma expressão que só entraria no nosso vocubulário mais de um século depois, era "comprar uma mula de grife".

Tropeiro de mulas... Pinheiro teve a cautela de nunca abandonar essa outra áspera atividade, anterior à política. Além da independência pessoal e econômica que a atividade lhe deu, foi uma decisão fundamental para sua formação política. Conheceu, então, um Brasil por desbravar, sem estradas e com poucos lugares para descansar, sem o mínimo dos confortos da civilização para os viajantes: um bom quarto para dormir, um banheiro limpo e bem aparelhado. Essas comodidades durante muitos anos foram, para ele, itens de sonhos.

Comprando e vendendo tropas de mulas, conheceu em profundidade todo o Rio Grande do Sul e, seguramente, grande parte do Brasil, povoado por povoado, fazenda por fazenda. A experiência desbravadora, além de forjar seu caráter de líder, ensinou-o sobre as vastas extensões de um Brasil esquecido e de suas populações. Esse esforço privado foi decisivo na formação do futuro líder político: permitiu-lhe conhecer em profundidade a realidade brasileira. Tão intensa foi essa atividade que Pinheiro ficou muito conhecido como tropeiro de mulas e chegou a ser considerado, depois de Cristóvão Pereira, o maior tropeiro do Brasil.

Quando se diz que teve uma vida confortável, de homem rico, é evidente de onde veio o dinheiro que sustentou uma carreira no primeiro plano da política brasileira por mais de duas décadas. Era uma atividade muito complexa, mas extremamente bem remunerada. Ele percorria a região serrana e toda a campanha fronteiriça da Argentina e do Uruguai, adquirindo tropas de mulas que remetia para os mercados paulistas, especialmente Sorocaba.

De algumas dessas tropas era ele próprio o condutor, de outras encarregava capatazes de confiança.

Mesmo depois de ser a primeira figura da república, não deixou de conduzir tropas de mulas, muitas vezes não pessoalmente, mas por tropeiros por ele treinados, que as vendiam em São Paulo, em Minas e no Rio de Janeiro. Além de proporcionar-lhe os recursos financeiros para subsidiar as despesas elevadas da atividade política e permitir-lhe uma vida confortável, a atividade de tropeiro dava muito prazer a Pinheiro, antes e durante o seu mandato de Senador.

E, de fato, no final do século XIX e princípio do século XX, foi uma das atividades econômicas mais rentáveis do Brasil. As mulas e o transporte de mercadorias eram itens caríssimos, primeiro porque não havia alternativas. Além disso não existiam rotas seguras e de boa qualidade.

A história das mulas e tropeiros no Brasil remonta ao século XVIII, quando a explosão da exploração do ouro na região onde hoje é o estado de Minas Gerais gerou a necessidade de transportar mantimentos para abastecer os povoados que começavam a nascer e crescer pelo interior do país. Ainda nos tempos do império, da união entre o homem e a mula nasceu o tropeiro, que era quem levava todo tipo de mercadorias para a região das minas de ouro, já que a agricultura e a criação de gado foram proibidas pela Coroa, para que a população se dedicasse exclusivamente à mineração... Na volta, as mulas que tinham levado às minas mantimentos aos mineiros faziam a viagem carregadas do metal precioso extraído na mineração.

Para abastecer Minas Gerais, São Paulo, Rio de Janeiro e outros locais do centro, norte e nordeste, era necessário fazer longas e caras viagens para essas e outras regiões do país. Além do transporte das mercadorias, vender e comprar as próprias mulas era um comércio muito intenso, proporcionando grandes lucros aos tropeiros. O comércio de animais de carga em geral era tão rentável que foi alvo de pesados impostos e ajudou a fortalecer a economia das regiões Sul e Centro-Sul do Brasil.

A mula, além de valioso meio de transporte de mercadorias, era (e assim continua sendo em muitas regiões brasileiras no século XXI) um valor em si, ou seja: tropas de mulas, desde sempre, além de transportarem mercadorias, representavam e ainda representam um comércio precioso em si mesmas. Além de transporte, as mulas sempre tiveram utilização para a força motriz das fábricas e também na agricultura.

Desde o século XIX e até tempos mais recentes, havia uma grande dificuldade que, para Pinheiro, em sua época, era uma facilidade: as mulas vinham do extremo sul do país, onde chegavam compradas legalmente ou contrabandeadas do Uruguai. Então, para a florescente economia de Minas Gerais e São Paulo, na hora da conta, era necessário calcular a longa viagem para transportar os animais até o Sudeste. Para se ter uma ideia da dimensão do negócio, no final do século XIX, quando o Senador era um ativo tropeiro, foi registrado o transporte de 61 mil mulas.

11

O ideal republicano incendiava os sonhos do jovem José Gomes, e a política seria para sempre uma razão de viver. Ainda jovem, em 1879, participou da fundação do Partido Republicano Rio-grandense, influenciado pelo tio materno Venâncio Aires. A dedicação à política resultava de sinceros ideais e convicções: por isso não hesitou em assumir compromissos que, na sua atividade cotidiana, até o fim de seus dias, significaram um exercício de sacrifícios e desprendimento pessoal. Na luta política daqueles tempos, suas primeiras bandeiras foram a abolição da escravatura e a propaganda republicana, ambas causas inicialmente polêmicas e com muitos antagonistas, mas enfim vitoriosas.

No longo período entre 1889 e 1915, Pinheiro transformou-se na grande estrela da república, personagem de todos os jornais, de todos os boatos, de todos afagos de puxa-sacos, de todas ofensas e baixezas dos inimigos e, é claro, teve que se proteger da "inveja leprosa" dos maledicentes.

Seu pai era amigo e compadre de dois heróis remanescentes da Revolução Farroupilha: José Gomes Portinho e Frutuoso Borges da Fontoura, que se mantiveram republicanos até o fim da vida. Esse convívio e a influência do tio materno, Venâncio Aires, ardoroso propagandista, teriam certamente contribuído para a firme adesão republicana do jovem advogado-tropeiro: Pinheiro estava em constantes comunicações com São Paulo, onde deixou grandes amigos na longa temporada em que lá viveu e estudou.

No curso de Direito, as boas companhias de jovens politizados e a quimera de modernizar o país, abolir a escravidão e gerar riqueza foram elementos decisivos a incliná-lo definitivamente para o ideal republicano.

Estava em meio a uma viagem para São Paulo, deslocamento que, numa época de transportes precários, demorava semanas, quando recebeu a notícia da Proclamação da República, a 15 de novembro de 1889. Não vacilou. Interrompeu a viagem e voltou de imediato à sua base, o Rio Grande do Sul, para incorporar-se ao esforço nacional pela república, que, no Sul, tinha grande consistência. No estado gaúcho estavam as suas bases políticas.

"Agora, a república ou a morte! Um abraço a cada um dos amigos. Não calcule o desejo louco que tenho de estar com vocês – o que transborda na minha alma preciso entornar na tua. Adeus amigo, 'à la vie et à la mort'." Com esses termos Pinheiro comemorou a Proclamação da República na carta enviada ao amigo Aparício Mariense, como lembra Newton Alvim em seu perfil biográfico do Senador.

Os adeptos republicanos logo ocuparam lugares de destaque no Governo. Pode-se imaginar a disputa furiosa por cargos e sinecuras na nova situação política estabelecida no país com a Proclamação da República...

Mas Pinheiro, que era um dos principais líderes republicanos no Rio Grande do Sul, para surpresa geral, recusou todos os cargos e posições de mando que lhe foram oferecidas: queria ser apenas um entusiasmado militante da república.

"De espírito independente, amante da vida nos pampas", como lembra Alvim, ele queria continuar advogando e também se dividindo entre o rico comércio de mulas para São Paulo e a pecuária em sua fazenda de São Luiz Gonzaga.

Entretanto, por mais que ficasse longe da política, a política não o abandonava. Já formado e de volta ao Rio Grande do Sul, fazendeiro e advogado em São Luiz, participou, em 1883, em Porto Alegre, do 1º Congresso Republicano, em que se decidiu implantar o jornal *A Federação* como folha oficial do Partido Republicano Rio-grandense a 10 de janeiro do ano seguinte.

Foi quando, de repente, sua bem organizada vida sofreu um terremoto: Júlio de Castilhos, reconhecendo os méritos e a liderança do amigo, incluiu José Gomes Pinheiro Machado na chapa de senadores à Constituinte. Por certo, ele ficou honrado com a lembrança. Mas não se entusiasmou com a ideia.

Estava contente com o tipo de vida tranquila que tinha com a esposa Nhanhã, em São Luiz Gonzaga, em que se alternavam a rotina calma de fazendeiro com as longas viagens de tropeiro, e decidiu agradecer a lembrança, recusando o convite. Tinha então menos de quarenta anos e muitos planos para sua vida pessoal com a jovem esposa.

Num gesto de respeito ao líder, em vez de enviar uma carta, viajou a Porto Alegre para agradecer o convite e expor pessoalmente sua recusa a Júlio de Castilhos que, mais do que um líder, era um amigo fraterno.

Júlio de Castilhos, entretanto, rejeitou a recusa e esclareceu ao amigo: "Não é um convite, mas sim uma convocação".

Pinheiro ficou mudo e surpreso.

E Júlio de Castilhos encerrou o assunto: "Contrariando teus projetos, conservarei teu nome como candidato, porque assim o exigem interesses partidários superiores, perante os quais nossas vontades devem curvar-se".

Em consequência, na instauração da república, a voz do líder foi determinante para que Pinheiro Machado se transferisse para o Rio de Janeiro, como Senador eleito, em 1891.

Embora Senador "contra a vontade", tinha a disciplina de um devoto. Diante de uma convocação do partido feita por Júlio de Castilhos, curvou-se e, honrando a indicação, aceitou o desafio.

Em consequência, o advogado, pecuarista e tropeiro de São Luiz teve uma reviravolta em sua vida pessoal.

E assim, por escolha e imposição do Partido Republicano Rio-grandense, depois de proclamada a república e convocada a Constituinte, veio a ser eleito para o Senado Federal, aos quarenta anos de idade, cargo que exerceu de 1891 até ser apunhalado pelas costas, em 1915.

Para usar uma expressão de Lord Byron, em São Luiz estavam "as ilhas verdejantes da imaginação" de Pinheiro: sua esposa e companheira, seu trabalho e sua casa.

Na condição de Senador, fixou residência no Rio, mas, sempre que possível, voltava para percorrer as ruas, reencontrar os amigos e companheiros na velha e boa São Luiz das Missões dos tempos em que a família lá chegara. A cidade foi fundada em 1687 pelo padre Miguel Fernandes, mais tarde chamada de São Luiz Gonzaga, no noroeste do Rio Grande do Sul, nas Missões criadas pelos jesuítas, destinadas à catequese dos índios guaranis, habitantes daquela área. São Luiz passou por uma fase de abandono e estagnação até o século XIX, quando começou o desenvolvimento da atividade agrícola e pecuária: foi o início de uma fase de progresso que culminou com a emancipação política em 1880.

Durante a carreira política, Pinheiro foi incansável na valorização do município de São Luiz Gonzaga. Dedicando-se com paixão à causa republicana, fundou em São Luiz o primeiro Clube Republicano Rio-grandense.

Mais tarde, já como Senador da República eleito pelo estado do Rio Grande do Sul, no início do século XX, procurou criar na região a infraestrutura para o progresso através da construção da estrada de ferro, da ponte sobre o rio Piratini, da criação da escola agrícola e de outras iniciativas. Com a chegada da importante unidade do exército, o 4º Regimento de Cavalaria, em 1905, surgiram novos fatores de crescimento e prosperidade.

12

No Rio, Pinheiro participou da cena política ao lado dos principais personagens do final do século XIX e início do século XX: Deodoro da Fonseca, Floriano Peixoto, Rui Barbosa, Quintino Bocaiúva, Júlio de Castilhos, Borges de Medeiros, Assis Brasil entre tantos outros que hoje são nomes de ruas e avenidas por todo o Brasil... Nesse grupo de celebridades políticas conseguiu brilhar, transformando-se numa estrela do senado e da república.

Nas sessões da antiga "Câmara Alta", que veio a presidir, o Senador polemizava com desenvoltura, jamais abandonando o debate em defesa de suas ideias. Uma amostra significativa é a ata da sessão do Senado do dia 1º de junho de 1895, que tinha como pauta a votação da anistia para participantes da Revolução Federalista do Rio Grande do Sul, onde se vê que o Senador Pinheiro, além de hábil político, era um homem culto (ao contrário do que diz a lenda), citando autores franceses não traduzidos para o português:

O SR. ALMEIDA BARRETO – V. Exa. pode ser [*incluído na anistia*], mas eu não, que não peguei em armas (interrupção). Eu não venho trazer esta questão para fazer barulho. Supunha mesmo que os nobres senadores, por estarem incluídos no projeto, deviam retirar-se imediatamente ao ir-se votar o projeto. É esta a minha opinião.

O SR. PINHEIRO MACHADO (pela ordem) – Vendo o modo veemente...

O sr. Almeida Barreto – Veemente, não; estou pugnando pela lei interna do senado.

O Sr. Pinheiro Machado – ...com que o nobre senador pela Paraíba procurou alijar do Senado alguns dos seus colegas, quando se trata de votar sobre os atos do governo passado durante a revolta, eu me lembrei de um fato que se deu durante a restauração em França, fato descrito pela pena brilhante de Lamartine. Na assembleia tumultuária francesa, quando se tratava de colocar no lugar do trono – que tinha ruído – um governo popular, mil propostas, mil alvitres surgiram; e então, de entre os deputados presentes levantou-se um apaixonado, com uma apóstrofe cheia de recriminações acerbas aos outros, e aquele grande mestre da palavra, da eloquência e da poesia, presente naquele momento solene, quando se tratava dos destinos do povo francês, disse: 'Recordo-me de 1793! Vendo aquele vulto assomar à tribuna, vi Danton'. Assim eu também acabo de ver, na pessoa do ilustre senador pela Paraíba, o representante daquela revolta ingrata, que ainda devasta o meu estado.

O sr. João Cordeiro – Muito bem!

O sr. Almeida Barreto – Nunca andei aqui em revoltas.

O Sr. Pinheiro Machado – Homem que, quer na vida privada, quer na vida pública, tem procurado sempre na sua obscuridade manter ilesa a religião da honra e do dever (*muito bem!* – gritam das galerias), eu não poderia jamais, sem profundo desdouro para a minha reputação, votar nesta assembleia em assunto que me dissesse respeito. Trata-se agora não de assunto de interesse individual, mas de interesses magnos da pátria. (*Apoiados. Muito bem!*) Durante a revolta, que infelizmente ainda devasta a minha terra, jamais fui representante deste ou daquele poder; fui representante, pura e simplesmente, do meu ideal e da república. (*Muito bem!*) Jamais recebi uma única comissão do governo, não só durante a revolta, como durante a minha curta vida política.

O sr. Almeida Barreto – V. Exa. comandou uma divisão.

O Sr. Pinheiro Machado – É verdade que, sendo uma luta política a que se travou neste país, eu, como republicano, estando no lugar em que se deu a invasão, julguei que era do meu dever concitar os meus amigos, os meus correligionários, armá-los e sair para os prélios; mas o governo somente soube que eu estava à testa de forças depois que elas foram reunidas em nome da república e dos princípios que eu adoto. (*Apoiados. Muito bem!*) Podeis correr os atos oficiais e neles não encontrareis jamais um único que indique que eu exerci uma comissão oficial do governo da república. É verdade que, nesta luta aflitiva por que tem passado o país, eu, que não tenho a vaidade de possuir dotes militares...

O sr. J. Pernambuco – E revelou muitos desses dotes! (*Apoiados!*)

O Sr. Pinheiro Machado – ...tive, por força das circunstâncias, de estar realmente, não à testa da força, mas ao lado dos defensores da república (*Muito bem!*) e com eles comunguei os perigos e as dificuldades da luta que lá travamos.

Mas, se de fato eu fosse comandante de divisão ou de brigada, coronel ou general, como é aqui o meu distinto colega, o sr. Pires Ferreira, ainda que ele exercesse o comando de divisão por indicação do Poder Executivo, nem assim ele era agente do Poder Executivo, e sim agente da lei, puramente da lei, porque os postos militares não são dados por favoritismo...

O sr. Almeida Barreto – Quem é que está negando isso?

O Sr. Pinheiro Machado – ...ou por mera escolha do Poder Executivo, e sim são devidos a acessos ou promoções.

O sr. Pires Ferreira – E a mim sempre foram dados por antiguidade.

O Sr. Pinheiro Machado – Bem. Estou tratando somente de limpar a minha testada...

Diversos srs. senadores – Não precisava! Não precisava!

O Sr. Pinheiro Machado – ...eu o faço deveras constrangido. Não gosto de exibições, fujo, me esquivo o mais que posso de abordar esta tribuna, cuja responsabilidade reconheço e temo; mas infelizmente agora fui arrastado pela gola pelo ilustre senador...

O sr. Almeida Barreto – Não. Qual!

O Sr. Pinheiro Machado – ...que declinou o meu nome. Creio que o Senado, que o país, que a opinião pública da minha terra me farão justiça (*apoiados!*); ficarão todos convencidos de que nesta questão voto inteiramente desassombrado, somente tendo em vista a lei e a minha consciência. (Numerosos *apoiados! Muito bem! Muito bem!*)

O sr. Almeida Barreto – Mas não deixa de estar incluído no projeto.

O sr. presidente consulta o Senado sobre se algum de seus membros tem interesse individual na questão de que se trata.

O Senado responde pela negativa.

O sr. presidente diz que se vai proceder à votação nominal do artigo único da proposição, devendo responder sim os srs. senadores que o aprovarem e não os que o rejeitarem. Sendo aprovado, ficarão prejudicadas as emendas substitutivas.

Procede-se à chamada e respondem sim os srs. Costa Azevedo, Francisco Machado, Joaquim Sarmento, Manoel Barata, Antônio Baena, Pires Ferreira, Nogueira Accioly, João Cordeiro, José Bernardo, Almino Afonso, Abdon Milanez, Joaquim Pernambuco, Rego Melo, Eugênio... e os demais presentes.

Ao mudar-se para o Rio de Janeiro, assumindo a cadeira de Senador da República, José Gomes Pinheiro Machado dava início à etapa mais importante de sua vida.

Carlos Reverbel escreveu uma avaliação interessante sobre a participação de Pinheiro nos embates em favor da República. A opinião do grande escritor gaúcho explica o porquê da atitude intransigente de Júlio de Castilhos ao indicá-lo para o Senado, afirmando que era uma "convocação" e não um convite:

"Quando Júlio de Castilhos surgiu na arena, evangelizando a república, encontrou em Pinheiro Machado o mais eficaz de seus companheiros. Lidador desempenado, vaqueano dos caminhos, sóbrio, valente, enérgico, ele possuía em alto grau a capacidade impositiva, como emanação de estranho poder psicológico e envolvente magnetismo pessoal. Dominava pela simples presença. O homem do campo, que via nele a sublimação de suas próprias qualidades, não lhe resistindo ao fascínio, seguia-o sem vacilar."

Era um homem forte, cuja personalidade não se diluía, nem se alterava, ao contato das multidões. Na bela imagem de Reverbel, "era como o diamante no seio da rocha vulgar". Antes de dominar os outros, dominava-se a si mesmo. Submetia-se a rigorosas práticas de disciplina, comendo pouco, dormindo pouco e executando com exatidão seu programa de trabalho.

Impressionava, antes de tudo, pelo porte, segundo Augusto Meyer: "Moreno, com uns longes de indiático nos traços fortes da fisionomia. Não chegando a ser de alta estatura, conservou, até o fim da vida, a esbelteza e a saúde física". Possuía – na bela definição de Alcides Maya, "um perfil de medalha antiga". Quando moço, apresentava acentuada semelhança com o poeta Castro Alves, o que ressaltava a semelhança a imagem de "medalha antiga".

Sua atividade era contínua. Na época da propaganda republicana, por onde passava ia fundando centros republicanos e deixando, ao mesmo tempo, marcados pontos de apoio para contatos e ações futuras. Depois de proclamada a República e eleito Senador pelo Rio Grande do Sul, mais do que qualquer outro, ele lutou para divulgar e reforçar a nova realidade política do país.

Na constituinte de 91, onde Júlio de Castilhos brilhou, Pinheiro manteve uma atitude discreta, limitando-se a coordenar o apoio para os pontos sustentados pelo chefe republicano. Virtualmente não apareceu no cenário dos debates.

Deflagrada a Revolução Federalista de 1893, o Rio Grande do Sul ficou dividido numa guerra terrível entre as correntes políticas dos "maragatos" e dos "pica-paus" (também chamados "chimangos" ou "ximangos"). Foi uma guerra sangrenta, na qual não faltaram violências, assassinatos e degolas.

Era hora do antigo soldado voltar ao campo de batalha. José Gomes Pinheiro Machado licenciou-se de sua cadeira no Senado Federal, voltou ao Rio Grande do Sul e atirou-se à luta em defesa da causa republicana à frente da Divisão do Norte, por ele organizada.

Também sobre esse evento, Carlos Reverbel deixou um precioso relato, no seu livro *Maragatos e Pica-paus*:

"Pinheiro Machado entregou o comando da tropa a um general já velhusco mas de sua inteira confiança: Rodrigues Lima, veterano calejado nas refregas do Paraguai. E ficou sempre a seu lado, mantendo-se ambos toda a campanha nas pegadas de Gumercindo Saraiva. Embora Pinheiro participasse das decisões militares e não raro entrasse na luta, a sua função, à frente da Divisão do Norte, ao lado do general Francisco Rodrigues Lima, era muito mais difícil e decisiva: Pinheiro representava a chama republicana e o pendão do partido de que fora fundador com Júlio de Castilhos e em cuja defesa se lançava por inteiro, numa guerra de terra arrasada, de tudo ou nada."

Se comparado a Júlio de Castilhos, "homem de sobrecenho quase sempre cerrado e de catadura positivista enragée", na expressão pitoresca de Reverbel, Pinheiro tinha um entusiasmo cativante.

O general Rodrigues Lima, um veterano bem mais velho, da inteira confiança do Senador, que tinha o comando militar nominal da Divisão do Norte, prestou valioso depoimento depois da célebre batalha de Inhanduí:

"Quanto ao que fez o Senador Pinheiro Machado, limito-me a dizer: ele personificou no momento o dever cívico. Sua atividade desdobrou-se em todos os pontos da linha. Sua presença esteve em toda parte. Sua palavra de entusiasmo, de animação e conforto foi ouvida por todos. Sua atuação campeira foi excepcional. Seus exemplos foram seguidos pelos mais bravos."

Foi com justiça, portanto, que o marechal Floriano, em 9 de maio de 1894, promoveu Pinheiro Machado (referido como "bravo soldado da república") ao posto de general de brigada, "atendendo aos relevantes serviços militares por ele prestados desde o começo da revolta até hoje, no Rio Grande do Sul, lá organizando forças, lá levando-as a combate, com valor e proficiência de experimentado chefe".

Quanto à "atuação campeira", era uma vocação natural: ele se sentia muito à vontade no lombo de um cavalo, em combate, usando sua habilidade de excelente ginete. Na prosa límpida e luminosa do belo texto de Carlos Reverbel:

"Pinheiro Machado parecia um campeador, por vezes tocado por impulsos românticos e por forças telúricas, matizadas pelas galas nativas da campanha rio-grandense, cujos caminhos ele já trilhara nos tempos de paz, repontando tropas, cortando várzeas e coxilhas, atravessando serras e encostas. Foi dos que fizeram a propaganda republicana no Rio Grande em lombo de cavalo."

As forças do governo nos combates foram organizadas em divisões, mas sem observância de normas rígidas, notadamente em relação aos efetivos, muito variáveis, embora sempre procurando reunir contingentes das três armas. Cada divisão constava de aproximadamente 1.500 homens, com uma exceção apenas: a Divisão do Norte, cujo efetivo chegou a ultrapassar 5 mil homens.

Era uma imensa responsabilidade o comando "político" da Divisão do Norte, o que ilustra a dimensão do papel que fora reservado ao Senador Pinheiro, transformado em general, no conjunto das operações. Seu efetivo, inicialmente equiparado em números aos das demais divisões, foi sendo aumentado no desdobramento da luta, tantas as atividades que teve de desenvolver na missão precípua de não dar trégua a Gumercindo Saraiva.

Como as demais, a Divisão do Norte era composta de brigadas, em número de cinco (por ser a mais numerosa), tendo como comandante o general Rodrigues Lima, "com a assistência imediata de Pinheiro Machado".

Entre os comandantes de brigada, figurava o coronel Manoel do Nascimento Vargas (pai de Getúlio Vargas), também veterano da Guerra do Paraguai. Integravam as brigadas quinze corpos provisórios e apenas um batalhão de linha, o 3º de Infantaria, comandado pelo major Tupi Caldas, uma lenda viva por causa de sua legendária coragem, comprovada em 1893 e em Canudos.

Para perseguir a tropa de Gumercindo Saraiva, de extraordinária mobilidade, já que era formada por soldados-campeiros – conta Reverbel –, Pinheiro Machado recorrera a gente da mesma espécie. Daí a presença dominante de soldados dos corpos provisórios, na maior parte recrutados nas regiões da campanha (escolhidos pelo talento de exímios cavaleiros), adotados pelas tropas de linha.

Disso Pinheiro Machado sabia muito bem.

E seu irmão, Salvador, comandante da brigada encarregada de fazer a vanguarda da Divisão do Norte, sabia ainda melhor. Homem de lança e cavalo, Salvador era dotado da "intuição guerreira dos gaúchos", de que falaria um dia Euclides da Cunha em *Os sertões*.

Em 1895, terminados os vitoriosos combates militares no Rio Grande do Sul, com a vitória final dos republicanos contra os maragatos monarquistas, depois de lutar e vencer importantes batalhas, veio a hora de Pinheiro Machado voltar aos combates parlamentares no Rio de Janeiro.

Sua volta ao Senado foi saudada com artigo de Quintino Bocaiúva no jornal *O Paiz*:

> *Enquanto no primeiro período revolucionário a imprensa em geral só salientava o nome de Gumercindo Saraiva como guerreiro destemido, idealizando as proezas de sua caudilhagem torpe, o Senador Pinheiro Machado passava desapercebido, e órgãos de opinião houve que lhe assacaram as acusações mais degradantes, atribuindo-lhe rapinagens de que se envergonhariam os mais reles bandidos dos pampas. Os que conheciam, porém, a enfibratura moral do valente cidadão, a sua honradez inquebrantável, a sua dedicação incondicional à república, pela qual sacrificou posição, bem-estar e fortuna, viam nele o mais esforçado dos legionários que defendiam no território rio-grandense a honra da pátria flagelada pela ambição de caudilhos, cujo impudor se media pela caveira dos mais lúgubres celerados.*

Foi nessa volta ao Rio de Janeiro, reassumindo sua cadeira no Senado Federal, que Pinheiro Machado brilhou e se consolidou como um mito da política brasileira, no sempre incontornável testemunho de Carlos Reverbel:

"Daí para diante desaparece o caudilho, que cede lugar ao político, ao parlamentar, ao coordenador de opiniões. Era o porta-voz de Júlio de Castilhos, e, mais do que isso, era o pilar mestre da ordem constitucional de 91. Voltando ao Senado, foi ali figura de primeira grandeza, ombreando com Rui Barbosa, Quintino Bocaiúva, Francisco Glicério. Formando ao lado dos florianistas, fez oposição moderada a Prudente de Moraes, mas não obstante essa moderação, chegou, com surpresa de amigos e adversários, a ser preso como conspirador."

Além de temido pela coragem pessoal, Pinheiro Machado – como lembrou Gilberto Amado – "era respeitado pelo rigor que sempre dedicou aos interesses do país".

O único cargo público que Pinheiro exerceu foi o de Senador. E, numa ironia, nos serviços que prestou quando ainda muito jovem, na condição de soldado na Guerra do Paraguai, como se viu, não recebeu um tostão, porque se retirou doente antes do pagamento do soldo. Nunca aceitou posições na administração governamental que reforçassem sua força política ou permitissem que manuseasse dinheiro público; sempre recusou poderes de nomear, demitir, prender ou corromper.

A vocação e a paixão com que se dedicava à política era a sua grande diferença em relação à maioria dos senadores e deputados. Em grande parte, era produto da experiência "de Brasil" que Pinheiro conquistou percorrendo o país com tropas de mulas; e também, na guerra e na paz, convivendo com pessoas de variadas condições sociais. Tinha uma dimensão de liderança peculiar, em que o fundamento do prestígio era o seu gênio, o seu talento de conhecedor de homens, baseado na sagacidade.

Foi, ao mesmo tempo, estadista e tropeiro. Gilberto Amado via "na sua finura de caboclo, na sua vivacidade e destreza de esportista, na sua capacidade de negociar, um conjunto das qualidades cerebrais que faziam dele uma máquina prodigiosamente sutil e ágil de raciocinar".

A atividade de tropeiro, com as longas viagens pelos caminhos inóspitos lhe deram o conhecimento de um "Brasil profundo", de que os seus colegas senadores e deputados, acostumados ao conforto dos salões atapetados, não faziam ideia da existência. Nas longas tropeadas, gostava de sentar, à noite, em torno de uma fogueira com os tropeiros e os matutos dos lugares esquecidos, ouvindo-lhes as opiniões, guardando-lhes as observações, descobrindo-lhes as ambições, os desejos, as crenças, as afinidades, os motivos de conduta, a estrada por onde vinham e aquela que queriam seguir.

O talento do estadista para compreender, assumir responsabilidades, orientar e comandar, era assim iluminado por esse conhecimento concreto do Brasil; não do "Brasil livro", o Brasil anunciado por governantes e aspones, que não existe na prática, mas sim "do Brasil vivo e pulsante". Percorrendo o país em lombo de mula, Pinheiro descobriu, viveu, sentiu, o "Brasil gente", o "Brasil terra", o Brasil real dos seus indivíduos, da sua sofrida população, na hora que passava. Com isso, o Senador conseguiu elaborar uma "opinião brasileira", isto é uma visão aprofundada e ampla da realidade do país, construída a partir do conhecimento direto, visto com os próprios olhos, ouvido, aprendido, vivendo pessoalmente um Brasil bem diferente das fantasias oficiais.

Num exagero amável de admirador sincero, Gilberto Amado acreditava que esse foi "o diferencial gigantesco desse intrépido gaúcho em relação a todos os políticos, de sua época e de todos os tempos". Com as suas qualidades e defeitos, Pinheiro era uma espécie de devoto da política, com fundamentos adquiridos na prática da vida e também no silêncio das bibliotecas, onde se preparou intelectualmente, como leitor voraz que era, fato que é pouco lembrado. Quando o primeiro-ministro francês Clemenceau esteve no Brasil, ficou impressionado com o Senador e convidou-o a visitar a França. Uma faca assassina pelas costas, no entanto, como se sabe, cancelou a viagem.

A vocação política de Pinheiro teve, antes de tudo, a influência da flama insurgente de um pai guerreiro que correu todos os riscos nos combates revolucionários em São Paulo, que acabaram por levar a família para o Sul. Na adolescência, o filho do dr. Antônio, embriagado pela onda patriótica da Guerra do

Paraguai, chegou ao extremo de falsear a idade para integrar os Voluntários da Pátria. De volta ao lar, recuperou a saúde abalada na guerra, começou os contatos políticos e, no curso de Direito em São Paulo, burilou os fundamentos culturais com o convívio de colegas, futuros intelectuais e juristas. Assim, sua formação cultural, política e existencial foi completa, nas academias e nas bibliotecas, e também na vida do campo, em longas viagens pelo interior brasileiro. Foi uma formação pessoal riquíssima do ponto de vista cultural e social.

Entretanto, o que ele recolheu de forma mais expressiva dessa vida intensa e variada foi conhecimento profundo da realidade brasileira e, sobretudo, conhecimento das pessoas e de suas necessidades, a aptidão raríssima no Brasil de formar pontos de vista nítidos, condicionados pelo senso da utilidade e da relatividade.

Um dos aspectos marcantes de sua personalidade: não se envaidecia de seus méritos e nem buscava honrarias. Numa decisão que bem definia seu caráter discreto e modesto, apesar de ter recebido merecidamente o título e o uniforme de General Honorário do Exército por sua atuação na Revolução Federalista, nunca se valeu dessa posição. Em vida, afora os combates federalistas do Sul, jamais usou fardamento, a não ser o de cadete, na Escola Militar, e o uniforme de soldado raso dos Voluntários da Pátria na Guerra do Paraguai.

Carlos Reverbel, em suas pesquisas, descobriu um outro detalhe curioso e surpreendente do Senador Pinheiro. Um detalhe polêmico, que deixa a gauchada em polvorosa. Embora gaúcho autêntico, que nunca perdeu suas raízes missioneiras, Pinheiro Machado caracterizou-se por um detalhe que vai surpreender as centenas de Centros de Tradição Gaúcha: "O Senador Pinheiro Machado nunca usou bombachas, mesmo quando a lida campeira constituia sua principal atividade. Era discreto e elegante em seu traje civil".

13

No jargão dos políticos, na atividade parlamentar há grande preocupação de visitar e conviver com as "bases eleitorais", isto é, os aliados de localidades muitas vezes longínquas, que garantem os votos nas eleições.

O Senador Pinheiro Machado não se descuidava de suas bases. Hoje é fácil para os políticos, deputados e senadores, a visita a seus eleitores: jatinhos de empreiteiras, carros alugados por empresas contratadas pelo governo e tantas outras maracutaias que entraram na rotina política e eleitoreira. Para resumir, no popular, hoje em dia a movimentação pré-eleitoral e eleitoral é toda "por conta da Fifa".

Nos velhos tempos do Senador, os deslocamentos entre o Rio de Janeiro e o Rio Grande do Sul eram realizados por mar em navios precários, ou por terra, quase sempre em lombo de mula, como gostava de fazer o Senador.

As estradas eram picadas lamacentas, e os automóveis, raros e problemáticos. Apesar das grandes dificuldades, o Senador estava sempre presente, junto às bases: em Livramento, no Rio Grande do Sul, por exemplo, um cortejo com mais de mil pessoas acompanhou sua chegada à cidade.

É lamentável que os poucos documentos dessa espécie de pré-história do dia a dia do Brasil profundo tenham desaparecido com seus personagens.

Um desses poucos documentos fundamentais é o precioso livro, antigo e raro –*Sant'Ana do Livramento – 150 anos de história*, de Ivo Caggiani – no qual é possível testemunhar, num capítulo, uma dessas viagens, preservando-se o estilo da edição original, revelador da verdadeira devoção que cercava o Senador:

"Sant'Ana do Livramento, vibrante de entusiasmo, recebeu no dia 17 de março de 1909 a visita do Senador José Gomes Pinheiro Machado, um dos grandes estadistas brasileiros e diretor da política nacional.

A recepção feita pelo Partido Republicano e pela população santanense revestiu-se das características de uma verdadeira consagração. Contrariando a sua costumada tranquilidade e placidez, a cidade apresentava um aspecto festivo. Desde as primeiras horas da manhã já era grande o movimento nas ruas onde grupos de populares conversavam animadamente, onde carros e cavaleiros cruzavam-se em todas as direções.

Às quatorze horas grande era o número de pessoas que, na praça General Osório, aguardavam o momento de partir ao encontro do eminente homem público que, pela primeira vez, visitava esta fronteira. Pouco depois das quinze horas, a caravana composta de mais de trinta carros e de centenas de cavaleiros chegou ao Marco do Lopes onde já se encontravam muitas pessoas e a banda de música do 10º Regimento de Cavalaria.

Ao entardecer, o Senador Pinheiro Machado, que vinha do Caty em companhia do coronel João Francisco Pereira de Souza e de inúmeros correligionários e amigos, foi recebido com frenéticos aplausos, prolongados vivas e espoucar de foguetes, enquanto a banda executava um alegre e triunfal dobrado. Pinheiro Machado, que desde São Luiz Gonzaga viajava a cavalo, tendo passado por Alegrete e Quaraí, montava um 'tordilho', vestindo botas, bombachas, poncho e um lenço branco ao pescoço. As bombachas são um possível exagero: o Senador, como lembrou Reverbel, não usava bombachas.

Após os cumprimentos e as apresentações, foi organizada a marcha em direção à cidade, da qual participaram mais de mil pessoas.

Às 19h30min o longo cortejo entrou na cidade, sendo precedido por duas bandas de músicas, e ao estrugir de bombas e 'foguetes que descreviam trajetória de luz, numa incessante chuva de grossos pingos dourados que caíam como vagalumes em vertiginosa queda'.

Depois de percorrer a rua 29 de Junho (atual Rivadávia Corrêa) e dar uma volta pela praça General Osório, o monumental cortejo seguiu para a rua 15 de Novembro (atual Silveira Martins) parando em frente à residência do coronel João Francisco, onde se hospedou o ilustre republicano.

Em nome do povo santanense, Pinheiro Machado foi saudado em eloquente e arrebatador improviso pelo dr. José Antônio Flores da Cunha.

Pouco mais tarde, teve início na praça General Osório a 'batalha de flores' e o corso do qual participou o Senador Pinheiro Machado em carro descoberto, acompanhado pelos srs. Rivadávia Corrêa, Moysés Pereira Vianna (intendente municipal) e José Antônio Flores da Cunha.

O aspecto da nossa praça era verdadeiramente deslumbrante. Belíssimas grinaldas, formadas por centenas de lâmpadas, contornavam os jardins, e em frente ao Teatro Sete de Setembro, entre duas palmeiras, encontrava-se um dístico luminoso: 'Salve Pinheiro Machado'. O Clube Pinheiro Machado também iluminara sua fachada ricamente enfeitada e onde fora erguido um arco triunfal em homenagem ao seu patrono.

Mais de duas mil pessoas turbilhonavam pela praça, enquanto duas filas de carros enchiam-na literalmente. O povo, delirando de emoção pela presença de tão importante personalidade, deixou-se ali ficar até as primeiras horas do dia seguinte.

Quinta-feira, 18, teve lugar um almoço, chamado na época de picnic, em uma chácara nos arredores da cidade, e do qual participaram autoridades, correligionários e amigos do Senador Pinheiro Machado, destacando-se a presença do intendente Moysés Vianna, *juiz Mello Guimarães, deputado Flores da Cunha, coronel João Francisco Pereira de Souza e deputado Rivadávia Corrêa.*

Ao espoucar do champagne falou o dr. Moysés Vianna, saudando o visitante. Respondendo, Pinheiro Machado fez, em elevados conceitos, a apologia da terra rio-grandense e da população de Sant'Ana do Livramento, declarando que vinha para, entre seus patrícios, haurir novo alento para seguir combatendo os ignominiosos processos que estavam sendo implantados na república, e fustigando as oligarquias e os privilégios das famílias. Perorando de forma brilhante, manifestou que se os costumes pervertidos arrastassem o Brasil à ignomínia, enlameando-lhe as fúlgidas tradições, o Rio Grande seria um exemplo para os demais estados.

O dr. Flores da Cunha, em continuação, produziu notável peça oratória, fazendo a apologia do valor, do civismo e da honradez desta terra tão grande e tão esquecida por vezes dos poderes públicos. Também fizeram-se ouvir Rivadávia Corrêa, João Francisco, Tristão Vianna e Luiz Sparano, no Jornal do Comércio *do Rio de Janeiro, que acompanhava o Senador Pinheiro Machado.*

À noite, realizou-se um banquete no Teatro Sete de Setembro. À mesa sentaram-se setenta e dois convidados da sociedade santanense e riverense, tendo o Senador ocupado lugar de honra, entre o intendente municipal dr. Moysés Vianna e o chefe político da vizinha cidade coronel Foglio Perez.

O deputado federal dr. Rivadávia Corrêa foi quem saudou Pinheiro Machado, exaltando-lhe os méritos e tendo para Sant'Ana, sua terra querida, frases carinhosas.

Erguendo-se, por entre um silêncio absoluto, que bem traduzia o respeito e a veneração que cercavam a sua imponente figura, Pinheiro Machado proferiu um belíssimo discurso, notável pela espontaneidade e franqueza, bem como pelos criteriosos conceitos emitidos.

O orador teceu, em frases buriladas, um verdadeiro hino à terra rio-grandense, apoteosando as campinas, o civismo, o valor, o patriotismo e a mulher gaúcha.

Disse ainda que era um espinho a pungir-lhe acerbamente a alma o velho desejo de conhecer estas terras, que Sant'Ana do Livramento, numa posição tão singular, entre montes que se estendem pelo país vizinho adentro, como levando o abraço dos brasileiros aos seus irmãos uruguaios, o seduzira fortemente, causando-lhe uma impressão que jamais se lhe apagaria da memória.

Ao concluir, aconselhou aos seus correligionários o fiel cumprimento das normas republicanas e dos sãos princípios políticos, dizendo que a Justiça deveria ser aplicada imparcialmente, uma vez que a justiça e a lei não podiam ser patrimônio de partidos.

Falaram ainda o deputado Flores da Cunha, o intendente de Rivera Agustín Ortega e o advogado uruguaio Mario Berro.

Após o banquete realizou-se no mesmo local um concorrido baile de gala, do qual participaram as sociedades de Sant'Ana e Rivera.

Sexta-feira, dia 19, Pinheiro Machado embarcou no trem uruguaio com destino a Montevidéu, tendo calorosa despedida."

A visita a Livramento fazia parte de uma rotina estafante, que o Senador, entretanto, cumpria com prazer. Depois de investido no mandato de Senador, embora com residência estabelecida no Rio de Janeiro, não perdeu sua ligação com o Rio Grande do Sul, para onde se deslocava sempre que possível.

Na primeira vez, em 1893, quando da Revolução Federalista, voltou ao Sul para entrar em combate na Divisão do Norte, em defesa da república contra os federalistas que iniciavam rebelião no Sul.

Os federalistas, chamados – inicialmente de forma depreciativa – de "maragatos", assumiram a alcunha e, revertendo o sentido, passaram a autointitular-se maragatos. Dessa forma, identificados pelo uso de lenços vermelhos, maragatos tornaram-se sinônimo de federalistas, ou seja, membros do Partido Federalista, liderados por Gaspar Silveira Martins. Os maragatos eram opositores ferrenhos de Júlio de Castilhos, presidente do estado do Rio Grande do Sul, chefe do Partido Republicano Rio-Grandense (PRR).

O Maragato era também o nome do jornal de Rafael Cabeda e Rodolfo Costa editado na cidade de Rivera, o "lado uruguaio" de Livramento. Fundado em 1896, o jornal era partidário e denuncista, e foi perseguido pelo regimento do Cati, de João Francisco Pereira de Souza.

Os republicanos, liderados por Júlio de Castilhos e identificados pelo uso de lenços brancos, eram chamados de "pica-paus" – e também de "chimangos" ou "ximangos". Mas os apelidos de pica-pau e chimango, dados pelos maragatos aos adversários republicanos, não foram absorvido pelos castilhistas, que se intitulavam apenas "republicanos".

Pinheiro Machado com o seu estado-maior na Revolução Federalista

14

A Revolução Federalista de 1893 foi um conflito sangrento entre os republicanos (pica-paus) e os revolucionários federalistas (maragatos). Ao invadirem o Rio Grande do Sul, vindo do Uruguai, os federalistas receberam dois estigmas: o de "restauradores" (teriam como objetivo restaurar o império e a monarquia, porque ligados a Gaspar Silveira Martins, líder liberal do império) e o de maragatos (referência aos mercenários castelhanos).

De fato, havia uruguaios nas fileiras do grupo do chefe revolucionário Gumercindo Saraiva: eram descendentes de imigrantes espanhóis oriundos da Maragataria (daí o termo "maragatos"), área da província de Leon. Criava-se, assim, a associação com os lanceiros de Gumercindo: brasileiros exilados, uruguaios e maragatos do departamento de San José, no Uruguai.

À época da Revolução Federalista, o marechal Floriano Peixoto ocupava a presidência da República. Sua primeira medida sobre o que acontecia no Rio Grande do Sul foi enviar tropas federais ao estado para apoiar Júlio de Castilhos. As tropas foram chamadas de legalistas e se dividiram em três frentes de combate. A polícia estadual foi utilizada contra os maragatos para defender o governo.

Vários combates foram travados com violência extrema. A Revolução Federalista no Rio Grande do Sul teve o saldo terrível de 10 mil mortos e outros milhares de feridos.

Durante o conflito, a prática da degola foi utilizada de forma intensa por ambos os lados. O recurso foi atribuído, inicialmente, aos maragatos, que teriam executado cerca de trezentos opositores às margens do Rio Negro. Os maragatos sempre negaram essa versão, dizendo que foram degolados em torno de 23 homens. De qualquer forma, a reação foi brutal: se os maragatos haviam degolado 23 homens, os chimangos revidaram degolando 250 maragatos no chamado Combate do Boi Preto.

O fato é que a degola acabou banalizada, tornando-se uma rotina macabra na Revolução Federalista, ocorrendo com zombarias e humilhações. Para aumentar o horror, algumas vezes a degola era precedida ainda por castração. Ou seja, difundiram-se costumes de extrema selvageria durante o confronto. Como as tropas não tinham a capacidade de manter prisioneiros, a punição que melhor atendia era a execução rápida que as degolas permitiam. Ao fim dos combates, centenas de homens morreram vitimados por tais atos de selvageria.

O Senador Pinheiro Machado nunca participou – direta ou indiretamente – em qualquer episódio de degola e sempre condenou com veemência essa prática. Prova disso é que, mesmo entre os mais fanáticos adversários, nunca houve acusações contra o Senador de participação ou mesmo de tolerância da degola e de tortura de adversários.

Entretanto, a prática da degola dos prisioneiros não foi rara em ambos os lados. Por muito tempo, foi atribuída ao coronel maragato Adão Latorre a degola dos trezentos militantes pica-paus prisioneiros em uma taipa, um tipo de cercado de pedras para gado que ficou conhecido como Potreiro das Almas, nas cercanias de Bagé, hoje território do município de Hulha Negra, em 23 de novembro de 1893, depois da Batalha do Rio Negro. Mas é uma versão polêmica, parcialmente desmentida pelo diário do general maragato João Nunes da Silva Tavares, que refere o número de trezentos como sendo "as baixas totais do inimigo" no Rio Negro, entre degolados, mortos em combate e feridos. Isto é, discute-se a precisão do número, mas não a ocorrência da barbárie: o general Silva Tavares afirmou que o número de degolados foi de "apenas" 23 patriotas, membros das forças provisórias castilhistas, "todos assassinos conhecidos no estado, pelas tropelias cometidas contra os Federalistas, particularmente no saque a Bagé no final de 1892 pelas forças dos coronéis castilhistas Pedroso e Motta".

Em 5 de abril, no Combate do Boi Preto, teria ocorrido a degola de 250 maragatos em represália à degola do Rio Negro. O pica-pau Cherengue ou Xerengue rivalizava com o maragato Latorre em número de degolas praticadas.

A degola foi uma página negra da Revolução Federalista de 1893. Por certo, não há nenhum documento ou depoimento consistente apontando os principais líderes dos dois lados – dos chimangos ou dos maragatos – responsáveis pela autoria direta ou indireta, pelo estímulo ou pela tolerância à prática da degola. Mas é fato inconteste que a degola não só existiu como se tornou uma tradição vergonhosa dos combates no Sul do Brasil.

O dr. Nicolau Letti, com rigor de cientista, estudou a degola em profundidade e afirma que os militares nunca aprovaram tal procedimento e até o puniam quando realizado por algum subordinado. Tanto é que, na marcha da Coluna Prestes, de 1924 a 1926, raramente foi utilizada, pois seus comandantes, oficiais rebelados do exército, condenavam com veemência essa prática. Na extensa marcha da Coluna, entretanto, o único local em que houve degolas foi no Rio Grande do Sul. Inclusive, o dr. Letti reconhece que essa prática, no Sul, "foi a tônica em nossas disputas intestinas".

Relata Juarez Távora, em suas *Memórias*, que os vaqueanos de Honório Lemes, logo após o combate na Coudelaria de Saicã, degolaram os inimigos feridos no campo da luta.

O dr. Letti destaca nessa prática maldita o maragato Adão Latorre: "Ele era perfeito na técnica de exímio degolador das forças federalistas na Revolução de 1893. Contido o inimigo, encostava a faca na ponta do nariz do prisioneiro que elevava a cabeça, então a afiadíssima lâmina era introduzida agilmente no pescoço, incisando horizontalmente as estruturas da área supra-hióidea, de orelha a orelha. Solta, imediatamente a vítima daria um ou dois passos, emitiria um grunhido terrível e caía desfalecida".

No combate de Campo Osório, a 24 de junho de 1895, episódio final da Revolução Federalista, foi morto a golpe de lança o almirante Luis Felipe Saldanha da Gama pelos cavalarianos gaúchos da força de provisórios sob o comando do coronel João Francisco Pereira de Sousa, denominado por Flores da Cunha a "Hiena do Caty".

Nesse combate, foram degolados dois guardas-marinhas das hostes do malogrado almirante. Com os prisioneiros contidos e deitados, o cabo degolador do coronel João Francisco debruçou-se sobre eles, suspendendo com o pé direito a cabeça das vítimas:

"Com a mão esquerda conteve a respiração, colocando os dedos nas fossas nasais e a palma da mão sobre a boca do rapaz, para que as veias do pescoço ficassem ressaltadas e entumecidas" – conta o dr. Letti –, "e, neste momento a mão direita enterrava a lâmina da faca logo abaixo do queixo num vai e vem. A degola se consumara."

Esse relato terrivelmente detalhado consta de uma carta de testemunha ocular do episódio e se encontra no arquivo do historiador gaúcho Alfredo Jacques, através do seu personagem Dom Ramon no livro *Os provisórios*, que explica com terrível frieza: "Degolar não era tão fácil como parecia. Requeria ciência".

O gaúcho velho explicava minúcias, ensinava processos e concluía numa mistura de português e castelhano:

"Hay dos maneras de degollar un cristiano: a la brasileira (dois talhinhos seccionando as carótidas), ou a la criola (de orelha a orelha)."

A contenção do prisioneiro era o princípio básico do degolamento, daí sua violência inaudita e até inacreditável, uma vez que, tradicionalmente, o gaúcho é considerado gentil, valente mas magnânimo. Esses processos de degolamento, utilizados nas lutas revolucionárias do Sul, "constituem um ato que desmente todo o tradicional no gauchismo, pois reflete terrível covardia: matar um adversário contido, amarrado, já vencido e muitas vezes ferido", reconhece o dr. Nicanor Letti, a quem se deve esse relato da liturgia da degola.

"O gaúcho será um malfeitor ou um caudilho, segundo o rumo que as cousas tomarem no momento em que chegar a tornar-se potável" – afirmou Sarmiento ao explicar a personalidade do seu famoso Facundo.

Guimarães Rosa assinala melhor esse comportamento ao pôr na boca do seu bexiguento a seguinte frase: "Nasci aqui. Meu pai me deu minha sina. Vivo, jagunceio...".

A vastidão do pampa condiciona muito o comportamento do seu habitante na eliminação dos desafetos: "As planícies preparam o caminho do despotismo, do mesmo modo as montanhas se prestam às resistências da liberdade", dizia um tribuno.

Em verdade, os grandes caudilhos gaúchos são produtos das planícies: Pinheiro Machado, Borges de Medeiros, Getúlio Vargas, Flores da Cunha, Honório Lemes, Felipe Portinho, João Francisco Pereira de Sousa, e outros, como também os platinos com as figuras de Rosas, Facundo, Rivera Aldao, Ramirez, Ibarra, Lavalleja, Oribe e Artigas, com seus "tenientes": Andresito, Basualto, Otorgues e Palagola.

É Sarmiento, ainda, quem afirma sobre o caráter gaúcho:

"O hábito de vencer as resistências, demonstrar-se sempre superior à natureza, de desafiá-la e vencê-la, desenvolve prodigiosamente o sentimento da importância individual e de superioridade."

Todos os degoladores das forças revolucionárias – dos dois lados – eram homens ignorantes e sem terra, mas "com formação e élan telúrico de valentia inata". O ato de agradar ao patrão que o escraviza justificava qualquer tarefa, e a degola era o que mais impressionava seus chefes. Psicologicamente, o degolador era um místico, e o chefe, um realista. Matar era um ato de rotina, e o mais fácil era usar a arma predileta: a faca. E as carótidas estavam somente protegidas por uma massa muscular mole, facílima de ser seccionada.

A prática esmerou a técnica. Leonel Rocha, que foi um caudilho a pé, não pampiano, e teve como companheiros os "mateiros" do Alto Uruguai, pelo que o dr. Letti conseguiu investigar, não permitia a degola.

A ignorância no raciocinar político seria característica dos caudilhos do Rio Grande. Honório Lemes, em carta a João Pedro Nunes, com a ortografia precária, diz sobre a prisão de seu filho Nello:

"Se não sair e for condenado eu me apresentarei para ir sofrer com ele aquilo que eu sou o responsável por ter acompanhado as locuras do dr. Assis e que eles gosaro nossos sacrifícios." (*sic*)

Essa carta data de 1928, quando Honório Lemes estava empobrecido e abandonado em seu ambiente campeiro, depois de manejado por políticos em 1893, 1923, 1924 e 1926 para tentar derrubar Júlio de Castilhos e Borges de Medeiros.

Só então passou a ver mais claramente e, de sua casa, em 3 de fevereiro de 1930, escreveu ao mesmo amigo, no português arrevesado, mas com sentido perfeitamente compreensível:

"...sobre Borges e Assis ambos estão em seus papel, vendo o povo lutar por suas liberdades para amanhaen e despois da vitória se apresentarem como chefes de partido para colocarem nos postos de destaque os seus simpáticos por os terem bajulado e mesmo não são homes para a luta só espera que os otros se sacrifiquem para eles gosarem." (*sic*)

Esse é o pensamento refletido de um caudilho, com vivacidade autêntica, que comandava forças que degolavam no pampa. Esse episódio é ilustrativo para entender a sociologia político-agrária do Rio Grande do Sul. De um lado Assis Brasil, proprietário rural, seu ídolo; de outro, Honório Lemes, o caudilho gaúcho, o "Leão do Caverá", tropeiro valente, condutor da massa rural, que via seu chefe, de forma (para ele) incompreensível, unir-se com o eterno rival, Borges de Medeiros, para juntos levarem Getúlio Vargas ao poder em 1930.

A sensibilidade agudíssima de Honório Lemes previu o que realmente aconteceria. Mas considerava Assis Brasil "um janota", um campeoníssimo do tiro ao alvo. Um verdadeiro Guilherme Tell gaúcho que não tomara parte em nenhum combate.

Percival Farquhar, o riquíssimo proprietário de estradas de ferro nas duas primeiras décadas do século, ao visitar a sala de Armas do Castelo de Pedras Altas, em 1916, perguntou a Assis Brasil:

"Por que tem tanto armamento?"

Assis Brasil respondeu-lhe sobranceiramente:

"Porque tenho muitos inimigos."

O americano divulgava esse fato como anedota aos seus conterrâneos. Aureliano de Figueiredo racionaliza essa situação no seu Coronel Falcão:

"Só agora tenho visão nítida de quantas felicidades a quantos seres humanos poderão advir da subdivisão do meu estado pastoril."

E, por fim, o dr. Letti, brilhante estudioso da odiosa degola gaúcha, lembra que João Guedes, o personagem de Cyro Martins em *Porteira fechada*, depois de se proletarizar na urbanização desenfreada, ainda usa a faca para se tornar abigeatário (o ladrão de gado das coxilhas gaúchas) e buscar o seu sustento, à noite, atrás da coxilha, de onde traz um pelego e carne para a semana.

A mesma faca que degolava em seu ciclo "heroico", para se afirmar perante o patriciado rural, usava-a agora para seu sustento. Seus filhos, nostalgicamente, cultuam nas grandes cidades o "regionalismo de homens sem terra, brandindo o facão na gesta cancioneira do monarca dos pampas".

15

Conforme afirmado anteriormente, nenhum documento histórico ou relato responsável liga Pinheiro Machado à degola, ou mesmo à tolerância a esse recurso bárbaro na Revolução Federalista de 1893 – ou em qualquer outro momento de sua trajetória política.

Por variados motivos, a atuação do "campeador" Pinheiro Machado, licenciado do Senado para lutar na Revolução Federalista, combatendo o bom combate, foi decisiva para a vitória final dos pica-paus.

A presença do Senador como líder das tropas dos pica-paus sempre foi "pra valer", isto é, participava do dia a dia das tropas acampando junto com os combatentes, atendendo ocorrências e, principalmente, tomando a linha de frente, intensamente, de diversos combates, como evidencia a pesquisa sempre acurada de Carlos Reverbel:

"Quando irrompeu a Revolução Federalista o campeador Pinheiro se revelou, assumindo logo o primeiro lugar entre os combatentes da legalidade. Organizou forças numerosas e conduziu-as ao teatro da luta, com tenacidade e bravura. Indiferente às exteriorizações do poder, deu ao general Rodrigues Lima, seu amigo e veterano do Paraguai, o comando da Divisão do Norte, a coluna mais ativa e aguerrida de quantas sustentaram o governo castilhista. O Senador esteve sempre ao lado de Lima, prestigiando-o e assistindo-o com os conselhos de sua lúcida inteligência e rara vocação militar."

Licenciado do Senado para apoiar os republicanos na Revolução de 1893, Pinheiro esteve sempre presente, junto com as tropas – essa foi a rotina, esse foi o seu dia a dia durante a Revolução Federalista, segundo Reverbel:

"Apenas uma vez se afastou da Divisão, quando à frente de uma coluna ligeira, foi esperar Gumercindo Saraiva nos campos de Palmas. Na batalha de Inhanduí, num momento perigoso da luta, antes da chegada do general Hipólito, lançou-se bravamente à peleja, à testa de seu piquete de elite, repelindo violentos ataques da cavalaria inimiga. Foi a primeira vez que teve Gumercindo Saraiva pela frente. Meses depois conduziu a Divisão do Norte na tenaz perseguição a esse caudilho maragato, até a cidade de Itajaí, no litoral catarinense. Num lance final, veio esperá-lo, na volta do Paraná, fora das fronteiras do Rio Grande. E reatando a perseguição, no comando de pequena coluna, alcançou a retaguarda revolucionária dos maragatos na passagem do rio Pelotas, destroçando-a e tomando-lhe toda a artilharia."

Pinheiro se caracterizou como um comandante obstinado que diversas vezes correu sérios riscos de morte. Tinha a preocupação de "dar o exemplo". Por isso, sempre estava na frente, em todos os combates. Foram raras as batalhas de que não participou: quando isso ocorreu foi porque havia combates mais relevantes em outra parte. Manteve em todos os momentos admirável convivência com a tropa, dos oficiais superiores da Divisão do Norte aos soldados mais humildes.

A propósito, no livro *Narrativas militares – a revolução do Rio Grande do Sul,* de José Carvalho Lima, há um precioso depoimento sobre as relações do Senador com os combatentes mais humildes. Carvalho Lima chegou ao Rio Grande do do Sul muito jovem, incorporou-se aos batalhões legalistas e, durante toda a Revolução de 1893, registrou suas impressões, posteriormente reunidas num livro, organizado pelos professores Miguel do Espírito Santo, Paulo Estivalet Pinto e Fausto Domingues.

Conta Carvalho Lima que, em determinado momento, ele e um colega, soldados da Divisão do Centro, decidiram ir embora "por causa da fome e do abandono dos seus doentes". Mas não queriam desertar e sim se recolocar em outro destacamento. Para isso, ambos viajaram a Porto Alegre com o objetivo de conversar com o governador Júlio de Castilhos.

O relato de Carvalho Lima é sugestivo:

"Quando chegávamos na capital, entrou em Porto Alegre a Divisão do Norte comandada pelo general Pinheiro Machado, procedente de Santa Catarina depois de haver feito longa travessia por zonas quase inabitadas e nas quais se servira de picadas feitas pelos 'bugres', que as povoavam. As tropas vinham em mísero estado e motivara a sua ida, àquela capital, a nudez de seus soldados e a falta absoluta de munição."

A Divisão do Norte já era uma legenda heroica admirada pelo jovem soldado Carvalho Lima:

"Por tradição, conhecíamos bastante a valente coluna, a que maior número de vitórias contava em toda a revolução e também a que maior número de combates tinha sustentado com o inimigo, que reconhecia a bravura de Pinheiro Machado, como mais de uma vez nos diziam todos. Com a sua chegada, propagara-se imediatamente o boato de que, na sua reorganização, receberia o 13º batalhão, ao qual estávamos adidos, e outras forças aquarteladas em Porto Alegre, exceção feita do 4º regimento de artilharia de posição."

Fizeram vários contatos para melhorar sua condição de soldados da Divisão do Centro. Mas, depois de algumas gestões e conversas com oficiais, ficaram convencidos de haver falhado o plano e que seria preciso "bater em outra porta", e foram bastante audaciosos:

"Por que não conversar diretamente com o dr. Júlio de Castilhos, na época presidente do estado, e sobre quem recaía diretamente a responsabilidade da revolução? Sim; ele ouviria a nossa simples história, a nossa pretensão ínfima; ficaria certo de que éramos dois defensores seus, que contavam já alguns serviços à sua causa, e como recompensa, certamente, não se escusaria de obter a nossa transferência."

E foram ao Palácio Piratini, onde encontraram, na sala de espera, um homem muito bem-vestido.

"Entramos para o salão nobre, e, tímidos, ocupamos as duas primeiras cadeiras, estofadas, de altos espaldares, ao lado de um reposteiro auriverde. Depois de perfilados nas cadeiras palacianas, notamos a presença de um cavalheiro, na última janela do salão, a olhar por trás dos vidros o movimento da rua. Em seguida, caminhando pelo salão, distraidamente, até que, vendo-nos, se encaminha para nós e interroga-nos:

– O que os traz aqui?

O jovens visitantes, meio embaraçados, encabulados mesmo, julgando que falavam com o governador, se puseram de pé. E o desconhecido perguntou:

– São cabos do 11º, não?

– Sim, senhor.

– Ex-alunos?

– Sim, senhor.

– Desejam falar ao Júlio?

Tivemos então a certeza de não ser aquele o dr. Júlio de Castilhos, mas que estávamos na presença de um seu amigo, a julgarmos pela familiaridade do tratamento.

– E que dele pretendem?

– Poderia dizer-nos a quem temos a honra de falar? – pediu um dos jovens militares.

– Meu nome é Pinheiro Machado, comandante da Divisão do Norte."

Os dois jovens ficaram perplexos. Conta o jovem Carvalho Lima:

"Caímos das nuvens. Tínhamos pela frente um general, patente que, não sabemos por que, infundia-nos pavor como se um general fosse o nosso maior inimigo! Estava o castelo abalado... Perfilamo-nos e, fingindo calma, pedimos licença para lhe expor o pedido que pretendíamos fazer ao governador.

– Estejam à vontade e falem como a um camarada – disse Pinheiro, sorrindo diante do embaraço dos jovens. Ouviu-os em silêncio, e depois, erguendo a cabeça, disse:

– O Júlio não atenderá. Estou a reorganizar a Divisão do Norte que, por estes dias, deve voltar à campanha e será esta a sua última expedição, pois só deixará o campo quando não existir mais nenhum inimigo! Preciso de gente e muito principalmente dos 'senhores dois', que moços como são e amigos de Floriano Peixoto, como devem ser, certamente não preferirão viver numa capital, quando mais precisos se tomam os seus serviços na campanha."

Encantados pela firmeza do general Pinheiro, os dois jovens ficaram admirados de ouvi-lo falar com muita franqueza, deixando claras as diferenças com outros destacamentos:

– Podem ir, deixando-me os nomes para que, oportunamente, recebam ordens de se apresentar à Divisão do Norte. Uma cousa lhes garanto: não se arrependerão, porque, na Divisão do Norte não se martiriza o soldado com marchas inúteis e, no campo, se procura e persegue o inimigo. Não tenham receio de que lhes aconteça o que sofreram na Divisão do Centro, que, no Passo da Forquilha, não soube aproveitar a magnífica ocasião de exterminar o inimigo, perseguindo-o até o ponto em que ele se encontrasse com a Divisão do Norte, à pequena distância, esperando-o, certa dessa perseguição e de uma vitória completa! Foi um fracasso! São generais para a rua do Ouvidor!

Esse incidente é ilustrativo da atuação política do Senador, em sua condição de general, na Revolução de 1893: presente, atuante e, seguindo o exemplo de Napoleão Bonaparte, sempre preocupado em cultivar as melhores relações com seus soldados.

"Impressionante a franqueza com que Pinheiro Machado, um general e Senador, se manifestou a dois cabos de esquadra!" – comentou um dos jovens, na saída do Palácio.

Como dito, na revolução ele só esteve ausente quando sua presença era exigida em outras frentes ou em compromissos de comando incontornáveis. Não esteve presente, por exemplo, no combate de 27 de junho, o mais sangrento da revolução, mas se achava à frente das forças republicanas em Caroví, onde o líder maragato Gumercindo Saraiva morreu. Dias depois, obrigou Dinarte Dornelles, um dos comandantes maragatos, a emigrar com toda a sua força, enquanto outro líder adversário, Aparício Saraiva, que conduzia os restos da coluna de Gumercindo, cruzava a fronteira argentina, pelo passo do Alto Uruguai.

Então, Pinheiro Machado considerou vencida a revolução.

Com essa vitória definitiva, que decidiu a guerra entre maragatos e chimangos no Rio Grande do Sul, a missão do Senador no campo de batalha estava encerrada, por ausência de inimigo a combater. Feita a paz, o Senador voltou ao Senado.

No Rio de Janeiro, novos combates, dessa vez na tribuna, o aguardavam. Mas muitas outras vezes voltou ao Rio Grande do Sul por motivos políticos e também para cuidar dos seus negócios, na condição de tropeiro, com o comércio de tropas de mulas, e, também, na condição de fazendeiro e advogado, nas demandas de suas terras na região missioneira do Rio Grande do Sul.

Nunca faltaram a Pinheiro Machado talento militar e desprendimento para enfrentar as paradas mais duras. Seu passado de combate era uma referência para partidários e adversários. Mas também nas grandes e pequenas guerras da políticas, manejando a arte da sutileza na ocupação de espaços decisivos.

Sua liderança no senado, com o talento para a convivência cordial, por certo herança das rodas de mate onde os gaúchos desatam as mágoas e gabam suas proezas, logo tornou-o ponto de referência obrigatório.

Ao contrário da falsa imagem de "grossura", Pinheiro era um homem com um talento insuperável tanto para o colóquio *sotto voce*, murmurado, ao pé do ouvido, como também para silenciar opositores em vigorosos pronunciamentos temperados por expressões campeiras e ditos da sabedoria popular. Essa liderança foi num crescendo.

O certo é que nos primeiros anos do século XX, "o Rio Grande do Sul destacou-se devido à atuação de uma figura de considerável força no Senado Federal, Pinheiro Machado, que dominaria a política brasileira até pouco depois da eclosão da Primeira Guerra Mundial", escreveu Vera Bogéa Borges num longo e detalhado estudo da atuação parlamentar do grande gaúcho.

Na volta ao Senado, depois da Revolução de 1893, Pinheiro foi figura de maior destaque ainda. Na verdade, tornou-se uma verdadeira estrela num plenário de altíssimo nível, em que brilhavam Rui Barbosa, Quintino Bocaiúva, Francisco Glicério, entre outros.

16

Formando ao lado dos apoiadores de Floriano Peixoto os "florianistas", Pinheiro fez oposição moderada ao governo do então presidente Prudente de Moraes (1894-1898), mas não obstante essa moderação, para a surpresa de amigos e adversários, chegou a ser preso como conspirador.

    Tudo começou quando – com o prestígio reforçado depois de comandar a vitória contra a Revolução Federalista – o Senador recebeu uma visita de políticos e militares descontentes com o presidente Prudente de Moraes. A visita tinha um objetivo: convidá-lo para liderar um golpe militar visando derrubar Prudente (que era adversário e inimigo de Pinheiro). Havia muita insatisfação. Uma importante parcela dos republicanos que o apoiaram e ajudaram na eleição presidencial sentiram-se traídos pelas suas atitudes – inclusive o Senador Pinheiro Machado. Surgiu, então uma crise grave entre os descontentes – e alguns deles, no auge da indignação, articularam um plano "revolucionário" para depor o presidente Prudente.

    Organizaram uma comissão e foram oferecer ao Senador a chefia da conspiração, que já contava com o apoio unânime das unidades militares do Rio de Janeiro, todas já em prontidão, preparadas para o golpe de Estado. A comissão de revoltosos designada para visitar o Senador gaúcho era formada, além de políticos, por generais e oficiais superiores do exército e da marinha.

    Os membros da comissão de descontentes tinham como objetivo – além de afastar Prudente da presidência da república –

colocar em seu lugar um novo presidente, que seria, segundo os planos dos conspiradores, o Senador Pinheiro.

A comissão revoltosa foi recebida na residência do Morro da Graça, seus membros expuseram ao Senador os detalhes do plano e comunicaram que ele fora escolhido e aclamado por unanimidade para Chefe da Junta Revolucionária do novo governo, logo depois que fosse consumada a pretendida deposição de Prudente de Moraes.

A reação de Pinheiro foi surpreendente: apesar de desafeto e opositor de Prudente de Moraes, repeliu com severidade os intentos dos amigos.

Segundo seu fiel seguidor general João Francisco, foram estas suas palavras, na recusa ao golpe de Estado sugerido: "Esse movimento é funesto e atentatório às nossas instituições. Por maiores que sejam os sofrimentos que esse governo esteja nos sujeitando, é nosso dever suportar estoicamente tudo isso. Esse golpe de Estado viria a ferir mortalmente nossa jovem república".

E disse mais o Senador à comissão visitante: "O governo é passageiro. As instituições são permanentes e, como tais, devem ser respeitadas, ainda que com os maiores sacrifícios".

Os membros da comissão visitante, entretanto, não se conformaram com essa posição, disseram que não poderiam mais voltar atrás e tentaram pressioná-lo: "Agora é tarde, Senador. É forçoso que Vossa Excelência obedeça nossa decisão coletiva".

Pinheiro ficou indignado. Levantou-se abruptamente, olhou firme nos olhos de cada um dos visitantes e elevou o tom de voz: "Muito bem! Já que não querem atender à razão, fiquem à vontade. Podem ir tentar depor o governo. Eu irei, já, postar-me à entrada do Catete, como guarda da Lei, em defesa da autoridade constituída, e ali cairei, cumprindo o dever republicano de defender a democracia".

Só então, diante dessa enérgica obstinação, os chefes da conspiração se convenceram de que era mais sensato acatar os conselhos do líder.

Na saída da casa do Morro da Graça, um dos membros da comissão quebrou o silêncio e talvez tenha resumido o pensamento da maioria dos visitantes: "Acabamos de ter uma lição de política de um nobre patriota e grande republicano".

Prudente de Moraes continuou a governar, portanto, graças a Pinheiro Machado, que, embora contrariadíssimo com seus atos, entendeu que era necessário manter o respeito à sua autoridade e ao Estado de Direito.

Pouco tempo depois, ocorreu um atentado contra o presidente Prudente (que saiu ileso, mas o atentado resultou na morte do ministro da Guerra, general Machado Bitencourt). Para surpresa geral, Prudente não hesitou em apontar Pinheiro como "suspeito número 1", determinando sua prisão para investigações.

Isto é, Prudente de Moraes "retribuíra" àquele ato de lealdade do Senador (que impedira um golpe de Estado contra ele) com uma terrível injustiça. Ficou clara a insólita "vingança": o gesto anterior de Pinheiro, impedindo o golpe de Estado e salvando o mandato de Prudente, parecia imperdoável. Causara desconforto ao orgulhoso Prudente de Moraes, que se sentia constrangido por dever um favor ao Senador...

A propósito, temperado por muitas ingratidões, o Senador, em circunstâncias semelhantes, teve uma resposta que ficou famosa. Certa vez, um correligionário segredou-lhe que um dos mais fiéis militantes do partido, um certo Joãozinho, andava falando mal dele, Senador. Em resposta, Pinheiro fez uma expressão de surpresa: "O Joãozinho!? Falando mal de mim? Mas eu nunca fiz nenhum favor para ele!...".

Toda a grandeza e toda miséria da condição humana...

No caso de Prudente de Moraes, as investigações, em seguida, apontaram a evidente inocência de Pinheiro, determinando sua soltura.

O fundamento da prisão parecia uma piada. Foi usado como "prova" para fundamentar a prisão um telegrama enviado ao Senador, com este texto:

"Tropa em marcha para S. Paulo, conforme o combinado. Josino".

Só que não era uma tropa no sentido militar, de destacamento de soldados. Tratava-se apenas de uma tropa de mulas que o coronel Josino Santos, compadre e amigo do Senador, encaminhara "conforme o combinado". Nada mais. Mas, no jogo pesado da política, até um inocente telegrama de negócios entre amigos pode ser usado como prova para prejudicar um adversário.

Esse fato reforçou o ceticismo do Senador diante da gratidão das pessoas. O gesto anterior, do adversário Pinheiro, impedindo o golpe de Estado e salvando o mandato presidencial de Prudente era um favor "imperdoável": Prudente de Moraes contraíra dívida impagável com o Senador...

Pinheiro sempre teve posição enérgica contra qualquer tipo de golpe ou desrespeito à ordem constitucional. Boa ilustração disso foi o fato de ter se licenciado da cadeira de Senador para pegar em armas contra a Revolução Federalista de 1893, no Rio Grande do Sul, em defesa da ordem constitucional, se batendo contra o que considerava um golpe contra a república.

Num outro incidente, também demonstrando a posição radical de Pinheiro na defesa da legalidade democrática, Otelo Rosa lembra o testemunho de Dunshee de Abranches em relação a um dos primeiros golpes de Estado da lamentável tradição golpista da política brasileira.

Foi na manhã de 3 de novembro de 1891, no Palácio do Itamaraty, naquele tempo sede do governo da República.

O então presidente da República, marechal Deodoro da Fonseca, recebeu uma estranha visita, que pouco antes desembarcara de um trem com procedência de São Paulo, conforme a descrição de Dunshee de Abranches:

"O momento era de incerteza, de confusão, de tumulto. O presidente da república, marechal Deodoro da Fonseca, desferira um golpe de Estado, dissolvendo o Congresso Nacional.

Angustiada, a nação se agitava na expectativa de acontecimentos de imprevisível gravidade. Foi quando Deodoro recebeu um jovem visitante. Defrontaram-se os dois homens. E o diálogo que entre eles se travou revela grandeza de espírito e de alma. O visitante, embora respeitoso em face do grande vulto do proclamador da república, sincera e francamente lamentou haver chegado tarde demais para evitar o ato do governo de dissolver o Congresso.

O nome de Deodoro, acrescentou o visitante, deveria ser para o Brasil um patrimônio inviolável e sagrado: e o brilho desse nome fora empanado pelo decreto de dissolução do parlamento, que traria desgraças à república porque, rasgada a Constituição, expusera o país 'às ambições vorazes da caudilhagem'.

E, passada a estupefação daqueles primeiros instantes, que só agradavam aos inimigos das instituições, a nação haveria de querer o restabelecimento dos direitos e das liberdades de que haviam tentado privá-la.

Abatido e triste, o marechal Deodoro ouviu com atenção as ponderações de seu visitante matinal, apresentadas de forma firme e veemente, mas respeitosas. E quando o visitante se retirou, voltando-se para alguém que estava a seu lado, Deodoro disse: 'Bom político, esse rapaz...'."

Tinha quarenta anos aquele "rapaz" em quem marechal Deodoro pressentia atributos de bom político. Chamava-se José Gomes Pinheiro Machado e já era, na época, Senador pelo estado do Rio Grande do Sul. Mais do que isso: era um defensor empolgado da legalidade republicana.

Gilberto Amado compreendeu a perplexidade do marechal diante do jovem Pinheiro e conseguiu recolher desse incidente um interessante relato sobre a formação do caráter e da determinação do líder gaúcho:

"Achando-se em São Paulo quando ocorreu o golpe de Estado, Pinheiro viajou ao Rio de Janeiro para protestar perante Deodoro contra o seu ato, e o fez em termos tais que deixou no ânimo do velho soldado terrível impressão. A rudeza original de Pinheiro, o seu duro destemor tornado já legendário mesmo antes da guerra civil, dava à sua palavra um prestígio singular sob cujo encanto iam caindo, ao aparecer das oportunidades, os homens mais eminentes. Ao chegar do Sul, soldado famoso, admirável caudilho, sobre Pinheiro se concentraram todos os olhares e a sua opinião começou a ser procurada e quase sempre acatada e obedecida."

E Gilberto Amado questiona:

"Por que a opinião de Pinheiro Machado era a que tantas vezes prevalecia? Afinal, Deodoro estava cercado de varões eminentes, quase todos ilustrados, homens da cidade, tendo vivido na corte, tendo viajado a Europa, tendo lido todos os livros, tendo tratado com os grandes estadistas do império. A audácia, o desempenho, a desenvoltura do gaúcho Pinheiro lhes causaria, quando muito, certo espanto, certo riso de estranheza, acaso simpatia pela originalidade do temperamento. Nada mais. Não raro deveriam aparecer sugestões interessantes, notáveis, resplandecentes: 'Assim foi que se fez na Inglaterra', diria um; 'na França, nos Estados Unidos procedeu-se deste modo', lembraria outro."

E é o próprio Gilberto Amado, homem viajado, ex-embaixador, observador agudo e conhecedor da atuação do Senador Pinheiro Machado, que responde:

"Pinheiro tinha a sua opinião não turvada pela reminiscência intelectual ou subordinada à erudição e experiência de fora, mas sim à opinião brasileira, formada no Brasil, bebida, ouvida, aprendida, meditada, virada e revirada por todos os lados, no Brasil. Eis por que frequentemente essa opinião podia vingar entre tantas outras traduzidas em melhor linguagem ou originadas de autoridade maior. A vocação pode ser contrariada ou favorecida pela educação, mas, quando existe de fato, acaba por se manifestar e desenvolver-se, formando o político, seja nas academias e nas bibliotecas, ou, como em Pinheiro Machado, na vida do campo, em longas viagens pelo interior, na prática de labores materiais que não lhe vulgarizaram o espírito nem lhe crestaram o coração amigo das grandes coisas e da glória. O que o Senador Pinheiro Machado recolheu, porém, dessa vida, foi com a sua ciência do meio e a sua ciência dos homens, a aptidão tão rara no Brasil de formar pontos de vista nítidos, condicionados pelo senso da utilidade e da relatividade."

Com essa sensibilidade, com esse instinto natural, Pinheiro teve a coragem de advertir Deodoro que seu nome ficaria com a marca de ter "rasgado a Constituição". Isso porque, com a força do apoio militar, objetivamente, o decreto de dissolução do Congresso, ao desprezar a lei, foi um golpe de Estado.

E não foi o primeiro golpe de Estado que teve Deodoro como comandante. Antes disso, o marechal Deodoro – que era monarquista, homem de confiança do imperador – chefiou o golpe de Estado da Proclamação da República, que destronou Dom Pedro II em 1889.

Golpe de Estado? Pode parecer espantosa essa referência à Proclamação da República – feriado nacional, fato histórico comemorado todos os anos nas escolas e em desfiles patrióticos... Mas foi exatamente isso que aconteceu: Deodoro inaugurou a lamentável tradição golpista da política brasileira. Nos Estados Unidos, na Europa, e nos países civilizados em geral, quando um governante não agrada, a oposição se reforça para ganhar as eleições seguintes. Nos Estados Unidos, por exemplo, salvo no caso da prática de um crime capitulado no Código Penal (como ocorreu no caso Watergate, em que foi praticado o crime de invasão a uma sede do Partido Democrata, com o conhecimento e aprovação do presidente Nixon), é impensável derrubar um governante.

Conta a lenda, baseada na fofoca palaciana, que a raiz dessa traição teria sido uma súbita conversão republicana do marechal Deodoro, que foi ligado e depois rompeu com os maragatos.

A "conversão republicana" do marechal, segundo a fofoca palaciana, teria sido motivada pelo ciúme em relação a uma mulher: a baronesa do Triunfo, viúva rica, muito bonita e elegante, que esnobou Deodoro e preferiu namorar com Silveira Martins, líder maragato, principal aliado do imperador. Silveira Martins, além de namorar a baronesa, provocava Deodoro da tribuna do senado, acusando-o de incompetente na carreira militar... e na vida!

Quem pagou o pato dessa disputa de rivais apaixonados teria sido o imperador, destronado.

E não faltam nostálgicos lamentando que, com a Proclamação da República e a derrubada de Dom Pedro II, o Brasil teria perdido um imperador culto e inteligente, respeitado por intelectuais do mundo inteiro.

17

O Senador Pinheiro Machado, desde as duas últimas décadas do século XIX, acompanhou vivamente a cena brasileira, participando dos centros republicanos.

Mas Pinheiro não participou do golpe de Estado que derrubou o imperador Dom Pedro II do poder.

Pouco se diz nos livros escolares sobre Dom Pedro II.

O declínio e a queda de Pedro II ocorreram ao longo da década de 1880, com os principais fatores se agravando em 1881. Foi uma época de grande progresso e estabilidade econômica e social sem precedentes no Império do Brasil: o país cresceu internamente e alcançou um lugar de destaque como potência emergente na cena internacional.

Do ponto de vista político, criou-se um insólito problema: Dom Pedro II deixou de acreditar na monarquia. É difícil crer nessa situação: um monarca que não acredita na monarquia. Mas foi exatamente o que ocorreu: Dom Pedro II, que era um homem inteligente e sensível, deixou de acreditar na monarquia como forma de governo viável para o futuro do Brasil, depois da morte de seus dois filhos homens. Restaria apenas sua filha Isabel, princesa imperial, como a "herdeira presuntiva da coroa".

Era uma época em que o machismo era institucionalizado, e as mulheres não eram admitidas em posições políticas de importância. Uma soberana mulher, apesar de constitucionalmente permitido na legislação brasileira da época, era um fato inadmissível, considerado inaceitável até mesmo pelo liberal Dom Pedro II. Essa questão foi ignorada durante décadas diante da realidade de um país que progredia, com um imperador saudável, em ótimas condições.

Entretanto, a saúde de Pedro II começou a piorar a partir de 1881, e o imperador foi se afastando gradualmente dos assuntos públicos. Assim, o Império Brasileiro passou a viver uma espécie de crise subterrânea. Mesmo sem ilusões, preso a um trono que duvidava que sobrevivesse após sua morte, Dom Pedro continuou a governar com grande senso de responsabilidade, conformado com a realidade concreta: não existia outra alternativa imediata.

Além disso, faça-se justiça: a princesa Isabel não demonstrava nenhum interesse em suceder ao pai. Entretanto, ambos – Dom Pedro II e a princesa Isabel – eram amados pelo povo brasileiro, que ainda apoiava a monarquia.

A indiferença em relação ao sistema imperial – por parte tanto do imperador quanto de sua filha – permitiram que a descontente minoria republicana, formada principalmente por oficiais militares insubordinados e fazendeiros insatisfeitos com o fim da escravidão, ganhasse força política e ficasse audaciosa. A seguir, essa minoria inexpressiva, sem antagonistas de peso, comandou o golpe de Estado que derrubou o império.

Dom Pedro II foi um caso inédito: um chefe de Estado derrubado e enviado ao exílio, apesar de ser amado pela maioria esmagadora dos brasileiros, admirado e aclamado internacionalmente por ter sido um articulador fundamental em avançar grandes reformas socioeconômicas de características liberais no Brasil. Além disso, durante o reinado de quase cinco décadas de Dom Pedro II, o Brasil viveu um período de grande prosperidade e influência. Na época, Dom Pedro II era considerado "um governante altamente bem-sucedido".

O fato concreto e incontornável: a "revolução" republicana (seria mais correto dizer: o "golpe de Estado republicano") que substituiu o império levou a mais de um século de ditaduras e instabilidade política.

O golpe de Estado adotou o nome de Proclamação da República porque não tinha maior apoio fora de um pequeno grupo de líderes militares, mas aproveitou-se do fato de que não havia oposição significativa ao imperador. Além disso, Dom Pedro II decidiu não resistir ao golpe, dissuadindo os militares que lhe ficaram fiéis. Pedro II também não permitiu qualquer medida contra os conspiradores e não apoiou nenhuma das tentativas de restauração da monarquia.

Depois de sair do Brasil expulso, como um maldito, Dom Pedro II passou seus poucos anos de vida no exílio na Europa. Recusou energicamente subsídios que lhe foram oferecidos. Como relataram os amigos que com ele conviveram, vivia pobremente e morreu "de tristeza".

Na década de 1920, quase trinta anos após sua morte, o arrependimento tardio e inútil: houve a "reabilitação" de Dom Pedro II, e seus restos mortais foram trazidos de volta ao Brasil como os de um herói nacional.

Entre os dois exageros, existem os fatos.

Pedro II assumiu o trono imperial aos catorze anos de idade, depois que seu pai, Dom Pedro I, abdicou do trono do Brasil e voltou a Portugal para assumir o trono de Lisboa.

Herdando um império no limiar da desintegração, objetivamente, Dom Pedro II transformou o Brasil numa potência emergente de reconhecimento mundial. Sob seu reinado, O Brasil foi vitorioso em três conflitos internacionais (a Guerra do Prata, a Guerra do Uruguai e a Guerra do Paraguai) assim como prevaleceu em outras disputas internacionais e revoltas domésticas (como foi o caso, entre outras, da Revolução Farroupilha).

Solitário na infância e na adolescência, Dom Pedro II dedicou-se à leitura e aos estudos, tornando-se um erudito. Mais do que isso: conquistou a reputação internacional de "vigoroso patrocinador do conhecimento, da cultura e das ciências". Ganhou o respeito e admiração de estudiosos e homens de letras como Graham Bell, Charles Darwin, Victor Hugo e Friedrich Nietzsche, e foi amigo de Richard Wagner, Louis Pasteur, Jean--Martin Charcot, Henry Wadsworth Longfellow, entre outros.

Dom Pedro II descendia das mais nobres dinastias monárquicas europeias, mas, em mais uma encantadora contradição poética de sua personalidade, acreditava mesmo era no regime republicano.

Imperador desde os cinco anos de idade, era fã da democracia. Abolicionista declarado, lamentava que nosso país tenha sido o último a acabar com a escravidão nas Américas: faltou-lhe determinação pessoal – mas sobretudo apoio e força política – para antecipar a abolição da escravatura.

À frente de uma nação com oitenta por cento de analfabetos, seria para sempre lembrado por sua dedicação à educação. Conhecido como "rei filósofo", não nos legou qualquer produção intelectual ou artística própria. Entretanto, contido e comedido, avesso aos "tristes negócios da política", conseguiu garantir a estabilidade política e a unidade nacional diante de pressões diversas, destacando-se pela atuação firme na Guerra do Paraguai, a maior guerra que o Brasil já enfrentou. Foi imperador do Brasil durante 48 anos, de 1841 a 1889, e deixou um exemplo de probidade no governo, proibindo qualquer aumento nos seus ganhos mensais.

Com o que recebia do erário sustentava a si próprio e à sua família, e, como lembrou Ruy Castro, em artigo publicado na *Folha de S. Paulo*, investia no interesse público:

"...pagava os estudos no exterior de brasileirinhos em quem acreditava (como o músico Carlos Gomes e o pintor Pedro

Américo) e financiou suas duas viagens aos Estados Unidos, Europa e Oriente Médio, com comitivas de apenas quatro ou cinco pessoas – para a segunda dessas viagens, teve de tomar dinheiro emprestado. Em vez de criar impostos, cortava despesas. Seu palácio imperial, em São Cristóvão, era o mais desmobiliado do planeta. Seus trajes oficiais, puídos de fazer dó. Ao ser deposto pelos militares e ter de ir embora em 24 horas, Dom Pedro recusou o dinheiro que o governo da república lhe ofereceu para seu exílio em Paris. E ainda lhes passou uma descompostura por estarem dispondo de recursos que não lhes pertenciam, mas ao povo brasileiro. Poucos dos sucessores republicanos de Dom Pedro seguiram o seu exemplo de austeridade."

Com essas notáveis qualidades de Dom Pedro II, é inevitável questionar: por que foi derrubado? Por que não resistiu ao golpe de Estado de Deodoro? O que ensejou a proclamação e a rápida consolidação da República?

Dom Pedro II foi um homem honrado, brilhante e generoso. E, acima de tudo, foi um intelectual de alto nível, com extraordinárias contribuições ao país. Uma dessas brilhantes contribuições teve outra vez Ruy Castro a festejá-lo com justiça, sob o título "Coleção para a Humanidade", em sua coluna na *Folha de S. Paulo* de 3 de novembro de 2017, dedicada à exposição *Uma viagem ao mundo antigo – Egito e Pompeia nas fotografias da coleção D. Thereza Christina Maria*, na Biblioteca Nacional, até janeiro de 2018.

Ruy Castro lembrou que a exposição não era extraordinária apenas pelo que apresentava – "119 imagens de qualidade inacreditável", resultado das viagens do imperador Dom Pedro II à Europa e ao Oriente Médio entre 1871 e 1888. Mas foi um fato extraordinário também pelo seu aspecto político, comparativamente ao que se permitem com o dinheiro público os detentores de cargos oficiais nos dias que correm:

"Faz pensar no que significava um governante deixar seu país pagando as próprias despesas – e, além disso, em como esses deslocamentos geravam tanto benefício para tantos. Dom Pedro não viajava a turismo, mas a estudos. Levava com ele professores de árabe e hebraico, uma pequena biblioteca de história e um estoque de cadernos nos quais desenhava e registrava o que via e aprendia. E tinha um apetite fotográfico comparável ao dos plebeus de hoje com suas xeretas digitais. Só que estávamos então na aurora da fotografia, em que as "chapas" viajavam em lombo de mula e cada registro levava uma eternidade para ser feito. O imperador não se contentava com as fotos que ele e seus companheiros tiravam, entre esfinges, pirâmides e ruínas. Era também cliente dos mercadores de imagens, com o que sua coleção devia conter material que, não fosse por seus cuidados, teria se perdido nos bazares do século XIX. Tudo isso – somado a mapas, estampas e impressos – formou a coleção de 35 mil itens que a família imperial, banida pela república, doou à Biblioteca Nacional em 1892, pouco depois da morte de Dom Pedro em Paris. Um acervo dessa categoria não fala exclusivamente ao Brasil. É um patrimônio da humanidade. Significa que, quando Dom Pedro tomava um navio, o mundo saía ganhando. Por favor, sem comparações com as viagens dos nossos modernos governantes. Estas, um dia, só interessarão à Interpol."

No campo minado da política, entretanto, Dom Pedro II enfrentou ásperas dificuldades. A começar pela sua frágil base parlamentar, como se define aquele conjunto de parlamentares que apoia o governante, às vezes por idealismo, quase sempre em troca de cargos e vantagens financeiras pouco republicanas.

Dom Pedro II foi acusado de ser vacilante, de não ter conseguido se impor como líder da nação. Desde 1871, a situação política do Império do Brasil era de crise. As ideias do abolicionismo, da reforma eleitoral e judiciária, o recente lançamento do Manifesto Republicano, subscrito por um grupo de homens dos mais conceituados no país, empolgavam as consciências progressistas, estimulando as lutas sociais e fortes movimentos contrários aos gabinetes ministeriais do império que se sucediam para dirigir o país.

Nas províncias mais importantes e no Rio de Janeiro, sede da corte, o povo participava ativamente de campanhas cívicas, novos jornais eram editados, novas vozes influenciadas pelas ideias progressistas da Europa empolgavam os jovens, debatendo os problemas da liberdade e da abolição da escravatura. O trabalho escravo começava a ser considerado uma vergonha.

"A emancipação é uma aspiração nacional, e as reformas do sistema eleitoral e judiciário, uma necessidade", advertiam líderes republicanos.

Nas palavras de Joaquim Nabuco, citado por Paulo Cavalcanti no seu saboroso livro *Eça de Queiroz, agitador no Brasil*, a escravatura, além do seu aspecto imoral e desumano, passou a ser um entrave ao desenvolvimento econômico do país. Cavalcanti lembra que, desde de 1866, Pedro II tinha em mãos os anteprojetos de lei elaborados por Pimenta Bueno, adotando formas graduais de extinção da escravatura.

Nos círculos dominantes, entretanto, não havia boa vontade para essas questões. A abolição do tráfico de negros trazidos da África para o Brasil, decretada em 1850, na verdade não foi um gesto humanitário resultado de uma generosa consideração política ou humana do governo brasileiro, mas sim medo de represálias da nação mais poderosa do mundo – na época, a Inglaterra –, que declarou guerra à escravatura, ameaçando capturar, com sua poderosa esquadra naval, todo e qualquer navio negreiro encontrado nos mares.

A chamada lei do Ventre Livre, que concedia liberdade para os filhos de mulher escrava, por mais que Joaquim Nabuco tentasse negar, fazendo passá-la como "um ato de soberania nacional", não era mais do que uma conciliação do governo imperial com os defensores da escravatura, verdadeiro golpe político para evitar a abolição.

Uma transformação radical de hábitos, costumes, valores culturais e morais sacudia a Europa, com a inevitável repercussão na América do Sul. No Brasil, o Partido Conservador, no poder, desagregava-se, tragado pelo furacão de novas ideias de modernidade que agitavam o mundo. O Partido Liberal, em crise, resistia a democratizar as relações sociais e políticas, numa época em que o mundo inteiro aderia aos princípios democráticos de "trabalho livre e voto livre".

Estavam na ordem do dia as questões fundamentais da liberdade. É claro que a simples reivindicação da reforma eleitoral não podia atender à necessidade de profundas modificações na estrutura do regime político dominante. A abolição da escravatura tornou-se tema central de acirrados debates.

O frágil argumento dos conservadores era que, recém-saído de uma guerra de cinco anos contra o Paraguai, "o império não estava em condições de enfrentar a questão da abolição da escravatura, em virtude do empobrecimento de suas finanças e da crise político-partidária".

Além da evidente imoralidade do argumento, não passava de pretexto para justificar, na boca dos conservadores escravistas, a continuidade do odioso sistema, cuja "validade jurídica" o visconde de Sinimbu sustentava sob a alegação intolerável de que "o escravo era uma propriedade garantida pela legislação do império", não se podendo "contra ela atentar sem que fossem salvaguardados os direitos de quem os possuía".

Foi nessa ocasião, com o país sacudido pelos grandes debates sobre o abolicionismo – e também com as vozes republicanas de Júlio de Castilhos, Pinheiro Machado e tantos outros, ecoando nas praças – que Dom Pedro II resolveu... conhecer a Europa!

Mas, desde logo, faça-se justiça que o imperador foi bem mais comedido que os presidentes, ministros e políticos brasileiros do século XXI, que lotam aviões de aliados e apaniguados nas viagens internacionais: a delegação imperial tinha apenas quinze pessoas.

Eu disse QUINZE PESSOAS! Nada a ver, como se vê, com as orgias viajantes oficializadas pelos três poderes no século XXI.

Entretanto, apesar da inatacável parcimônia da caravana imperial, muitas questões cruciais ficaram em aberto no país quando o imperador embarcou a bordo do navio inglês *Douro*, em 25 de maio de 1871, para sua excursão europeia.

A polêmica dessa viagem começou pela falta de empenho na aprovação do projeto da lei do Ventre Livre (projeto que, então, recém tinha sido apresentado ao Parlamento declarando emancipados os negros nascidos a partir da vigência da lei), de autoria do próprio visconde do Rio Branco, presidente do gabinete.

Na verdade, era um projeto tímido e insatisfatório, mas era tão forte o reacionarismo escravista que o simples debate do assunto expôs o governo a violentas críticas dos defensores da escravatura, que tinham forte expressão política e não toleravam qualquer vantagem aos negros.

Paulo Cavalcanti atribuiu a viagem de Dom Pedro II à Europa a uma manobra política: "A viagem do imperador, apesar das diferentes versões que lhe deram as crônicas oficiais, mal encobria o jogo político de Pedro II, entregando o cetro a uma princesa de 25 anos [a princesa Isabel], para omitir-se de encarar, resoluto, a onda de indignação dos círculos reacionários contrários à abolição da escravatura, livrando o Trono, eventualmente, das críticas que comprometiam a sua estabilidade".

Entretanto, Cavalcanti reconheceu que o imperador tinha outros motivos relevantes para viajar – "pretextos surdos ou aparentes, dos mais ponderáveis": "Decerto, sobravam a Dom Pedro razões que o exculpavam de deixar o Brasil naqueles momentos.

Seu cansaço físico pelos longos anos da guerra com o Paraguai; a doença da imperatriz Teresa Cristina; o recente falecimento, em Viena, da filha mais moça, a duquesa de Saxe; e até motivos de natureza íntima, talvez, como o de querer encontrar-se, na Europa, com a amiga e confidente condessa de Barral – Luísa Margarida Portugal de Barros –, podiam servir de pretextos, surdos ou aparentes, dos mais ponderáveis, para justificar o seu afastamento do governo."

Na política brasileira, essa viagem de Dom Pedro II à Europa conquistou uma inesperada unanimidade: suscitou a desaprovação total dos conservadores que o apoiavam e dos liberais da oposição.

Nós outros, que no século XX nos alfabetizamos lendo *O guarani* e *Iracema* (a "virgem dos lábios de mel"), ficamos decepcionados com o autor dessas obras, José de Alencar – escritor do primeiro livro que li, justamente *Iracema*. Na perplexidade dos sete anos de idade, quis saber do meu Pai o que significava "virgem dos lábios de mel"...

José de Alencar era deputado da base de apoio do governo. Mas quando soube da negativa de Dom Pedro em indicá-lo a uma cadeira no Senado, passou a se manifestar violentamente contra a viagem do imperador.

Outro político, da base de apoio do imperador, que não tinha nenhum pedido recusado a reclamar, preocupou-se com pleitos futuros ao afagar Sua Majestade, lamentando o fato de o chefe do governo deixar os líderes parlamentares que o apoiavam, "abandonados naquelas circunstâncias de acesos debates nacionais, levando na viagem, para longe do Brasil, o seu grande prestígio e sua longa experiência, que ele não poderá, nesses dias em que estará longe, nos transmitir".

Não faltou quem cruamente manifestasse sua opinião sem subterfúgios, atribuindo à viagem do imperador "um cunho demagógico, de colher lá fora os aplausos dos abolicionistas europeus", em razão do projeto da lei do Ventre Livre.

Alheio às críticas e comentários que sacudiam o Brasil, Dom Pedro embarcou e atravessou o oceano, chegando em 12 de junho de 1871 a Lisboa, ponto de partida de uma longa excursão terrestre. Depois de Espanha, Inglaterra, Bélgica e Alemanha, aproveitou para visitar Praga, Viena, Budapeste, Veneza, Trieste e Milão. Durante quinze dias esteve no Egito, inspecionando o recém-inaugurado Canal de Suez.

Em Alexandria, a 28 de setembro, recebeu a notícia, vinda do Brasil, da aprovação da lei do Ventre Livre. Na demorada excursão pelo Velho Mundo, Pedro II fez questão de conhecer pessoalmente as figuras mais eminentes da política, da ciência, das letras e das artes, como Disraeli, Thiers, Gladstone, a rainha Vitória, os imperadores Francisco José e Guilherme I, Pasteur, Camilo Castelo Branco, Alexandre Herculano, Mendes Leal, Inocêncio Francisco da Silva, Afonso Karr, Wagner, Alexandre Manzoni, entre outros. Somente de uma lista organizada por Gobineau, na França, constavam os seguintes nomes que ao imperador do Brasil deviam ser apresentados: Renan, Alexandre Dumas, Berthelot, Taine, Claude Bernard, Guizot e Théophile Gautier. O Papa Pio IX recebeu-o em audiência especial.

Templos, bibliotecas, museus, instituições de cultura, universidades – nada escapou da curiosidade de Dom Pedro.

"Queria ver tudo, embora quase sempre o fizesse um pouco superficialmente, inquiria de tudo, a tudo se prestava, desde que se tratasse de examinar uma ruína, de pisar as ruas de uma velha cidade, de galgar a torre de um castelo ou embeber-se na contemplação de um belo panorama" – escreveu Eça de Queiroz numa carta.

Entretanto, no caminho de volta, a passagem por Lisboa seria uma amarga decepção. Depois de conhecer as personalidades mais importantes do mundo, Dom Pedro defrontou-se, em Lisboa, com os então jovens escritores Eça de Queiroz e

Ramalho Ortigão, diretores da revista mensal *As Farpas,* "jornal de luta, jornal mordente, cruel, incisivo, cortante, e sobretudo jornal revolucionário".

As Farpas eram publicadas em fascículos mensais de cem páginas de ironias e maledicências. Por usar na viagem, alternadamente, o nome de batismo (Pedro d'Alcântara) e Dom Pedro II, seu nome oficial de imperador, Eça ironizou:

"Um instante de atenção! O imperador do Brasil, quando esteve entre nós (e mesmo fora de nós) era alternadamente e contraditoriamente – Pedro d'Alcântara e Dom Pedro II. Logo que as recepções, os hinos, os banquetes se produziam para glorificar Dom Pedro II – ele apressava-se a declarar que era apenas Pedro d'Alcântara. Quando os horários dos caminhos de ferro, os regulamentos das bibliotecas, ou a familiaridade dos cidadãos o pretendiam tratar como Pedro d'Alcântara, ele passava a mostrar que era Dom Pedro II. De sorte que se dizemos que se hospedou entre nós Pedro d'Alcântara erramos – porque ele asseverou que era Dom Pedro II. Se nos lisonjeamos por ter hospedado Dom Pedro II, desacertamos – porque ele afirmou ser Pedro d'Alcântara."

A ironia de Eça e Ramalho, entretanto, tinha um traço de aguda realidade: Pedro d'Alcântara, se pudesse escolher, nunca teria sido o imperador Dom Pedro II.

Na verdade, Eça de Queiroz, republicano ferrenho, simpatizava com essa humana vacilação de Dom Pedro II, afinal era um imperador que simpatizava com a república. Passada a viagem, Eça escreveu um texto interessante, que por trás das ironias não esconde admiração e até mesmo um carinho pela figura de Dom Pedro II. Termina com uma homenagem à pessoa do imperador: "Uma mala pequena não pode chegar para tudo: tapa por um lado o rei – descobre por outro o homem de bem!".

O texto de Eça de Queiroz, publicado nos jornais de Lisboa ao final da viagem de Dom Pedro II à Europa, na verdade, por trás da ironia divertida, é uma carinhosa homenagem ao nosso último imperador, em quem reconhecia "um homem de bem":

"Fallemos da malla deste príncipe ilustre. Todos a conhecem. Ella deixa na Europa uma legenda perpetua. Durante meses viu-o o Velho Mundo absorto – atravessar as capitais, estudar os monumentos, sulcar os mares, costear os montes, visitar os reis, olhar as paisagens, ensinar os sábios – com a malla não! É uma malla pequena, de coiro escuro, com duas azas que se unem. È por ali que elle a segura.

Muitas opiniões se erguem em torno dessa malla fechada. Que continha ella? – Uns querem que ella tivesse no seu seio os thesouros imperiaes; outros afirmam que ella continha os imperiais manuscriptos: outros mais profundos, sustentam que dentro havia peúgas: outros, mais discretos, affiançam que dentro não havia nada!

Tal se nos affigura a verdade: a malla não continha nada!

A malla era uma insignia: a insignia do seu incógnito. S.M. Trazia em wagón a malla, como usa no throno o sceptro: como a corôa é o signal da sua realeza no Brasil, a malla era o signal da sua democracia na Europa. A malla é o seu sceptro.

Foi graças a estas precauções que Sua Magestade conseguiu atravessar a Europa, – disfarçado na sua malla.

No entanto, – disfarce ou bagagem – a malla é sympathica: dá um perfume de boa pessoa e sente-se honestidade. Uma malla pequena não póde chegar para tudo: tapa por um lado o rei, – descobre por outro o homem de bem!"

As simpatias secretas de Dom Pedro II tumultuavam a alma de seu lado Pedro d'Alcântara. Essas simpatias secretas sempre estiveram ao lado das boas causas republicanas, como sempre testemunharam sua frugalidade, a falta de esmero na vestimenta, suas descuidadas roupas puídas e, sobretudo, o diminuto tamanho de sua comitiva... e da sua mala.

18

Ao contrário do imperador Dom Pedro II, o Senador Pinheiro jamais seria surpreendido com qualquer peça de roupa puída – nem mesmo na roupa de baixo. O Senador cultivava aquele gosto pela elegância, que começava pela forma fidalga com que tratava amigos, conhecidos e até adversários. Por princípio, sempre dizia que "nem sempre os adversários são inimigos". Esse traço de caráter se refletia na indumentária: era extremamente exigente com suas vestimentas.

Meu avô Dulphe, sobrinho do Senador, dizia que o Tio Juca (apelido familiar do Senador) não descuidava sequer das peças íntimas: conta a lenda que suas cuecas e camisetas eram de seda pura – e não fazia segredo disso, explicando o motivo, com uma ponta de humor negro que, como se viu depois, era, na verdade, uma sombria premonição: "Se eu for assassinado, tenho que estar dignamente vestido na hora da autópsia!".

Vovô Dulphe era filho da irmã do Senador, Leopoldina, e do dr. Antônio Pinheiro Machado, primo do Senador. O "Velho Dulphe" deixou saudades com suas qualidades de homem reservado e correto, mas de viva inteligência e fino senso de humor, que gostava de contar aos netos as histórias do Tio Juca.

Além de destacar a conduta correta do Tio Juca, o Velho Dulphe sempre elogiava a sua elegância, que as poucas fotos da época confirmam: o Senador era um homem que gostava de se vestir com esmero, sempre impecável, em trajes bem cortados pelos melhores alfaiates do Rio, e passados a ferro com capricho, sem uma ruga. Não faltava nunca o detalhe da pérola na gravata, complementando a indumentária.

Na época, a boa aparência era relevante.

Entre o final do século XIX e o começo do século XX, o grande Eça de Queiroz, no seu saboroso livro *Cartas inéditas de Fradique Mendes*, com a mesma simpática ironia que noticiava a mala de Dom Pedro II, lembrava que a roupa era um item fundamental nas relações sociais e políticas. Eça advertia que a gravata e a roupa, sempre, em todos os tempos, "ocultaram a desfaçatez – mas também sublinharam virtudes" de quem veste.

Fradique Mendes, o mais encantador dos personagens de Eça de Queiroz, numa carta ao seu alfaiate, censurava o bom Sturmm, por lhe ter cortado uma casaca que "assenta tão bem nas costas de uma cadeira de pau, como nas costas do Comandante da Guarda Municipal, ou nas de um filósofo, se houvesse algum nestes reinos".

O que queria Fradique Mendes: "Eu desejava que essa casaca me mostrasse a Lisboa como sou: reservado, frio, cético e inacessível aos pedidos de meias libras".

E mais: "O casaco está para o homem como a palavra para a ideia", exaltava-se Fradique, que esperava algo que ressaltasse suas qualidades e disfarçasse seus defeitos: "Os alfaiates ingleses talham certas sobrecasacas longas e retas, que emanam virtude por todas as costuras, justamente para esconder a velhacaria de quem as veste!".

Na verdade, a vestimenta serviu para democratizar a política, escreveu Contardo Calligaris, lembrando que, desde o fim do século XVIII, os dândis (que fizeram da elegância um culto) tiveram uma função decisiva na revolução social moderna: "A ideia era a seguinte: se o critério da elegância substituísse o da nobreza de berço, qualquer um poderia ser elite; bastaria que fosse elegante. Disraeli (que era um dândi) tornou-se primeiro-ministro da rainha Vitória porque sua elegância contou mais que sua origem judaica (que, em princípio impediria que ele tivesse acesso a tamanho cargo)".

Para os dândis, a elegância era "uma fineza rica", com implicações morais. Na frase de Calligaris: "O cuidado frívolo com as aparências – do nó da gravata ao corte das calças – era também uma revolta do bom gosto contra as feiuras do capitalismo incipiente".

Sem essa dimensão, as roupas elegantes "seriam apenas babadouros para comedores vorazes".

Lanvin, um dos homens mais elegantes do século XX, modelo de discrição e sobriedade, resumiu seu estilo pessoal a um repórter: "De gravata, sempre. Exceto na praia".

As gravatas podem ser de seda pura ou de algodão barato, escuras ou escandalosas, com nó duque de Windsor ou borboletas – e, seguidamente, pendem do pescoço de gente digna e nobre. O grande escritor português Lobo Antunes recordou alguém assim, um homem de "gravata torta e casaco amassado", que iluminou sua vida: "Charlie Parker... Esse pobre, sublime, miserável, genial drogado que passou a vida a matar-se e morreu de juventude como outros de velhice. Cresci com um enorme retrato dele no quarto. Usa uma gravata torta e um casaco amassado, e poucas pessoas estiveram tão perto de Deus quanto esse vagabundo celeste".

Além da gravata de seda, completava a indumentária do Senador, é claro, o chapéu-panamá, peça que considerava indispensável nas tardes ensolaradas do Rio de Janeiro.

A propósito do chapéu-panamá, meu avô contava uma história pitoresca que envolvia o Senador e seu irmão Cosme Damião Pinheiro Machado. Cosme tinha um armazém numa das ruas centrais de São Luiz Gonzaga, armazém que, como mandava a boa tradição dos velhos empórios do começo do século XX, vendia de tudo, de pregos e parafusos até charque e linguiça, passando por roupas e acessórios pessoais.

Certa manhã apareceu um freguês e pediu:
– Tem chapéu-panamá pra vender?

Cosme, que, como todo bodegueiro que se preza, se chateava quando não conseguia atender pedidos da freguesia, sacudiu a cabeça desolado (afinal vender um caro chapéu-panamá renderia um bom lucro), se desculpou e informou que infelizmente "estava em falta".

Por volta do meio-dia, aparece outro freguês:
– Tem chapéu-panamá, seu Cosme?

Outra vez sacudiu a cabeça num lamento, mas, além de se desculpar porque "estava em falta", teve o cuidado de anotar "chapéu-panamá", para a próxima visita do mascate, personagem essencial na vida das cidades do interior brasileiro, no final do século XIX, começo do século XX. O mascate abastecia os pequenos armazéns do interior com os suprimentos básicos do dia a dia e com as novidades que encantavam o nascente século XX.

Numa das mais antigas (e nem por isso menos notáveis) edições de seu *Novo dicionário da língua portuguesa* (1976), o professor Aurélio Buarque de Holanda, esclarece na página 901: "Mascate. [Do top. Mascate, porto da península arábica (Ásia).] S. m. Bras. 1. Mercador ambulante que percorre as ruas e estradas a vender objetos manufaturados, panos, joias, etc. 2. A mercadoria por ele vendida. Mascatear. Exercer a profissão de mascate. Vender mercadorias pelas ruas".

O chapéu-panamá, apesar do nome, na verdade, desde sempre, é fabricado no Equador (onde é chamado de "El Fino"), especialmente em Cuenca e Montecristi. Tem cor clara e pode ter vários formatos. É fabricado com a palha da planta "carludovica palmata", encontrada no Equador e em países vizinhos, que é tecida em trama fechada. São peças fabricadas por artesãos especialistas e com o material da mais alta qualidade. Seu prestígio secular é resultado de fabricação meticulosa e controle rigoroso: a confecção de cada peça pode demorar até dois meses.

O *Dicionário Oxford* afirma que a denominação "chapéu-panamá" é usada desde 1834, mas é indiscutível que a celebridade desse chapéu (e o incremento da procura, com a natural inflação do preço) se deve ao presidente norte-americano Theodore Roosevelt, que utilizou um deles para se proteger do sol exuberante da América Central durante uma visita ao canal do Panamá, em 1906 (mais ou menos na época em que, na distante São Luiz Gonzaga, Cosme Pinheiro Machado não pôde atender seus fregueses que procuravam os cobiçados chapéus). Dessa visita, naturalmente, apareceram fotos do presidente norte-americano de chapéu-panamá na capa de jornais do mundo inteiro.

Também Santos Dumont, em 1906, tornou o chapéu-panamá um acessório indispensável de sua imagem. E, depois desses pioneiros, nas décadas seguintes, muitas personalidades aderiram à moda: Winston Churchill, Harry Truman, Getúlio Vargas, Tom Jobim, entre tantas outros que marcam a história dos séculos XX e XXI.

Na São Luiz Gonzaga da primeira década do século XX, dias depois daqueles dois pedidos frustrados de clientes do irmão do Senador em busca de chapéus-panamá, ocorreu a aguardada visita do mascate ao armazém. Cosme, então, teve a alegria de ver que, na carroça cheia de mercadorias, havia um expressivo lote de flamantes chapéus-panamá empilhados. Então, Cosme não vacilou:

"Fico com o lote", foi logo dizendo, para alegria do mascate, que cobrou, naturalmente, preço à altura do recém-conquistado prestígio internacional da peça.

O investimento foi considerável, mas Cosme confiava que, em pouco tempo, recuperaria a despesa com grande lucro.

Entretanto, os dias se passavam e não apareciam interessados nos chapéus-panamá – nem mesmo aqueles fregueses que tinham motivado o vultoso investimento de Cosme.

Dias depois, na visita habitual que fazia às bases, chegou à cidade o Senador José Gomes Pinheiro Machado, então no auge do seu prestígio nacional, estadual e, é claro, acima de tudo, municipal, em São Luiz Gonzaga, sua terra.

Na chegada, foi logo perguntando pelos amigos, pela família, pelos irmãos... E ficou sabendo da desventura do irmão Cosme, ameaçado de falência, com seu exagerado investimento, sem retorno, em chapéus...

De imediato foi ao armazém de Cosme, abraçou o irmão, perguntou pelas novidades e olhou a imensa pilha de chapéus-panamá.

Era um dia ensolarado, e o Senador Pinheiro, vestindo um impecável terno claro de linho SS 120, pediu emprestado um dos chapéus daquela assombrosa pilha e saiu pelas ruas de São Luiz Gonzaga ostentando o belo panamá. Cumprimentou amigos e conhecidos e foram muitas as perguntas e elogios sobre sua conhecida elegância e, especialmente, referências ao chapéu que chamou a atenção de todos.

"Chapéu-panamá é a grande moda no Rio de Janeiro" – explicava o Senador num tom despretensioso aos que perguntavam.

Usos e costumes do Rio de Janeiro tinham um apelo irresistível e fascinavam o povo simples das cidades do interior.

Vale lembrar que, no começo do século XX, o Rio de Janeiro ainda não tinha sido saqueado e devastado por bandidos, assassinos e quadrilhas de políticos e administradores corruptos que prosperaram no século XXI.

O Senador agradecia os elogios e, com sutileza, dava um discreto e irresistível recado publicitário em favor dos negócios do irmão aos que elogiavam ou simplesmente mencionavam o chapéu-panamá que ele ostentava: "Comprei no armazém do Cosme. Acho que ele ainda tem alguns chapéus, iguais a este, à venda".

O gesto solidário, com uma pioneira ação de merchandising em favor do irmão Cosme, deu resultado. Contava o meu avô Dulphe que, em poucos dias, todo o estoque de chapéus-panamá do irmão do Senador se esgotou: os chapéus foram disputados avidamente pelos fregueses, até o último exemplar...

Gestos como esse, em que o refinamento se misturava com a gentileza e a solidariedade, temperados por certa esperteza, eram típicos da personalidade do Senador, sempre considerado um autêntico cavalheiro.

Essa noção impalpável do que é verdadeiramente "um cavalheiro" é debate que percorre os séculos, desde a Idade Média, e não perdeu força nos atribulados dias dos séculos XX e XXI.

"Cavalheiro" e "estilo" são palavras que sempre andaram juntas no caráter e nos modos de algumas raras pessoas. Quando se recorda o charme e o estilo do Senador é inevitável a lembrança de alguém dessa estirpe que nasceu na Inglaterra no começo do século XX, numa época em que Pinheiro consolidava sua liderança no Senado e na política brasileira: o ator Cary Grant (1904-1986).

Alfred Hitchcock dizia que ninguém dominava a tela e brilhava como Cary Grant: "O seu ar de estar sempre à altura dos acontecimentos é uma ilusão estudada insuperável".

Diretor de muitos filmes em que brilhou o grande ator, Hitchcock tinha tanto respeito pelo "estilo Cary Grant" que, em *Intriga internacional* e em outros clássicos do cinema, dispensou o guarda-roupa da produção e pediu que Cary Grant usasse em cena seus próprios ternos, que eram magníficos.

Ninguém definiu melhor esse cavalheiro elegante, no seu estilo soberbo de viver e representar, do que ele próprio. Certa vez um repórter disse a Cary Grant com uma ponta de inveja: "Todos querem ser Cary Grant...".

E Cary Grant respondeu com uma mistura de classe e de modéstia enigmática: "É... Eu também gostaria de ser Cary Grant!".

O ex-marido da atriz Julia Roberts, Lyle Lovett, que conquistava as mulheres muito mais por seu velho estilo de cavalheiro florentino do que, propriamente, por suas belas canções, certa vez reconheceu: "Embora não seja nenhum Cary Grant, procuro agir como um cavalheiro".

E, com a seriedade de um campeão mundial de xadrez a ensinar o roteiro de um xeque-mate, deixou uma lição: "Tudo começa numa mesa de restaurante, quando aquela jovem encantadora, sua convidada para jantar, pede que alcance o pão. Ofereça o cesto inteiro de pão. Ela vai dizer: 'Oh, não é preciso! Pode me passar apenas um pãozinho'. Mas, não faça isso! Você está sendo testado... Ela quer justamente o contrário".

Esses cuidados, aparentemente exagerados, fazem sentido. Um cavalheiro é alguém que não deixa nada ao acaso. O verdadeiro cavalheiro tem uma disposição ilimitada para o esforço, dizem os ingleses. Jorge Luis Borges acreditava que a um cavalheiro "só podem interessar causas perdidas", conceito que teve uma trágica comprovação no triste fim do Senador Pinheiro Machado.

Edward Burke, filósofo inglês do século XVIII, dizia que o rei pode transformar qualquer um em nobre: "Basta outorgar um título nobiliárquico. Mas não é possível transformar alguém em cavalheiro. Para isso é preciso ter estilo".

Como escreveu Italo Calvino, "se o mundo é cada vez mais insensato, a única coisa que podemos tentar fazer é dar-lhe algum estilo".

Roland Barthes, que tinha Calvino entre suas leituras prioritárias, naturalmente procurou compreender "estilo" do ponto de vista literário.

No caso de Pinheiro Machado, a dolorosa punhalada pelas costas, numa cruel ironia, pode ser lida como a frase inesperada e definitiva: até os jornais e políticos da oposição curvaram-se vencidos por essa insuperável cena dramática. A história pessoal de Pinheiro Machado é um texto literário, escrito com o idioma do heroísmo nas guerras reais de combates mortais e nas guerras virtuais do parlamento em combates que, afinal, também se revelaram mortais... Esse singular idioma e o estilo desse campeador cabem como metáfora na definição de Barthes: "O idioma é aquém da literatura. O estilo é quase além: são imagens, um fluxo e um léxico que nascem do corpo e do passado do autor e, pouco a pouco, se transformam nos automatismos de sua arte".

Pinheiro tinha estilo. Foi o "autor" – com atos, falas e gestos – de sua própria biografia, de cada uma das páginas de sua vida, com originalidade, elegância, frases inesperadas e uma inteira mitologia que, "seja qual for seu refinamento", cabe à perfeição na definição de Barthes:

"Sob o nome de estilo, se forma uma linguagem autossuficiente que mergulha na mitologia pessoal e secreta do autor, como se fosse uma espécie de hipófise (aquela glândula situada no cérebro, que regula a atividade de outras glândulas também endócrinas) da expressão, onde se forma o primeiro par das palavras e das coisas, onde se instalam, de uma vez por todas, os grandes temas verbais de sua existência."

Na visão de Barthes, estilo é "o produto de um empurrão, não de uma intenção". Ou seja: é impossível um "estilo construído", isto é, alguém decidir que a partir de determinado momento vai ser "estiloso" ou vai ter estilo:

"Seja qual for seu refinamento, o estilo tem sempre qualquer coisa de bruto: ele é uma forma sem destinação, ele é o produto de um empurrão, não de uma intenção, ele é como uma dimensão vertical e solitária do pensamento. Suas referências são ao nível de uma biologia ou de um passado, não de uma história: ele é a 'coisa' de quem o detém, seu esplendor e sua prisão, ele é sua solidão. Indiferente e transparente à sociedade, impulso íntimo da pessoa, ele não é de modo algum o produto de uma escolha, de uma reflexão..."

Barthes acreditava que o "estilo" é "a parte privada do ritual, que se eleva das profundezas míticas":

"É a voz decorativa de uma carne desconhecida e secreta; ele funciona com a urgência de uma Necessidade, como se nesse tipo de impulso floral, o estilo ganhasse a dimensão de uma metamorfose cega e obstinada, parte de uma infralinguagem que se elabora no limite da carne e do mundo."

Charles Bukowski, com outro olhar, obteve uma ideia geral de "estilo", essa palavra mágica e indefinível, num texto memorável, recitado por Ben Gazzara, no filme *Crônica de um amor louco*, de Marco Ferreri:

"Estilo é a resposta para tudo: é um jeito de fazer, um jeito de se fazer. É um jeito especial de fazer algo tolo ou formidável. Antes fazer algo tolo com estilo, do que algo formidável sem estilo. Fazer algo formidável com estilo é Arte. Fazer amor pode ser arte. Abrir uma lata de sardinhas pode ser arte. Poucos têm estilo. Poucos sabem manter um estilo. Há cães com mais estilo do que homens. Embora poucos cães tenham estilo. Gatos têm mais. Quando Hemingway estourou os miolos, isso foi estilo. Há gente que dá estilo ao que faz. Joana D'Arc tinha estilo. João Batista, Jesus, Sócrates, César, García Lorca. Conheci homens na prisão com estilo, conheci mais na prisão do que fora. Estilo é a diferença. Seis garças imóveis na beira de um lago. Ou você, saindo nua do seu banho... sem me ver."

O fato concreto, reconhecido por amigos e inimigos, aliados e adversários é que o Senador Pinheiro Machado era um cavalheiro exemplar que "fazia a diferença": nenhum político, em qualquer tempo da vida brasileira teve tanto estilo quanto o Senador.

Fazia parte do estilo do Senador conviver com inimigos, adversários, aliados da hora e amigos de sempre. Além do "convívio obrigatório" com os políticos – na maioria os oportunistas e carreiristas costumeiros –, buscava o convívio dos artistas e intelectuais.

Gostava da companhia de gente diversa: homens e mulheres completamente diferentes dele. Um exemplo era sua amizade com um dos primeiros sambistas do Brasil: João da Baiana.

Numa época em que os sambistas e os artistas negros em geral eram perseguidos pela polícia, sempre tiveram no Senador um amigo certo.

Pinheiro Machado rodeado por seus correligionários

19

João Machado Gomes (1887-1974), que ficou conhecido como João da Baiana, nasceu no Rio de Janeiro um ano antes da abolição da escravatura e cresceu perto da Praça Onze, num bairro habitado principalmente por negros. Seus avós eram ex-escravos que trabalhavam numa loja do bairro especializada na venda de objetos religiosos afro-brasileiros. Sua mãe, Tia Perciliana, era ialorixá do candomblé, seu pai era maçom: ambos muito influentes na comunidade negra e bem relacionados com membros da elite branca da cidade, incluindo autoridades políticas e governamentais locais. A família promovia reuniões da comunidade, e João, desde os oito anos de idade, participava de festas em que dominavam as tradições afro-brasileiras como o candomblé, o samba de roda e o batuque, numa época em que o carnaval do Rio começava a despontar como grande atração.

Os irmãos mais velhos de João tocavam violão, cavaquinho e violino. Mas João, desde cedo, sempre preferiu o pandeiro: "Eu me dediquei ao pandeiro porque amei o ritmo. Sempre que havia um samba de roda, eu era o cara do pandeiro, e ninguém era melhor do que eu...".

Desde a adolescência, João colaborou com outros músicos negros influentes de sua época, incluindo Pixinguinha e Donga, ajudando a consolidar o então emergente samba carioca, que enfrentava o preconceito da elite branca contra a música dos negros. Mas havia o apoio de certos intelectuais, políticos e profissionais liberais mais esclarecidos: com esses havia alianças estratégicas bem estabelecidas, que amenizavam as contradições raciais.

O Senador Pinheiro sempre esteve na primeira fila dessa solidariedade aos negros e pobres, como relatou João da Baiana numa entrevista:

"A polícia nos perseguia... Um dia eu estava tocando pandeiro na Festa da Penha e a polícia arbitrariamente invadiu e me tomou o meu instrumento. Naquela noite, eu ia animar uma festa no Morro da Graça, na casa do Senador e, sem pandeiro, eu não apareci. Então, ele me mandou uma mensagem, cobrando: 'Onde é que andava o homem do pandeiro?'. Respondi, resumindo o que acontecera. O Senador achou um absurdo e pediu que eu fosse falar com ele no Senado. E então eu fui ao Senado... Conversamos bastante. Ele compreendeu a situação e disse que ia me ajudar. Ele quis saber onde se poderia conseguir outro pandeiro para mim. Eu disse a ele que o único lugar era na loja do Oscar, o Cavaquinho de Ouro, na rua da Carioca. O Senador Pinheiro, então, pegou uma folha de papel e redigiu um bilhete instruindo Oscar para me fazer um pandeiro novo. O pandeiro, como se sabe, é um instrumento musical de percussão, composto de um aro de madeira sobre o qual é esticada uma pele (de cabra ou de material sintético). Quando ficou pronto, o Senador, de próprio punho, escreveu sobre a pele de cabra do pandeiro: 'Para João da Baiana, com a minha admiração – Pinheiro Machado'."

João ficou feliz: "Se a polícia me incomodasse de novo, o Senador me disse para eu mostrar aquela dedicatória. Mas, não foi necessário: a polícia nunca mais me incomodou...".

E quando o pandeiro novo ficou pronto, João pôde apresentar o seu show para os convidados na casa do Senador, no palacete do Morro da Graça.

A descrição de João da Baiana desse incidente – revelador de uma relação respeitosa de um dos homens mais poderosos do país, o Senador, com um sambista negro e pobre – confirma a análise mais ampla das conexões interclasse que foram essenciais para a formação brasileira no início do século XX.

Assim, em contraposição a uma tendência que existia entre os ricos, favoráveis à repressão das manifestações culturais afro-brasileiras, o Senador se incluía entre os raros personagens importantes da intelectualidade, da política e das elites que cultivavam boas relações com os pobres e a comunidade negra, e defendiam suas manifestações culturais. O destaque do pandeiro num evento social da elite hospedado por um senador – e um senador da importância de Pinheiro – era significativo.

O Senador não tolerava preconceitos. O extraordinário escritor e jornalista João do Rio, negro, pobre e homossexual, vítima de preconceito e discriminação, era um fiel amigo do Senador. Intelectual de imenso valor, mereceu uma cadeira de imortal na Academia Brasileira de Letras. Foi justamente numa entrevista a João do Rio que Pinheiro previu seu assassinato.

Gilberto Amado, grande estrela da intelectualidade brasileira, membro da Academia Brasileira de Letras, inicialmente ligado a adversários e inimigos de Pinheiro, também veio a ser cativado pela personalidade marcante do Senador. E tornou-se frequentador assíduo da casa da casa do Morro da Graça, que ocupa muitas páginas de suas *Memórias*. Ali pode-se ler sua admiração genuína em relação ao Senador, pela "verticalidade da figura", alvo dos ataques da imprensa:

"A comida no Morro da Graça resumia-se num bom trivial com base em carne assada e arroz. Mas, nos doces, Nhanhã caprichava. Ressaltava, sobretudo, o doce de batatas, de tradição na casa pela glória que lhe conferira a preferência de Rui Barbosa. Bem ligado... Mas fácil ao arrebanho da colher, que enchia toda, numa embolação dourada, aguava-nos a boca antes de nos chegar ao prato. Foi em face dessa famosa sobremesa que ouvi pela primeira vez falar-se do grande baiano à mesa do grande gaúcho.

'Como o dr. Rui gostava desse doce!', exclamou Nhanhã renovando com generosidade a provisão que me servira, logo desaparecida em sôfregos sorvos de total delícia. 'Rui repetia duas, três vezes...' continuou a anfitriã.

Um comensal, lembrando de Rui, imitou-lhe a voz, churreando os ss e acentuando os ii: 'Eu gosshto muiiito de dousshe de batata.'

Todos riram. Houve em seguida um silêncio.

Pinheiro não achou graça: nas conversas comigo, ele falava de Rui como nunca falou de ninguém, não só com uma espécie de respeito religioso mas com uma ternura profunda, do íntimo. Teve, a respeito, uma frase que não esqueci: 'Quando Rui fala, eu fico mais inteligente. Rui diz o que eu quisera poder dizer'.

Outra de que também me recordo: 'Tem mais coragem até do que talento' e ajuntou depois de um silêncio:

'Se é possível...'"

O Senador acreditava na ligação entre os rituais das refeições, a descontração e a cumplicidade solidária que se estabelece instantaneamente entre pessoas que se reúnem em torno de uma mesa, desfrutando de um jantar.

"Quando alguma conversação se tornar um flagelo, mude de assunto, e passe a falar de comida" – recomendava o Senador, lembrando uma antiga norma francesa de boas maneiras.

Pinheiro teve comentadores de sua vida e biógrafos que conseguiram retratar de formas variadas a sua trajetória política. Entretanto, a vida pessoal, que foi rica e emblemática, incluindo passagens heroicas e momentos mundanos, que ajudam a esclarecer a dimensão humana do político, ficou quase sempre em generalidades de segundo plano – em parte, faça-se justiça – por causa da extrema discrição do Senador.

Gilberto Amado foi quem chegou mais perto de delinear na plenitude o perfil pessoal e existencial do personagem: aproximou-se do Senador, com ele conviveu, com amizade e afeição pelo homem, procurando compreender e respeitar o político, deixando algumas instigantes páginas sobre o seu convívio na casa do Morro da Graça e na fazenda no interior do estado do Rio.

A história é fundamental para o homem: é a "explicação das aves que o comem", no verso de Paulo Mendes Campos. Até os detalhes, pequenos e insignificantes, são fundamentais, afinal, como se sabe, na frase de Albert Einstein (que muitos atribuem ao arquiteto Mies Van Der Rohe), "Deus está nos detalhes". A recuperação de todos os detalhes de nossa "escura debandada para a morte" é a razão de ser da história.

Vargas Llosa lamentou que seus antigos compatriotas, os incas, não tenham deixado história: quando morria o imperador, morriam com ele não só suas mulheres e concubinas, mas também seus intelectuais. Os "amautas", ou homens sábios, aqueles que registravam as histórias e feitos do soberano, eram trucidados pelo novo inca que assumia o poder e substituídos por "uma corte reluzente de novos sábios", encarregados de recontar a história oficial, como se tudo de bom fosse obra do novo soberano: os antecessores e a memória dos antecedentes seriam tragados pelo esquecimento.

Penso nessa trágica lembrança que deixou os incas sem história, lembrando Pinheiro Machado e os detalhes significativos do dia a dia do Senador. A mesa farta do palacete do Morro da Graça, sempre com lotação completa de convidados, era o território onde se decidia grande parte dos destinos do país. Mas, afora o saboroso trivial variado de Nhanhã e o doce feito por ela que encantava Rui Barbosa, há detalhes curiosos da mesa mais disputada e mais decisiva da Primeira República.

A preocupação histórica em relação aos cardápios e detalhes do Morro da Graça faz lembrar alguém que deixou uma história exemplar: Antonin Carême (1783-1833). Filho de pais indigentes, que o abandonaram, começou como auxiliar de cozinha num restaurante barato em Paris, em troca de cama e comida. E dali construiu uma carreira: Carême foi o chef de cozinha favorito de Napoleão Bonaparte – antes e depois da queda –, do czar Alexandre da Rússia, dos reis ingleses, da família Rothschild e de toda a elite europeia.

Inventou o suflê, o merengue, o molho bechamel, a massa folhada e dezenas de outros milagres de forno e fogão. Inventou até mesmo o chapéu de chef de cozinha, que usava como coroa legítima de rei: além de cozinheiro dos reis, não por acaso, ficou conhecido como o "rei dos cozinheiros". Carême foi "descoberto" por Talleyrand, Charles-Maurice de Talleyrand-Périgord (1754-1838), que foi bispo, político e diplomata francês, mas sobretudo um mestre da sobrevivência política, quatro vezes ministro dos Negócios Estrangeiros e primeiro-ministro da França. Demonstrou toda sua capacidade de sobrevivência política ao ocupar altos cargos em situações tão diversas como o governo revolucionário francês, o Império de Napoleão Bonaparte, durante a restauração da monarquia da Casa de Bourbon e sob o rei Luís Filipe. Talleyrand, ao valorizar a potencialidade de Carême, mais do que um patrão ou patrocinador, foi um benfeitor: incentivou-o a produzir um novo e refinado estilo de gastronomia, usando ervas e vegetais frescos, simplificando molhos com o uso de menos ingredientes. Talleyrand foi mais longe e estimulou Carême a escrever. Assim, a vida e a obra do maior cozinheiro de todos os tempos estão disponíveis nas boas prateleiras do mundo: até hoje é lembrado – porque deixou um legado escrito. Assim seu mérito vai além do privilégio daqueles momentos fugidios de glórias e gloríolas diante dos figurões deslumbrados, enfastiados e extasiados com seus quitutes.

Em cadernos bem organizados, Carême deixou para a posteridade não só o passo a passo de suas criações culinárias, mas também observações e curiosidades sobre os salões e as cozinhas do seu tempo. Seus livros têm reedições sucessivas até hoje. Folheando essas páginas, ao acaso, encontro uma frase: "O talento de dar o toque supremo à elaboração mais modesta, tornando-a elegante e correta, será sempre o complemento indispensável à sabedoria técnica".

Essa recomendação vale para o prestígio de uma cozinha, mas também para o destino de um país.

Ao contrário dos incas, Carême teve o talento e o empenho de escrever, relatando com vivacidade e graça a História e as histórias: das receitas, dos comilões e dos incansáveis trabalhadores que davam vida – e muitas vezes a própria vida – aos fornos e fogões. Carême teve mais esta virtude: além do olho atento ao ponto dos suflês e aos lances diplomáticos dos salões, não esqueceu os infortúnios dos criados, criticando as péssimas condições de trabalho das cozinhas: o próprio Carême acabou sendo envenenado pela fumaça do carvão com que trabalhava em seus fogões.

Na verdade, a boa culinária sempre foi uma sutil e decisiva arma política. Numa comprovação da importância da boa mesa nas delicadas engrenagens da engenharia política, a mesa de Talleyrand, com a arte de Carême, ficou famosa nas negociações depois da queda de Napoleão, no Congresso de Viena. Encerrado o congresso, o mapa da Europa e o gosto culinário do continente estavam transformados.

Quantos momentos decisivos da história francesa foram decididos à mesa, com os quitutes que se incorporaram à história da culinária! A boa mesa, na verdade, sempre esteve intimamente relacionada com a alta política. Foi o caso de Talleyrand, recolhendo os cacos do orgulho francês depois da derrota de Napoleão em Waterloo, tentando ampliar o apoio à coroa, no século XIX. Talleyrand, o príncipe dos diplomatas, que dominava a mágica da boa mesa, conseguiu o surpreendente apoio da oposição ao rei Luís XVIII num jantar com o terrível Fouché, o homem rude e vulgar que comandou o terror na Revolução Francesa. Talleyrand serviu-lhe um vinho extraordinário, e Fouché, sem compreender o tesouro que tinha na taça, preparou-se para beber de um trago, como fazia no balcão de um bar com um copo de aguardente.

Com a maior elegância possível, Talleyrand interrompeu-o, segurando seu braço:

– Este vinho deve ser, antes de tudo, saboreado com o olhar. Observe o matiz púrpura!

Fouché suspirou:

– E depois?

– Depois, o olfato: sinta o suave aroma de frutas silvestres...

Fouché exasperou-se:

– Tudo bem... E depois?

Talleyrand continuou imperturbável:

– Deixe a taça na mesa, sem tocá-la e em silêncio.

Fouché chegou ao limite da ansiedade:

– E agora?!

Talleyrand, solene, completou:

– Agora, fala-se sobre o vinho.

O Senador não tinha esse exagerado cerimonial, mas seus vinhos, servidos a convidados escolhidos, eram inatacáveis.

Da mesma forma, podemos imaginar quantas decisões da Primeira República foram adotadas na mesa farta e variada do Morro da Graça, com o já mencionado saboroso trivial variado de Nhanhã e o doce feito por ela que encantava Rui Barbosa.

No Morro da Graça, que era o templo do Senador, a comida e a bebida eram acessórios indispensáveis aos grandes debates e às amáveis ou, às vezes, desagradáveis conspirações *sotto voce*. Em geral, os debates e as articulações em voz baixa eram reservadas para os momentos da sobremesa, do café e dos charutos idealmente em torno de uma improvável lareira, na intimidade da biblioteca.

Hoje, entre nós, em matéria de comida e boa mesa, há uma rebelião (que seria bem-vinda ao Senador, que adorava um trivial bem feito) desafiando aquele altar inacessível outrora reservado aos especialistas, aos chefs de temperos inescrutáveis e papo difícil.

Na campina dos iguais, o Senador era um rigoroso fiscal do ponto do filé, da crocância das batatas fritas, do frescor das folhas de alface, o corte e a cor das fatias de tomate (os vegetais deveriam ser regados com limão e azeite de oliva de boa procedência), nesse campo aberto franqueado a todos nós que gostamos da boa mesa.

Michel Roux foi quem definiu melhor, ao Senador e a muitos de nós, como o Almirante Vasco Marques, que sempre acreditou que, "na mesa ninguém envelhece": "Nós somos uma espécie de família que gosta de falar sobre o jantar, quando ainda está comendo o almoço".

Nessa "espécie de família", como ocorre em todas as famílias, tem de tudo. Desde aqueles ilustres permissivos, como o grande Rossini, que comia sem culpa, ao som de boa música, cobrindo seus excessos alimentares com metáforas poéticas: "Comer bem, amar, cantar e ter uma boa digestão – esses são os quatro atos da ópera que chamamos de vida".

Mas também temos os exemplos quotidianos de má consciência: "Ah, eu poderia não ter comido aquela segunda empada... Oh, eu deveria ter recusado aquela sobremesa de ovos moles com creme...".

O oposto desses comilões culpados foi o Reverendo Sydney Smith, que sempre pedia a segunda empada, e jamais cogitou recusar a sobremesa. Nas suas memórias, com uma ponta de orgulho, ele fez uma espécie de balanço de uma vida gulosa, ao calcular "com muita precisão" que, entre os dez e os setenta anos de idade, comeu "aproximadamente 44 vagões de carga de comida a mais do que seria aconselhável".

Orson Welles, que deve ter consumido em sua magnífica existência um comboio semelhante, tinha uma razão altaneira contra a dieta: "Recuso-me a sacrificar o apetite no altar da aparência".

Essa atitude de vida (ou será uma concepção de mundo?) foi sintetizada na rude mas expressiva imagem de James Beard: "Um gourmet que conta calorias é como uma prostituta que olha o relógio durante seus afazeres".

Por certo, nenhum contemporâneo daqueles anos agitados retratou melhor a figura humana do Senador do que um dos convidados mais assíduos da boa mesa do Morro da Graça: com toda justiça, Gilberto Amado, talvez o jornalista e escritor brasileiro de maior prestígio e popularidade nas primeiras décadas do século XX, que conviveu no período áureo do prestígio de Pinheiro Machado.

Gilberto de Lima Azevedo Sousa Ferreira Amado de Faria (1887-1969) – que ficou conhecido simplesmente como Gilberto Amado – foi membro da Academia Brasileira de Letras, advogado, diplomata, jurisconsulto, escritor, jornalista e político, vinha de uma família de escritores, na qual se incluem seus irmãos Genolino, Gildásio e Gilson, além de seus primos, os irmãos James e Jorge Amado.

Nos primeiros quinze anos do século XX, ainda bastante jovem, Gilberto Amado ganhou boa fama como jornalista no Rio de Janeiro. Sua ascensão profissional de jornalista e escritor coincidiu com o auge do prestígio e da atuação parlamentar do Senador Pinheiro Machado.

Na maior parte desse longo período, Pinheiro presidiu o Senado e liderou o Partido Republicano, com a mistura bem medida de combatividade e paciência, temperadas de ironia e esperteza. Tornou-se a estrela do Senado, o que fez crescer o ódio silencioso de seus rivais e antagonistas – salvo Rui Barbosa, que não era inimigo, mas leal adversário em questões pontuais.

No livro *Mocidade no Rio*, Gilberto Amado – o "gênio verbal" enaltecido por Carlos Reverbel – oferece um saboroso relato do primeiro encontro: ele tinha uma admiração distante em relação ao Senador Pinheiro, que se tornara uma celebridade no Rio. Tomou coragem e decidiu bater à sua porta:

"Podia simpatizar com o homem, não com o político. Minhas ligações em Sergipe fixavam-me, aliás, em lado oposto ao dele. Vincava-me, porém, a imaginação, a verticalidade da figura, alvo dos ataques da imprensa. [...] Esses o viam apenas como o 'sátrapa', o 'régio', o 'César caricato', o usurpador do poder que não lhe pertencia; viam no general dos pampas apenas o 'Pente-Fino' da campanha do sul; mostrando-o à execração pública como o pior do péssimo, viravam-no em manipanço de entremez, apalhaçavam-no em desfigurações de caricatura."

Gilberto Amado não se deixara impressionar pelo ódio dos inimigos do Senador. Tinha curiosidade de conhecê-lo, muito impressionado pela sua biografia em que brilhavam, desde muito jovem, a coragem e a determinação.

Os lances heroicos da história pessoal do Senador, temperados com um toque de romantismo, empolgavam Gilberto Amado e atraíam sua simpatia:

"Sabia da ação que desdobrara na propaganda da república, da amizade que inspirara a Júlio de Castilhos, da sua atitude contra o golpe de Estado de Deodoro, que quis e não pôde evitar, da sua atuação na guerra civil, sua bravura no campo e atilamento no apresto e organização da tropa e no governo das operações de guerra, seu descortino e o magnetismo da sua pessoa para quem se voltavam na hora difícil os comandados, descobrindo nele o chefe nato. Não o podia ver da oposição, como ela o representava – simbolização de todos os erros, personificação de todos os crimes, soma execrável de todos os vícios da época, confluindo nele como num estuário horrendo. Não podia por outro lado divinizá-lo, erguê-lo a um tabernáculo como faziam os artigos do jornal *O Paiz*, os correligionários da política e da imprensa, os partidários de boa ou de má-fé. Entre a escuridão em que uns o enegreciam e o claror com que outros o douravam, mediava no meu espírito uma zona pictural em que escuro e claro se fundiam plasmando na figura máscula do indivíduo uma esplêndida realidade humana. Avistara-o, uma vez, a pé, passando com um amigo na Avenida; outras, presidindo no Senado ou orando, a mastigar em frases lentas, os olhos semicerrados, a fronte erguida, os braços imóveis, os lugares-comuns do linguajar republicano. Nada de ressaltante, de significativo, de especial. Lugares-comuns, sim, mas que dir-se-iam conter alguma coisa de próprio como expressão do homem, raso, vasqueiro, mas autêntico na sua compleição a que não apunha verniz ou ornato postiço."

E Gilberto Amado destacava um fato essencial a valorizar a figura do Senador que, no século XXI, tornou-se raro na política: "a limpeza em relação a dinheiro".

Com esse estado de espírito, depois de muito refletir e vacilar, Gilberto Amado dirigiu-se ao mítico Morro da Graça: seria seu primeiro contato com o Senador Pinheiro, a maior estrela da política brasileira das duas primeiras décadas do século XX. Estava bastante nervoso:

"Minha visita ao Morro da Graça era, pois, gratuita: simplesmente agradecer ao leitor eminente de meus livros e artigos a simpatia que manifestava não só através de João Lage [diretor do jornal *O Paiz*, favorável a Pinheiro] como por intermédio de outros. Era uma manhã dessas de começo de ano em que o sol come as ruas, nos azunha o rosto e nos crava os dentes no cangote. Subi a ladeira arfando, já arrependido da resolução. Era uma fraqueza. 'Para quê?' Parei no meio da subida. 'Que vou fazer lá?' A goma do colarinho, na aguadia em que eu me alagava, tornara-se papa. Galguei os últimos lances. 'Vamos ver!'..."

Quando se aproximou da casa, viu que o Senador estava se despedindo de visitantes e preparava-se para fechar a porta. Ofegante, Gilberto apurou o passo na subida da escadaria. Foi um tumulto:

"Precipitei-me para subir os degraus antes que ele fechasse a porta. Ia bater-me com ela à cara mas sobresteve-se, jogando com desdém e enfado um sequíssimo e duro:

– O que quer?

Soltei um grito esganiçado:

– Que quer... o quê? Isto é modo de receber alguém?

E dei de costas para pular os degraus e partir ladeira abaixo. Então... Senti-me seguro e amassado nos ombros, por duas mãos firmes.

– Quem é Vosmecê?

Desembuchei o meu nome e ajuntei encarando-o:

– Disseram-me que o senhor queria me conhecer.

– Oh, carinho! Vosmecê! Tão pequenino! Entre! Venha!

Foi me levando para dentro.

– Vou mandar chamar Nhanhã. Ela também quer conhecê-lo.

Quando, minutos depois, desceu a loura e atlética senhora, ele interrompeu a conversa em que já tínhamos mergulhado e disse, apontando para mim:

– Olhe, Nhanhã, o Gilberto Amado.

Levantou-se para passar à outra sala, a do bilhar, onde o esperavam, e disse:

– Tome conta dele. Ele é brabinho..."

"Brabinho..." A ironia sutil do Senador... No caso foi uma forma bem-humorada de acolher Gilberto Amado, que aceitou-a como gesto de boas-vindas. A partir desse primeiro encontro, foram frequentes as visitas, que Gilberto Amado sempre recordou com saudade:

"Dessas manhãs do Morro da Graça guardo também o espetáculo de homens feitos, deputados ou senadores, acercarem-se de Pinheiro, sentado, as pernas cruzadas, pitando o cigarro de palha, como meninos do mato em Itaporanga perante a professora.

– Olá, amigo! Que me diz Vosmecê? – exclamava Pinheiro fazendo o homem sentar-se junto a si.

Muitos vinham ali duas, três vezes, ficavam em pé nos cantos, esperando o sinal de cabeça, para se aproximarem. Partiam, sem ter podido chegar a um metro de distância do Senador. Voltavam. Partiam outra vez, sem haver logrado entrar no raio visual do anfitrião que os ignorava completamente e cujos olhos resvalavam por eles sem se deter."

Era uma época de grandes conflagrações, às vésperas da Primeira Guerra Mundial, em que Alemanha enfrentaria pela primeira vez os Aliados. Gilberto Amado observou debates que, muitas vezes, transbordavam:

"Lembro-me de um episódio penoso, numa dessas manhãs. No início da guerra, Nabuco de Gouveia, deputado, presidente da comissão de diplomacia, atacara na véspera, de maneira cruel, um colega germanófilo que se achara em lamentável postura na Câmara ao pronunciar um discurso contra os aliados e a favor da Alemanha, apupado, achincalhado, pela quase totalidade da casa. Nabuco, francófilo exaltado, tomara a palavra para, em frases atrozes, espezinhar o homem amarrotado.

– Isso não se faz... – disse logo Pinheiro ao representante rio-grandense no momento em que ele se aproximou. – Vosmecê andou mal... Não se bate num homem caído... É covardia! O primeiro dever do combatente é respeitar o inimigo abatido! Ele já estava por terra... Vosmecê pisou no cadáver. Foi feio!"

20

O Senador gostava de receber amigos e políticos para o almoço e, eventualmente, para o jantar. Era sempre um acontecimento. O trivial simples e saboroso da mesa da casa do Morro da Graça, destacado e saudado por Gilberto Amado, deve ser visto como um triunfo da boa gastronomia.

A mais importante cronista de gastronomia da Inglaterra em todos os tempos, Elizabeth David, escreveu um livro memorável sobre a simplicidade e a perfeição dos prazeres fundamentais da mesa, que tem o título sugestivo: *Uma omelete e um copo de vinho*. Nesse volume substancial, Elizabeth recorda Madame Poulard, uma cozinheira do interior da França que ficou famosa fazendo exatamente o que parece mais simples, quase prosaico: uma omelete, que levou muitos gourmets e gourmands a viajarem à França para saborearem a famosa elaboração culinária. Durante muito tempo, houve debates empolgados sobre qual seria o "segredo" de Madame Poulard para fazer sua extraordinária omelete. A excelência daquela iguaria parecia um mistério insondável. Até que um renomado crítico de gastronomia escreveu a ela, pedindo que esclarecesse seu método.

Elizabeth David reproduz a primorosa resposta de Madame: "Começo quebrando uns ovos numa tigela. Ponho uma pitada de sal e bato bem as claras e as gemas, juntas, até obter uma mistura homogênea. Depois, numa frigideira bem quente, derreto um pedaço de manteiga e despejo os ovos batidos para fritar bem.

Perdoe, caro senhor, se o decepcionei com a simplicidade do meu método, mas é bem assim que faço a omelete."

A absoluta falta de mistérios talvez fosse o segredo indecifrável.

Madame Poulard tinha um restaurante no Mont Saint--Michel, na França, que, desde sempre, atraiu milhares de turistas todos os anos. É claro que o pretexto dos turistas sempre foi ver o castelo medieval que, na maré alta, fica ilhado no mar. Mas, quando fui até lá, percebi que metade do encanto era sentar no restaurante de Madame Poulard, pedir um copo de vinho e a omelete simples, sem igual no planeta.

E foi justamente essa simplicidade verdadeira do Senador, dos almoços e encontros na casa do Morro da Graça, que encantavam Gilberto Amado, tornando-o um amigo e protegido de Pinheiro Machado. Frequentador assíduo da casa, relatou em seus livros, com brilho e graça, os acontecimentos importantes ali vividos por seus ilustres personagens. Depois das conversas muitas vezes sussurradas, chegava a hora da boa mesa que Gilberto Amado recorda com saudade e bom humor:

"O almoço no Morro da Graça oferece-me lembranças muito animadas, vivas. Pinheiro sentava-se à cabeceira dando a esquerda a Nhanhã. O lugar de honra era, pois, à esquerda desta. Várias vezes, Pinheiro que designava os lugares às pessoas, me fez sentar ao lado dela. À sua direita era colocado o convidado com quem deveria ele entreter-se especialmente durante a refeição. Pinheiro trazia na mão uma garrafa de vinho que colocava no chão ao pé da sua cadeira e do qual servia ele próprio àqueles que queria distinguir. Quando um destes se achava distante da cabeceira, levantava-se e ia, ele próprio, encher-lhe o copo. Os demais eram servidos pelo copeiro de um vinho ordinário, o 'zurrapa', como dizia Pinheiro. Às vezes um dos presentes, um dos seus sobrinhos, vinha do seu lugar com o copo na mão pedir do vinho especial.

Era-lhe em geral recusado. A garrafa já estava segura nas mãos de Pinheiro que, com toda a simplicidade, dizia:

'Este não é para Vosmecê. Contente-se com o vinho zurrapa!' – e brandia a garrafa. Havia risadas. Mas o anfitrião não cedia."

O Senador apreciava bons vinhos, vinhos de primeira classe, mas não se preocupava com elucubrações ou definições sobre o que bebia. Preocupava-se em "proteger" com uma espécie de ciúme egoísta aquela garrafa favorita, reservada a ele e a uns poucos eleitos que, no sentimento do Senador, poderiam apreciar devidamente o que bebiam. O "zurrapa" era destinado para os que bebiam o vinho com descaso, como se fosse água ou suco, apenas por ostentação ou esnobismo.

O Senador tinha uma preferência especial por um vinho francês, o Château d'Yquem. E sua safra favorita, aquela garrafa que ele destinava apenas para amigos especiais, era a safra de 1898.

O Senador tinha razão na sua avareza vinícola. No final do século XX – mais de sessenta anos depois da morte do Senador –, numa degustação que ficou famosa, uma garrafa de Château d'Yquem de 1898 (o vinho que ficava ao pé da mesa do Senador) conquistou 18,2 sobre 20 pontos (20 pontos é a pontuação máxima nas degustações de vinhos), o que o júri, formado pelos mais destacados degustadores da França, considerou "uma proeza", pois em 1898 a primavera francesa foi excepcionalmente fria e pôs a perder parte da safra.

A história justifica a avareza de Pinheiro, destinando o "vinho zurrapa" àqueles que não teriam condições de valorizar um vinho de primeira classe: o seu vinho favorito foi consagrado, quase um século depois, na "mais fabulosa degustação jamais realizada no mundo", para usar a frase de perplexidade da revista francesa *Gault et Millau*. O cozinheiro belga Pierre Wynants, na euforia dos anos 1980, reuniu doze privilegiados durante três dias para beber uma coleção do prestigioso vinho Château d'Yquem, safras entre

1867 e 1980, acompanhando inesquecíveis almoços e jantares. O Château d'Yquem é produzido na região francesa de Sauternes, nas propriedades da família Lur-Saluces, que ali se estabeleceu há mais de duzentos anos. A área de cultivo ocupa os mesmos 180 hectares de dois séculos atrás e, desde então, não apenas a qualidade rigorosamente superior foi mantida: o formato da garrafa e o rótulo do Château d'Yquem de 1867 permaneceram idênticos até o vinho de 1980, o mais jovem que foi submetido à degustação.

"Resistimos a todos os modismos", comentou na ocasião o conde Alexandre Lur-Saluces, responsável pelo vinhedo, que participou da degustação com uma conduta surpreendentemente imparcial: embora se tratasse dos seus próprios vinhos, foi o mais rigoroso dos provadores, dando as notas mais severas. O maior destaque de todos foi uma garrafa de 1947, considerada "memorável" pelo júri de degustadores: conquistou 19,3 pontos num máximo de 20 pontos possíveis. Comprovando que nem sempre o vinho mais velho é o melhor, uma garrafa de 1892 ganhou apenas 13,4 pontos em 20, com uma reprimenda do júri: "Yquem teve anos melhores do que este". Château d'Yquem é um vinho branco ao qual o tempo confere uma cor âmbar característica. É licoroso, de bouquet pronunciado, algo frutado – e leve, apesar do teor alcoólico relativamente alto (chega a treze graus). Algumas das garrafas mais antigas oferecidas ao júri de degustadores estavam cotadas em milhares de dólares pela casa de leilões Sotheby's de Londres. O custo é elevado devido à alta seleção e ao processo de amadurecimento complexo, que inclui até o "apodrecimento" da baga por uma larva especial. O aproveitamento real, isto é, o "rendimento" da uva colhida, é de uma cepa (um tronco de videira) para cada copo: "Impossível vender um vinho desses a preços democráticos", desculpou-se o conde Alexandre durante a degustação.

Por certo, o Senador aceitaria as desculpas do conde. Quando o Senador Pinheiro agia de forma egoísta, destinando o vinho "zurrapa" àqueles que bebiam distraidamente qualquer líquido que lhe derramassem no copo, não era, por certo, por avareza. Os grandes vinhos merecem os cálices dos verdadeiros apreciadores.

Essa sutil diferença entre os verdadeiros apreciadores do vinho e os que bebem distraidamente ou aqueles fingidores que se fazem de entendedores, apenas para se exibir, está magnificamente definida no livro *Histórias do vinho*, publicado pela L&PM, em 1980. O texto impecável de abertura, "O gosto do vinho", de autoria do jornalista e publicitário Armando Coelho Borges, tem tudo a ver com a relação do Senador Pinheiro Machado com o prazer de um copo de vinho:

"Podem os enólogos e peritos dizer o que disserem, continuo achando que um vinho bom não se descreve. Analisar é outra coisa. Decompor em laboratório, é possível. Separar um ou outro elemento, muito fácil. Mas e daí? Como reunir depois a todos para reproduzir a sensação do seu gosto? A linguagem fica a quilômetros de distância. Só bebendo. É a definição ostensiva, não há outro jeito. E com a boa música dá-se a mesma coisa. O pessoal que pensa que descreve vinhos tem uma linguagem pedante que informa tanto sobre a bebida quanto um copo vazio. Falam de aroma penetrante. Consistência aveludada. Áspero. Desequilibrado. Redondo. A gente se espanta e chega a pensar: mas será que tomei tudo isso? Sendo o paladar um liberador de emoções, eu posso dizer que o merlot recende à tarde morna, dessas de pátio ensolarado, espremido entre a areia quente e o céu limpo, tendo como única nuvem a sombra da vergamoteira. Já o cabernet sugere bruma, madeira seca para ir ao lume, premonição de inverno no abrigo da intempérie. Outros evocarão sensações diferentes. E o problema passa a ser subjetivo. Na falta de palavras exatas deve-se preferir o silêncio. Certa feita estive na Granja União e na Vinícola Rio-Grandense, reunido na companhia agradabilíssima dos especialistas da uva e do vinho Danilo Callegari, Mário Pasquali e Onofre Pimentel. A tarde caía e nós, no laboratório, a falar e a falar de vinhos. Até que o Mário abriu uma safra antiga e excepcional de cabernet, que fora provada e aprovada pelo grande escritor e entendedor de vinhos Paulo Duarte. Bebemos em respeitoso silêncio. E se a minha memória gustativa ainda hoje guarda a sensação daquele vinho, não poderia descrevê-lo além da revelação de que era delicioso. Ao contrário das bebidas de efeito (como os destilados em geral) que nada dizem ao paladar e sim ao ânimo, é uma bebida de gosto que conjuga os dois fatores de modo admirável. Só que o prazer de tomá-la não tem qualquer semelhança com a descrição mais poética ou exata que se possa fazer a seu respeito. Não chego, entretanto, ao extremo de considerar supérfluas as literaturas sobre vinho. Um livro desses pode ser muito útil. Ao folheá-lo nos lembramos que podemos deixá-lo de lado, para retomar, sem intermediários, apenas munidos de saca-rolhas, o velho ritual de magia, sabor e encanto."

Em relação àquele vinho que colocava no chão ao pé da sua cadeira e do qual servia ele próprio àqueles que queria distinguir – por certo o Senador esperava reviver "o velho ritual de magia, sabor e encanto".

A mesa, para dezoito ou vinte pessoas, estendida de um lado a outro, era quase sempre cheia, de ponta a ponta, na hora do almoço.

Na sobremesa, aparecia Flores da Cunha, "então na plenitude da sua varonil beleza" – na frase de Gilberto Amado. O gaúcho José Antônio Flores da Cunha, afilhado político do Senador, se tornou deputado federal pelo Ceará porque, muito jovem, em função de fofocas políticas, foi excluído da nominata de deputados federais do Rio Grande do Sul. Entretanto, Pinheiro era grande amigo do Padre Cícero que, atendendo um pedido do Senador, incluiu seu protegido Flores da Cunha na nominata dos deputados federais do Ceará: conta a lenda que, entretanto, durante o mandato, Flores nunca esteve lá.

José Antônio Flores da Cunha teve uma vida longa. Morreu no dia em que completaria oitenta anos, em 4 de novembro de 1959. Bem diferente da morte que desejava – "como um puro-sangue, na pista, ou no ato supremo do amor": morreu devido a um problema cardíaco. Reconhecido como caudilho, teve uma vida marcada por aventuras, por disputas políticas e pelo amor às mulheres e às corridas de cavalo.

Como político, além de deputado federal pelo Ceará, eleito com o apoio do Padre Cícero, foi deputado estadual no Rio Grande do Sul, senador e governador gaúcho por sete anos (1930-1937).

Na condição de combatente, Flores participou de todos os movimentos armados que agitaram o Rio Grande do Sul e em grande parte dos conflitos de dimensão nacional, nas décadas de 1920 e 1930. Encerrou o que chamava de "carreira de guerreiro" atuando no impedimento dos presidentes Carlos Luz e Café Filho, em 1955, quando apoiou o golpe legalista do marechal Teixeira Lott.

Seis meses antes de morrer, Flores da Cunha concedeu sua última entrevista, ao jornalista Nilo Ruschel, da Rádio da Universidade do Rio Grande do Sul. Em julho de 1971, o *Coojornal* (de saudosa memória) publicou os principais trechos do depoimento. Entre outras pérolas, Flores declarou que durante a vida tinha desperdiçado muito dinheiro "com mulheres ligeiras e cavalos nem tanto". Na entrevista, elogiou Júlio de Castilhos ("ídolo da minha geração") e Osvaldo Aranha, desqualificando a atuação de Getúlio Vargas na Revolução de 1930:

"O grande articulador da Revolução de 1930 foi o doutor Osvaldo Aranha. O doutor Getúlio foi parte mínima, porque até o último momento nós desconfiávamos que ele queria recuar, mas todos o tínhamos como que 'acicatado', eu não quero dizer 'esporeado', porque fica muito forte."

As palavras mais carinhosas de Flores da Cunha, nessa última entrevista, foram dedicadas ao Senador Pinheiro Machado: "Do ponto de vista prático, patriótico, e como visão política, além de Júlio de Castilhos, o outro maior foi o Senador José Gomes Pinheiro Machado. Vivi muitos anos junto com ele. Depois de meu pai, foi meu melhor amigo".

A sinceridade dessa declaração se comprova pelo seu desespero depois do assassinato do Senador: nunca se conformou com a "forma simplificada" como foram encerradas as investigações sobre os verdadeiros mandantes. Tinha certeza de que o Senador fora assassinado por uma conspiração silenciosa, que usara o braço de um marginal para a punhalada fatal. Revoltava-se quando "os velhos inimigos" – como ele dizia – se contentavam com a explicação oficial sobre o crime. Mobilizou-se, contatando com autoridades policiais, militares, parlamentares, inutilmente. Junto com essa dor, o então jovem deputado Flores da Cunha guardou as melhores lembranças. Na convivência, Flores partilhava com o Senador o prazer do fumo. Nos salões, acompanhando boa bebida, os vagares de um charuto acompanhavam as longas conversas dos dois gaúchos. Nas campereadas, nas grandes marchas tropeando pelo interior, o cigarro palheiro era a escolha favorita: o fumo lentamente enrolado em palha especial, uma preferência antiga do Brasil profundo.

Numa época em que não havia campanhas contra o fumo, o palheiro dividia as preferências com os charutos. Em certas noites menos movimentadas no Morro da Graça, depois que os convidados se retiravam era o momento dos charutos, partilhado com os "da casa": Flores da Cunha quase sempre e, às vezes, Gilberto Amado e algum outro membro da minúscula e selecionadíssima confraria dos amigos "do peito", como dizia Pinheiro.

Tudo pronto para o ritual dos poucos eleitos, o Senador trazia a caixa de charutos cubanos, sempre da marca Partagás, e a garrafa de *cognac* Hennessy. Eram preferências antigas, que o Senador herdara do pai, o dr. Antônio, que tivera breve convivência com a figura ímpar do cubano Dom Jaime Partagás, que, em 1845, deu seu nome a uma marca de charutos cubanos, que cruzou o século XX e ingressou no século XXI como uma das marcas insuperáveis da região de Vuelta Abajo, de Cuba.

Quem viaja a Cuba logo fica sabendo: a fábrica mais famosa de "Habanos", como são conhecidos os charutos cubanos elaborados em Vuelta Abajo, é a Partagás. Está situada no número 520 da Calle Industria, exatamente atrás do Capitólio de Havana, em pleno centro da cidade.

Conta a lenda que Dom Jaime era particularmente "apaixonado pela beleza feminina". Homem muito rico, era proprietário de diversas "vegas" (como são chamadas, em Cuba, granjas de cultivo do fumo). Nas visitas frequentes às suas propriedades gostava da companhia de belas mulheres.

Amores, ciúmes e vingança estão relacionados com o assassinato desse inigualável artista da charutaria: um marido traído não gostou de descobrir sua jovem esposa numa dessas alegres excursões, e Dom Jaime foi encontrado morto numa manhã, "envolto em misteriosas circunstâncias, numa de suas vegas" como veio a ser oficialmente relatado.

Entretanto, morto Dom Jaime Partagás, sua obra resiste ao tempo, às modas e às mudanças políticas: a fábrica criada por ele em 1845, desde então sempre figurou entre as prestigiosas marcas de "Habanos". Como dizem os orgulhosos sucessores de Dom Jaime: "Un Partagás es inmediatamente reconocible por su rico e intenso sabor. El carácter de su ligada, compuesta de tabacos de tripa y capote seleccionados, procedentes de la zona de Vuelta Abajo, es de una riqueza y aroma inimitables."

O Senador, junto com os amigos Flores da Cunha e Gilberto Amado seguidamente desfrutavam dessa camaradagem, em silêncio, observando a fumaça azulada do autêntico Partagás.

Essa espécie de carinho de filho de Flores da Cunha em relação ao Senador era muito semelhante ao sentimento expressado por Gilberto Amado em comovida reminiscência:

"De todas as afeições que aqueceram com seu estímulo e simpatia os meus começos nenhuma sobreleva em inexplicabilidade a que me votou Pinheiro Machado. Os meus íntimos sabem até que extremos se mostrou essa afeição em momentos difíceis da minha existência.

Logo no primeiro período da nossa convivência não se limitou ele à exaltação pública dos meus dons intelectuais, ao elogio dos meus escritos, os quais, mais de uma vez leu, na minha presença, em voz alta, à sua roda, em sua casa, comentando-os com a saborosa originalidade do seu linguajar. Em vários ensejos falou-me da minha situação financeira insistindo em saber como me desembrulhava eu com o que ganhava. Diante da minha recusa de todo emprego público, apresentou-me a mais de um dos seus amigos capitalistas para que me admitissem nas suas empresas.

Sempre que abria um embrulho de gravatas que comprara ou que recebia de presente, exclamava:

– Escolha uma!

Como se fosse um rapaz ou um colega de faculdade, num gesto moço, bradou uma vez quando eu segurei uma no molho:

– Esta não! Esta é minha! – ele disse e passou-me outra.

Notando minha falta de entusiasmo por essa, deu-me afinal a sua:

– Leve esta mesmo!

Outra ocasião deu-me de presente umas abotoaduras de ouro, que ele usava sempre e pareceu-lhe que meu olhar se demorava sobre elas...

– Vosmecê gostou... Aí as tem! – disse-me, passando-me no encontro seguinte o pacotinho em papel de seda em que as abotoaduras foram cuidadosamente embrulhadas à minha espera.

Evocando essas preferências de tantas formas manifestadas, não posso atribuí-las a causas definidas, senão a uma dessas numerosas razões que nos escapam e que tanto enriquecem aquele rol de coisas inacessíveis a nosso conhecimento de que falava Shakespeare pela boca de Hamlet."

Por tudo isso, da intensa convivência no Morro da Graça, ficou para o escritor Gilberto Amado uma saudade que o acompanhou pela vida. Com a morte de Pinheiro Machado, também a casa do Morro da Graça morreu, com os momentos inesquecíveis do convívio e da camaradagem.

Uma das célebres recepções no Morro da Graça

21

Nos combates diários da política, além da tribuna no Parlamento, o Senador teve duas trincheiras: a casa do Morro da Graça, no Rio de Janeiro, e a fazenda Boa Vista, em Campos, estado do Rio, onde recebia amigos e companheiros mais chegados para costurar acordos e decisões importantes: ali eram os momentos de recolhimento, o reencontro com a vida rural, as cavalgadas em campo aberto que faziam parte da sua formação.

Nessa fazenda de Campos, depois da morte do Senador, ocorreu um fato fundamental, muitos anos depois: ali começou a história do petróleo brasileiro.

O palacete do Morro da Graça foi reconstruído no final do século XIX sobre as fundações de uma antiga residência ali existente da família Rozo. Em 1878 foi adquirido pelo comerciante Manoel Fernandes da Cunha Graça, que deu o nome ao Morro da Graça.

Localizada nas Laranjeiras, no Rio de Janeiro, a casa serviu de residência de Pinheiro de 1897 até o dia da sua morte em 8 de setembro de 1915. Enquanto o Senador ali viveu, a casa foi um dos principais pontos de debate e de decisão da vida política brasileira. Conforme dito anteriormente, a casa tornou-se um centro político fundamental da chamada Primeira República, atraindo os políticos e autoridades de maior destaque: era o lugar em que surgiam decisões de importância para o país.

"Ali, Pinheiro Machado reinou como a grande figura da República brasileira, republicano engajado na luta pela Proclamação da República, desde os primórdios da propaganda republicana, constitucionalista de 1891, herói da Revolução Federalista de 1893, sustentáculo do regime por sua superior liderança no cenário político nacional, figura de inigualáveis virtudes, com quem contaram, para a consecução dos mais altos objetivos nacionais, todos os presidentes do Brasil da sua época" – nas palavras de Flores da Cunha.

Na época, o Rio de Janeiro, capital da República, era a sede do Governo Federal, da Câmara dos Deputados e do Senado Federal. A maioria dos deputados e senadores fixavam residências provisórias em hotéis, casas ou apartamentos alugados, sem uma efetiva integração à capital do país. Por isso, chama a atenção o "ânimo de permanência" de Pinheiro Machado, adquirindo uma casa para residência. E também a fazenda não muito longe da cidade para encontros mais reservados... Enfim, a vida política na capital da república era uma opção de vida.

Com a morte do Senador, iniciou-se a lenta descaracterização do histórico palacete do Morro da Graça. A viúva, Dona Nhanhã, inicialmente alugou o imóvel para uma casa de saúde.

Mais tarde, não tendo a possibilidade de mantê-lo, Dona Nhanhã decidiu vender o palacete do Morro da Graça para uma congregação católica que nela alojou o Colégio Sacre-Coeur de Jesus.

Desde então, apesar de seu valor histórico, o imóvel teve uma sucessão de reformas a desfigurá-lo. As dirigentes do colégio fizeram alguns acréscimos na edificação e construíram um prédio nos fundos do terreno para expandir o estabelecimento pretensamente aristocrático – pois as alunas eram admitidas não através de testes de conhecimento, mas pelo exame da situação financeira dos pais. Entretanto, em razão das deficiências do ensino que ministrava e do despreparo das suas dirigentes, não conquistou respeito e nem boa reputação no âmbito do ensino do Rio de Janeiro. Isso determinou sua decadência através das décadas, e sua falência nos anos 1960. Em consequência, o prédio e o terreno foram vendidos para a Cia. Internacional de Engenharia. Em seguida, outro insucesso: pouco tempo depois, a empresa encerrou suas atividades num processo de concordata.

Em 2001, o palacete foi tombado pelo município do Rio de Janeiro, incluindo o decreto municipal na medida de proteção patrimonial o jardim fronteiriço.

Novamente vendida a propriedade para uma empresa, esta iniciou um empreendimento no terreno, aproveitando os prédios nele existentes visando readaptá-los para uso residencial.

Infelizmente, no ano de 2008, no longo e inexorável processo da degradação do Rio de Janeiro, por desídia e/ou incúria da administração municipal, venceu a especulação imobiliária: foi autorizada a descaracterização total do palacete, destinado, desde então, a ser transformado em uma casa de habitação coletiva, dividida em dezesseis unidades habitacionais, comprometendo definitivamente a sua real restauração e revitalização como um dos lugares de memória da história da República. Assim, devido ao descaso da municipalidade, o palacete do Morro da Graça foi transformado em condomínio particular e teve seu acesso restrito aos moradores. Atualmente, está preservado parcialmente por um decreto de tombamento da prefeitura carioca, que abrange a fachada e os jardins.

Restou, de forma permanente, apenas a memória do Morro da Graça.

No palacete do Morro da Graça foi escrita uma parte fundamental da história da república: ali, o Senador Pinheiro Machado forjou suas alianças e construiu muitas de suas vitórias políticas.

O apoio decidido que deu à candidatura do marechal Hermes da Fonseca foi "costurado" em longas conversas no Morro da Graça. E foi um dos momentos definitivos do rompimento político com Rui Barbosa, derrotado por Hermes (apoiado por Pinheiro) na eleição presidencial.

Naquele tempo não existia "auxílio moradia", "verbas de representação" etc.; a maioria dos políticos se sustentava com os vencimentos da função exercida.

A decisão de comprar um imóvel para morar no Rio de Janeiro revelava a intenção de permanência definitiva do Senador Pinheiro: ele tinha os recursos financeiros, acumulados nas lides de fazendeiro e tropeiro, capazes de sustentar a atuação política em plano nacional, transformada num projeto de vida.

Em consequência dessa disposição, estabeleceu também outro centro de decisões da política brasileira. Reforçando seu ânimo de permanência no Rio de Janeiro, além da residência no Morro da Graça, o Senador Pinheiro – nostálgico da vida campeira, da qual nunca se afastou completamente – adquiriu uma fazenda no estado do Rio, no município de Campos: a fazenda Boa Vista, com 2.263 alqueires, próxima à praia do Farol de São Thomé, distrito de Santo Amaro.

Nos primórdios do século XX, meu avô, o então jovem engenheiro agrônomo Dulphe Pinheiro Machado (o "Velho Dulphe", como, muito depois, veio a ser carinhosamente chamado em família), recordando seu intenso convívio com o tio e padrinho Senador Pinheiro Machado, contava histórias da fazenda Boa Vista, que conhecera na juventude. Viajou para lá a convite do tio para auxiliar no aproveitamento e destinação da terra.

Os limites da propriedade iam do lado direito da Barra do Açu até a Barra do Furado: isso quer dizer que todo o litoral do município de Campos pertencia à fazenda Boa Vista. Ali, nos fins de semana, Pinheiro recebia seus amigos e correligionários, descansando das viagens e dos combates no Senado. Além de descansar, era a oportunidade para conversas demoradas e contatos descontraídos – armas decisivas do combate político.

A história do petróleo brasileiro na Bacia de Campos começou exatamente nessa área da fazenda Boa Vista que pertenceu ao Senador: ali, em Campos dos Goytacazes, foi descoberta a presença do petróleo. O geólogo Alberto Lamego Filho, em seu livro *O homem e a restinga*, foi o primeiro a oferecer importantes evidências sobre a matéria. Mais tarde, em 1944, o mesmo Lamego Filho ampliaria suas revelações com o livro *A bacia de Campos na geologia litorânea*.

Em 1915, bem antes do início da exploração petrolífera da bacia de Campos, e logo depois do assassinato de Pinheiro Machado, a viúva Dona Nhanhã, de luto, recolheu-se à solidão da fazenda Boa Vista. As visitas de pêsames se sucediam. Amigos e companheiros de luta do falecido Senador, durante o luto, lá chegavam diariamente para prestar solidariedade.

Uma dessas visitas foi o coronel Olavo Alves Saldanha (parente do grande João Saldanha, jornalista e ex-técnico da Seleção Brasileira), gaúcho de Quaraí, onde havia sido prefeito da cidade nos períodos 1904-1905 e 1907-1908. Apaixonado pelas lides campeiras, o coronel Saldanha percorreu as terras da fazenda Boa Vista e ficou encantado com a propriedade. Para a viúva, na verdade, depois da morte do marido, a fazenda se transformou num problema, pois ela não teria condições, nem disposição, de cuidá-la.

Em conversa com Dona Nhanhã, o coronel Saldanha fez uma proposta de compra da fazenda, oferecendo 1.200 contos de réis, "de porteira fechada", isto é, com os animais e todos os pertences da propriedade. Dona Nhanhã ficou encantada com a disposição do coronel em manter a fazenda e aceitou a proposta.

Entretanto, o coronel Saldanha mal poderia imaginar que a história do petróleo no Brasil estava começando exatamente ali. A imensa extensão da fazenda abrigava um rico campo de petróleo por explorar.

O lamentável é que, num país sem memória, tudo isso se perde. São poucos os registros do petróleo descoberto em Campos e da sua história, hoje uma das grandes riquezas do país.

No final da década de 1980, meu tio (irmão de meu pai) e padrinho Dulphe Pinheiro Machado Filho e a esposa, Tia Lourdes, junto com o filho deles, meu primo Ricardo "Foguinho" Pinheiro Machado, fizeram uma expedição pelo interior do estado do Rio de Janeiro na tentativa de localizar a fazenda que pertenceu ao Senador Pinheiro Machado, viajando de automóvel para os lados de Campos dos Goytacazes. Ricardo, morador de Macaé, no estado do Rio de Janeiro, conhecia bem a região.

Foram muitas pesquisas na região e, por fim, encontraram a famosa fazenda do Senador Pinheiro Machado. Depois da expedição totalmente vitoriosa, Ricardo me escreveu com os detalhes dessa descoberta familiar:

"A história do petróleo em Campos dos Goytacazes (RJ) começou em 18 de março de 1918, quando o coronel Olavo Alves Saldanha adquiriu a fazenda Boa Vista da sra. Benedita Brasilina Pinheiro Machado (a famosa Dona Nhanhã), já então viúva de seu amigo assassinado e também gaúcho, general José Gomes Pinheiro Machado, por 1.200 contos de réis 'de porteira fechada' – isto é: a terra e as casas com tudo que nelas houvesse. No patrimônio da fazenda constavam 9 mil cabeças de bovinos, setecentas ovelhas e trinta cavalos. Os limites da fazenda iam da Barra do Açu até a Barra do Furado. Isto é, todo o litoral de Campos pertencia à fazenda Boa Vista.

Chegamos lá de carro e fomos guiados pelo Farol de São Tomé, que seria uma referência de proximidade geográfica. Percorrendo a estrada Campos-Farol, perguntando aqui e ali, por fim, chegamos à fazenda Boa Vista. No sentido em que íamos, ficava do lado esquerdo da estrada que era margeada por uma ferrovia semiabandonada. Um morador local confirmou que aquele casarão caindo aos pedaços era a casa que pertenceu ao Senador Pinheiro Machado.

A fazenda, que teria sido enorme, agora se reduzira ao terreno nas proximidades da casa e estava praticamente abandonada. Os donos eram os Saldanha [por certo, os descendentes do coronel Saldanha], da família do grande João Saldanha, o 'João Sem Medo', ex-treinador da Seleção brasileira. Entramos na casa que estava a ponto de desabar. Por fora, tinha o estilo de um chalé francês de dois andares, com um avarandado circundando a frente e as laterais. Por dentro tinha muita madeira: pisos, algumas paredes e escadas.

Na parte dos fundos ficava uma enorme cozinha com despensas, sangradouros de animais e fogões a lenha de alvenaria. Os azulejos decorados portugueses receberam o reconhecimento histórico e artístico de minha mãe, a artista plástica Lourdes Consuelo. Na parte externa chamavam atenção as colunas de ferro batido que sustentavam um passadiço superior. O casarão estava quase totalmente destelhado.

O rapaz que nos recebeu, estimulado pelo meu pai, contou muitas histórias que ouvira falar. A fazenda serviu como núcleo de origem do povoado, hoje chamado de Santo Amaro (distrito do município de Campos), e era a única referência de civilização naquelas proximidades.

Dizem na localidade que o Senador levou a linha de trem da estação Leopoldina até a sede da fazenda e isso teria sido o indutor para o desenvolvimento da região, mas há uma outra versão: o responsável pela construção da ferrovia seria o barão de Lagoa Dourada, proprietário anterior. O casarão também já existia antes da chegada do Senador Pinheiro Machado, e abrigara personagens ilustres: a princesa Isabel e o conde D'Eu, em 1882, quando da inauguração do Farol de São Tomé.

Saindo da fazenda, em direção ao farol, mais uma surpresa: passamos por um campo de futebol com um muro pintado 'Esporte Clube Pinheiro Machado'. É um time de futebol que disputa as divisões inferiores do futebol do Rio de Janeiro.

Ao entrar no povoado de Santo Amaro, na praça central, vimos um monumento com o busto do Senador Pinheiro Machado, comprovação da forte influência deixada por ele na região, ainda lembrada mais de um século depois da morte.

Ali na praça meu pai identificou um cavalo crioulo (raça equina típica do Rio Grande do Sul) e disse que o vô Dulphe era quem tinha levado alguns cavalos dessa raça, do Rio Grande, a pedido do Senador. Um cavaleiro confirmou que aquela raça se tornou comum na região. Na festa mais importante do local, a famosa Cavalhada de Santo Amaro, muitos exemplares de cavalos crioulos de origem gaúcha podiam ser vistos.

Parece que o projeto do Senador era de recriar ali, no norte fluminense, uma fazenda missioneira, estilo gaúcho. Nesse sentido foi inovador. Com a ajuda do sobrinho (nosso avô Dulphe) introduziu muitas novidades num local que só tinha gado solto e canavial. A sede da fazenda era conhecida pelas churrasqueadas e pelos saraus que entravam noite adentro, muito do gosto do Senador e de Dona Nhanhã, casal sem filhos e festeiro. Dizem os mais velhos que, muitas vezes, trazidos pelo músico João da Baiana, amigo do Senador, vinham grupos carnavalescos, com os músicos e foliões, as rainhas e princesas daquelas primeiras escolas de samba e blocos carnavalescos para noitadas de samba e churrasqueadas inesquecíveis."

O gosto pela vida rural na família sempre foi notável: outro filho do Velho Dulphe, o professor Luiz Carlos Pinheiro Machado, meu tio Cau, engenheiro agrônomo com atuação na França, Espanha e Cuba, tornou-se um pioneiro em boas práticas agrícolas no Brasil: foi um dos incentivadores do Pastoreio Racional Voisin, que melhora a produtividade agrícola, sem defensivos químicos. Lembro quando ouvi falar pela primeira vez em alimentação saudável, produtos orgânicos, poluição e contaminação. Era um adolescente, nos anos 1960, e fui surpreendido num almoço organizado pelo tio Cau em que ouvi pela primeira vez informações alarmantes sobre defensivos agrícolas, sobre os perigos para a saúde, a falta de fiscalização etc., e tudo o mais que hoje ocupa nossos medos e cuidados:

"Este almoço não tem veneno" – disse o Cau naquele encontro, com orgulho, apontando satisfeito para o bife, o arroz, o feijão, a salada. Tudo ali tinha origem na sua fazenda Alegria, a começar pela salada: "O tomate é aqui do meu pátio, não tem mercúrio".

Essa vocação para a agricultura é uma marca familiar, que vem das origens, de São Luiz Gonzaga, e se projetou na aquisição pelo Senador da fazenda Boa Vista. A força das origens do Senador, que o levou a adquirir uma fazenda no Rio de Janeiro, levou-o a um pioneirismo involuntário: como já foi dito, na fazenda Boa Vista começou a história do petróleo brasileiro.

A propósito, a revista *Manchete*, em sua edição de 21 de dezembro de 1974, publicou uma extensa reportagem sobre a descoberta do petróleo em Campos, que vale a pena recordar:

"O moderno Eldorado brasileiro está a pouco mais de 200 km do Rio, diante da cidade de Campos – à qual se chega pela modernissima BR-101 – e é o poço da Petrobras 1-RJS-9A, que poderá dar ao país a cobiçada autossuficiência em petróleo. Está a uns 80 km do litoral campista, numa posição bastante precisa: 40 graus, 06 minutos, 25 segundos de latitude oeste e 22 graus, 13 minutos e 46,6 segundos de longitude sul.

Foi aí que jorrou o petróleo que levou Campos às manchetes dos jornais.

No bairro de Guarus, ao qual se chega atravessando uma das três pontes sobre o largo rio Paraíba, a alegria explode em muitas garrafas de champanha na casa do diligente prefeito José Carlos Vieira Barbosa. Cercado de sua família, o prefeito de Campos exibe a mão coberta de petróleo do campo de Garoupa, enquanto uma amostra do combustível passa de mãos em mãos, como se fosse uma relíquia.

Uma banca de jornais na rua Treze exibe duas enormes manchetes do Monitor Campista, com 140 anos de vida, o terceiro jornal mais antigo do país: 'É o Ciclo do Petróleo! É a Redenção do Brasil!'.

No jornal *A Notícia*, na Sete de Setembro, seu diretor, Hervé Salgado Rodrigues, diz com muito orgulho que foi um dos seus repórteres que deu o furo da descoberta do campo de Garoupa:

Em novembro de 1973, publicamos as declarações do mergulhador francês Jean-Pierre que já mostrava a existência de petróleo em frente ao litoral de Campos. Também o técnico Murray Lida nos disse, na mesma ocasião, que eram promissoras as perspectivas do campo de Garoupa. Fomos os primeiros a noticiar isso em todo o Brasil.

Nunca, desde a visita de Pedro II, em 1883, o orgulho campista esteve tão alto. Para eles o descobrimento do petróleo não chega a ser novidade. 'O que mais nos surpreende é a extensão das reservas em processo de demarcação', – disse à *Manchete* o professor Yvan Senra Pessanha, historiador campista."

Bem antes da descoberta do petróleo, o Senador adorava a quietude da vida camponesa na fazenda: entre amigos mais chegados dizia que, antes de tudo, era "um camponês e tropeiro extraviado na cidade grande".

Em 11 de fevereiro de 1913, Pinheiro ali recebeu o então presidente da República, marechal Hermes da Fonseca, para uma caçada. Ambos percorreram os campos da fazenda Boa Vista, do Xexé à Barra do Furado.

Essa aproximação do Senador com o marechal Hermes teve importância capital na política brasileira, na consolidação da República.

22

Na apresentação de um precioso livro com perfil biográfico, atuação parlamentar e discursos do Senador Pinheiro, o senador Pedro Simon, organizador da obra, lembra a importância histórica e as consequências políticas da aproximação de Pinheiro com o presidente Hermes da Fonseca:

"Foi no quatriênio de Hermes da Fonseca (1910-1914) que se consolida, de maneira inédita na República Velha e sem paralelo até a Revolução de 1930, o poder de Pinheiro Machado. A mística de "fazedor de presidentes" vai acompanhá-lo até o fim. Artífice da "Política das Salvações", conduz o processo de substituição de oligarquias estaduais. Conquanto não revolvesse as estruturas sobre as quais se assentava o poder de mando das elites, ela permitiu que fossem desalojados desafetos na busca do que modernamente poderia ser classificado como "condições de governabilidade". Com sua influência e um prestígio incomum, o Rio Grande definitivamente era alçado à condição de terceira maior força política do país, ferindo de morte o esquema do "Café com Leite", pelo menos lhe impossibilitando preservar muitas de suas práticas.

O impacto dessas duas eleições presidenciais; em especial o causado pela escolha de Hermes da Fonseca, obrigou as oligarquias paulista e mineira a repensar sua estratégia de atuação. Com razoável atraso em relação ao que de há muito percebera Pinheiro Machado, seus representantes encontraram-se, em 1913, na cidade mineira de Ouro Fino, onde um pacto não escrito foi por elas estabelecido: elas se revezariam no poder federal, o que exigiria, como preliminar, impedir novas dissensões entre si. Ainda assim, a presença gaúcha no Poder Central não recuou."

Em sua análise, Simon lembra o peso da atuação de Pinheiro Machado, reforçando a presença do Rio Grande do Sul no cenário nacional – fato que teria sua consequência mais veemente na Revolução de 1930, com a chegada de Getúlio Vargas ao poder: "A partir de 1910, quando Pinheiro Machado era considerado 'Condestável da República', é crescente a presença de representantes do Rio Grande nos ministérios".

Esclareça-se que a palavra "condestável", antigamente, na sua origem, significava "intendente das cavalariças reais" e "chefe supremo do exército".

Simon sugere que Pinheiro tenha criado uma espécie de modelo do exercício do Poder: "De certo modo, a semente plantada por Pinheiro Machado parece ter germinado em campo fértil: as negociações que levam à candidatura de Getúlio Vargas à presidência da república, em 1930, aproximando parte das elites mineiras com as de outras regiões do país, como foi o caso da Paraíba, que lhe forneceu o candidato à vice-presidência, não fogem essencialmente do modelo gestado e posto em prática, décadas antes, por Pinheiro Machado".

Dessa singularidade do Senador decorre outro aspecto definidor de sua ação política. Mesmo que não tenha chegado à presidência da república, ele desempenhou – muitas vezes em nome do Poder Central, que dele tanto dependia, como no caso explícito do Governo Hermes da Fonseca – o papel de grande articulador da integração política nacional. Basta isso para se perceber que, ao contrário do que sempre disseram análises apressadas sobre a história política do Brasil, a República Velha foi bem mais do que um mero clube de fazendeiros de café.

É natural que aquele que amealhou tanto poder quanto Pinheiro Machado produzisse sentimentos opostos – e apaixonados – em relação a si. Por essa razão, ao lado de admiradores fervorosos, havia também os que lhe devotavam um ódio rancoroso. Disso, ele demonstrou várias vezes ter plena consciência.

Durante o governo Hermes da Fonseca (1910-1914), o jornalista Edmundo Bittencourt, opositor severo e intransigente de Hermes, cutucava com sutileza (e às vezes nem tanto) o Senador Pinheiro nas páginas do seu *Correio da Manhã*. Especialmente com discretas maldades em relação às ótimas relações do Senador Pinheiro com o presidente da República marechal Hermes da Fonseca e sua jovem esposa Nair de Teffé.

Quando o marechal Hermes, homem já de avançada idade, noivou com Nair de Teffé, uma bela jovem com menos de trinta anos, o *Correio da Manhã*, do Rio de Janeiro, jornal de Edmundo Bittencourt, publicou uma notícia apimentada por uma colherada de maldade, que dá o tom dessa inimizade. Tanta foi a repercussão da publicação que o sempre equidistante *Correio do Povo*, de Porto Alegre, viu-se na contingência de reproduzir a notícia na terra gaúcha, em 10/10/1913:

> *Rio, 8* – O Correio da Manhã, *aludindo ao presente de um cavalo que o Senador Pinheiro Machado fez à senhorita Nair de Teffé, noiva do marechal Hermes, diz, em sua edição de hoje o seguinte: Esse facto, comum na apparencia, é, entretanto, um acontecimento político. O Senador Pinheiro não se contenta com exercer o domínio da sua influência apenas sobre a pessoa do presidente; quer tambem conquistar a amizade e a sympathia da futura mulher delle. Se o marechal Hermes já era caprichoso, quando se tratava de satisfazer um simples pedido do Senador Pinheiro, calcule-se o que não acontecerá agora, havendo outra pessoa para pedir.*

> *Por isso, o grande chefe político [Pinheiro Machado] trata de fazer, desde já, uma alliança com a senhorita dos sonhos do marechal e que o marechal vae receber como segunda esposa. Esse mesmo processo de fazer política, sequestrando o chefe do Estado, empregou o Senador Pinheiro com relação à falecida primeira esposa do marechal.*

Na verdade, nessa intriga do *Correio da Manhã*, que o *Correio do Povo* de Porto Alegre se encarregava de divulgar no Rio Grande do Sul, passava-se por alto em relação à extraordinária dimensão pessoal e intelectual de Nair de Teffé, então noiva e, logo depois, esposa do marechal Hermes. A fofoca jornalística escondia um certo preconceito em relação à jovem, belíssima e exuberante futura primeira-dama.

Mas a história de Nair de Teffé foi maior do que a fofoca.

O Brasil nunca mais teve – e com certeza nunca mais terá – uma "primeira-dama", ou talvez qualquer dama, como Nair de Teffé. Caricaturista, pintora, atriz, cantora, pianista, escritora e poliglota (falava fluentemente seis idiomas), Nair exerceu atividades tidas como pouco convencionais para mulheres brasileiras no início do século XX.

Filha do barão de Teffé, neta do conde von Hoonholtz, Nair estudou na França, em Paris e Nice, para onde se mudou com um ano de idade. Tendo regressado ao Brasil, iniciou sua carreira por volta de 1906, publicando desenhos e caricaturas nos principais jornais e revistas. Diversificou a carreira em 1913, quando casou com o marechal Hermes. Nair de Teffé promovia saraus no Palácio do Catete (o palácio presidencial brasileiro da época, no Rio) que ficaram famosos por introduzir concertos de violão nos salões da sociedade. Sua paixão por música popular reunia amigos para recitais de modinhas.

Foi uma mulher não só à frente de seu tempo: ela estava muito à frente do Brasil atrasado e provinciano em que vivia. Por certo não faltaram críticas ao governo e retumbantes comentários sobre os "escândalos" no palácio, pela promoção e divulgação de músicas cujas origens estavam "nas danças lascivas e vulgares do populacho", segundo a concepção da elite social.

Levar para o palácio presidencial do Brasil a música popular foi considerado, na época, uma quebra de protocolo, causando polêmica nas altas esferas da sociedade e entre políticos.

Na liderança do conservadorismo, Rui Barbosa solidarizou-se com a onda de preconceitos e chegou a pronunciar um violento discurso no Senado Federal contra a primeira-dama:

"Uma das folhas de ontem estampou em fac-símile o programa de recepção presidencial em que, diante do corpo diplomático, da mais fina sociedade do Rio de Janeiro, aqueles que deviam dar ao país o exemplo das maneiras mais distintas e dos costumes mais reservados, elevaram o 'Corta-jaca' à altura de uma instituição social. Mas o 'Corta-jaca' de que eu ouvira falar há muito tempo, o que vem a ser ele, sr. presidente? A mais baixa, a mais chula, a mais grosseira de todas as danças selvagens, a irmã gêmea do batuque, do cateretê e do samba. Mas nas recepções presidenciais o 'Corta-jaca' é executado com todas as honras da música de Wagner, e não se quer que a consciência deste país se revolte, que as nossas faces se enrubesçam e que a mocidade se ria!"

Indiferente às restrições preconceituosas da "Águia de Haia" (como Rui Barbosa era conhecido), que batia asas contra o samba e a música popular brasileira, na década de 1920, Nair de Teffé participou intensamente da histórica Semana de Arte Moderna, em 1922.

Em 1928, foi eleita presidente da Academia de Ciências e Letras e, em abril de 1929, ela tomou posse na Academia Fluminense de Letras.

Em 1932, numa época em que o cinema era novidade no Brasil, ela fundou no Rio de Janeiro o Cinema Rian ("Nair" de trás para diante), na Avenida Atlântica, em Copacabana.

Dezessete anos depois, já viúva, Nair, aos 73 anos, voltou à sua paixão, desenhar caricaturas, inclusive de várias personalidades. No fim dos anos 1970, participou das comemorações do Dia Internacional da Mulher.

Nair de Teffé morreu no Rio de Janeiro, em 1981, no dia de seu aniversário de 95 anos.

Foi uma mulher muito à frente do seu tempo, enfrentando (e superando) as restrições conservadoras do *Correio da Manhã* e de Rui Barbosa em relação a ela e a seu esforço para ser mais do que uma dondoca casada com um marechal.

Nair de Teffé ficou no centro da rivalidade entre Pinheiro Machado (que a apoiava) e Rui Barbosa (que a criticava). No Senado, os embates oratórios acirrados entre Pinheiro e Rui eram quase diários. Mas, acima da rivalidade, apesar de suas imensas divergências, numa contradição poética, ambos eram amigos fraternos.

Numa das notícias de jornal sobre o duelo de 10 de junho de 1906 entre o Senador Pinheiro Machado e o diretor do *Correio da Manhã* Edmundo Bittencourt, um detalhe, à margem do enfrentamento, chama a atenção:

> *Ante-hontem à noite, o general Pinheiro Machado, como de costume, recebeu grande número de amigos, com os quaes conversou com a mais absoluta serenidade.* **Dentre esses amigos, só um, o senador Rui Barbosa, sabia que na manhã seguinte o general Pinheiro Machado enfrentaria Edmundo Bittencourt em duelo, um encontro em que colocaria a vida em risco: todos os demais nem de leve suspeitavam semelhante cousa.** *Para tranquilidade de sua senhora, nem ela sabia do*

duelo: o general Pinheiro Machado dissera ao jantar que o general Hermes o havia convidado para assistir a um exercício militar, que se realizaria na manhã seguinte: isso explicaria que sua excelência saísse de casa ao romper do dia.

Essa notícia, por si só, abala a lenda segundo a qual o Senador Pinheiro Machado e Rui Barbosa "eram inimigos". Por certo que Pinheiro e Rui tiveram sérias desavenças políticas no Senado, que se agravaram depois que Rui foi derrotado nas eleições presidenciais pelo marechal Hermes da Fonseca (que foi apoiado por Pinheiro), mas havia, entre ambos, amizade e admiração recíproca. Como disse o jornal, entre os amigos do Senador, "só um, o senador Rui Barbosa, sabia que na manhã seguinte o general Pinheiro Machado teria um encontro em que colocaria a vida em risco"...

Naquele duelo, o Senador poderia ter morrido se, do outro lado, houvesse um atirador mais competente. Entretanto, depois de sobreviver à Guerra do Paraguai e à sangrenta Revolução de 1893 no Rio Grande do Sul, em ambas sempre na frente de batalha, seria difícil abatê-lo frente a frente.

Só o covarde golpe pelas costas, que veio a matá-lo, poderia derrubar o "Senador de Ferro", como foi chamado na biografia escrita por Cid Pinheiro Cabral.

Portanto, ao contrário do que diz a lenda, Rui e Pinheiro eram e sempre foram amigos, grandes amigos, especialmente antes da eleição do marechal Hermes. Rui era assíduo nas refeições em casa de Pinheiro. O que não impedia que divergissem e fossem até, muitas vezes, ferrenhos adversários políticos.

Essa é mais uma fidalguia que desapareceu nos ásperos tempos que vivemos no século XXI: o cavalheirismo de separar rivalidade política e amizade pessoal. Apesar da boa relação pessoal e da admiração mútua, por certo não faltaram divergências entre Pinheiro e Rui. Numa das tantas vezes em que ficaram em lados opostos, surgiu o boato de uma aliança disfarçada entre os dois políticos, o que motivou um desmentido de Rui, em que se constata, apesar das divergências, o respeito pelo então adversário.

Desmentindo o boato, Rui escreveu à redação de *A Notícia*, em 28 de novembro de 1912:

> *Desde que a candidatura militar me separou do ilustre sr. Senador Pinheiro Machado, não houve até hoje entre nós, contato ou aproximação, correspondência ou comunicação, relações em suma, de espécie nenhuma, escritas ou orais, diretas ou indiretas, próximas ou remotas. Em as havendo, para logo delas saberia a nação; porque, necessariamente, seriam no terreno da honra, e entre homens públicos de responsabilidades tão distintas como as nossas nada se poderia dar às ocultas do país.*

Isto é, a boa relação pessoal, no velho Senado, entre Rui Barbosa e Pinheiro, não impediu que se tornassem vigorosos adversários, com discursos veementes, em posições antagônicas. Mas, como se vê, o eventual antagonismo político não turvou o respeito mútuo e a admiração entre ambos.

Um dia, certo deputado gaúcho querendo agradar ao Senador Pinheiro, anunciou para o dia seguinte um discurso, com "denúncias terríveis, capazes de desmoralizar Rui Barbosa". Para surpresa do deputado, o Senador Pinheiro não quis saber das denúncias. E disse:

– Não faça isso! O Brasil precisa de Rui Barbosa!

O deputado, perplexo, questionou:

– Mas, Senador Pinheiro, o Rui Barbosa é seu inimigo!

O Senador Pinheiro pôs a mão no ombro do deputado e explicou:

– Não. O Rui não é meu inimigo. É meu adversário.

Dias depois, o Senador Pinheiro contou um segredo ao meu avô Dulphe, seu sobrinho: "Quando nossas divergências ficam exaltadas demais, Rui e eu temos um acordo: esfriar os ânimos com um cafezinho bem quente. Para o bem do país!".

Rui Barbosa foi o principal adversário do Senador Pinheiro no Senado depois da eleição do marechal Hermes, mas, ao contrário da lenda, "não o odiava", porque não havia lugar para ódios e ressentimentos pessoais nos enfrentamentos de alto nível que ambos tiveram. Respeitavam-se mutuamente e diferenciavam-se do comum dos políticos, como escreveu um cronista da época: "Quando Rui e Pinheiro se digladiavam, era um prazer ouvi-los, serenos e nobres, ambos em defesa de suas ideias democráticas. Por isso ambos sofreram ataques cruéis não se lhes poupando sequer o recanto sagrado do lar".

Uma reminiscência bem conhecida daqueles tempos lembra que, certa vez, o senador Rui discursava na tribuna do Senado criticando o governo que Pinheiro defendia, quando, de repente, se deu conta que ultrapassara largamente o tempo regimental. Ligeiramente sobressaltado, dirigiu-se ao Senador Pinheiro Machado, que presidia sessão. Desculpou-se e solicitou três minutos para concluir o discurso. Pinheiro ajeitou o bigode, sorriu e disse:

"Senador Rui, Vossa Excelência seguidamente me acusa de presidir esta casa como um ditador, acusação que sempre recuso. Mas, desta vez, vou lhe dar razão e agir como ditador. Vossa Excelência terá o tempo que quiser para concluir seu pronunciamento."

O certo é que os detratores de ambos desapareceram sem deixar vestígios, enquanto Rui e Pinheiro são ainda hoje reconhecidos como exemplos de uma dimensão da Política, com "P" maiúsculo, que, lamentavelmente, se perdeu. Como já foi dito, a famosa rivalidade de ambos se construíra em torno de ideias e jamais impediu o respeito e a admiração mútua. Adversários, mas amigos respeitosos.

No parágrafo final de uma carta escrita por Rui, dirigida a Pinheiro, em que discutia uma questão relevante da época em que ambos divergiam, é possível reconhecer o tom amistoso e cavalheiresco que comandava as relações pessoais entre esses dois grandes brasileiros: "Creio que este incidente, meu caro amigo Pinheiro, acabará de lhe mostrar que, na vida pública, palpita senão pela nossa pátria o coração do seu sincero e obrigado amigo. Rui Barbosa".

Mais do que advogar e mesmo bem mais do que os debates quase sempre estéreis do Senado, Pinheiro, sempre que tinha férias ou folgas, preferia percorrer a região serrana do estado do Rio de Janeiro e a "Campanha" fronteiriça, no Rio Grande do Sul, adquirindo tropas de mulas, que eram levadas para São Paulo. Muitas vezes ele era o encarregado de levar os animais, outras vezes entregava a tarefa para empregados de confiança. Conforme exposto anteriormente, mesmo depois que se tornou senador, continuou a dedicar-se ao transporte de mulas, com tropeiros treinados levando-as também a Minas Gerais e ao Rio de Janeiro. Daí saíam os recursos para sustentar-se na política: com muito esforço, em longas viagens, conseguiu manter essas lucrativas atividades, que, entretanto, foram dificultadas com o tempo, em função dos compromissos do Senado.

Não podia abrir mão do comércio de mulas, porque suas despesas no Rio de Janeiro, com jantares diários em sua casa do Morro da Graça, às vezes com mais de uma dezena de convidados, consumiam muito dinheiro, que vinha sempre do seu próprio bolso – e não das generosas arcas da Viúva (para usar a expressão do jornalista Elio Gaspari).

Certo dia, preocupado, escreveu ao seu correligionário e parente Venâncio Aires, ponderando que estava "gastando demais" e que pensava em não concorrer à reeleição. Venâncio Aires respondeu que ficasse tranquilo, pois ainda tinha "uns boizinhos no campo que garantiriam a reeleição".

Como escreveu o jornalista Bart Badajoz, "Pinheiro Machado entrou na política cheio de vida e rico; terminou morto e pobre".

Rui Barbosa teve melhor sorte. No Senado não havia, e não há até hoje, impedimento dos senadores exercerem atividade paralela de advogado. Na coluna de Elio Gaspari, na *Folha de S. Paulo* de 13 de agosto de 2017, uma nota compara as atividades (e os honorários) de Rui Barbosa, na sua atividade paralela de advogado, com advogados atuantes na defesa dos acusados de corrupção da operação Lava Jato:

> *HONORÁRIOS – A Operação Lava Jato e a arrogância dos maganos que lesavam a Viúva fizeram a festa dos criminalistas que tratam os clientes como réus e não como patrões. Um pequeno grupo de competentes felizardos trabalha com a bandeirada na casa do milhão de reais [aproximadamente 250 mil dólares]. Um advogado que rala e conhece a história do Brasil informa que, no início do século passado, Rui Barbosa recebia da Light 2.000 contos por mês, equivalentes a 150% do salário de um senador. Em dinheiro de hoje, isso daria uns R$50 mil por mês. Rui cobrava de R$500 mil a R$ 1,5 milhão [entre 150 mil e 400 mil dólares aproximadamente] por parecer. É sempre bom lembrar que a Light do século XX mantinha os melhores advogados do Rio na sua folha de pagamento, para que não litigassem contra ela.*

Rui seguidamente visitava Pinheiro na casa do Morro da Graça: era comensal entusiasta em visitas frequentes. Rui elogiava a simplicidade do cardápio.

O que diferenciava Pinheiro – e também Rui – da maioria dos outros senadores era a notável vocação política de ambos. Rui tinha mais habilidade como negociador; contornando muitas arestas com frieza, atenuando os ressentimentos dos inimigos. Pinheiro era mais voluntarioso e empolgado, não hesitava em ser agressivo e arrogante diante "dos eternos oportunistas, sempre de prontidão para se aproveitarem da coisa pública", nas suas palavras.

Rui era o intelectual sagaz que sabia avaliar a dimensão de seus adversários. Admirava e estimava o Senador Pinheiro, mesmo quando ambos divergiam: a condição de frequentador assíduo da Casa do Morro da Graça e a maneira que sempre se manifestou demonstra a relação respeitosa que cultivava com Pinheiro.

Entretanto, nem todos os adversários do Senador Pinheiro Machado eram tão respeitosos. Inimigos à espreita planejavam o assassinato.

Palácio Monroe, antiga sede do Senado Federal, Cinelândia, RJ, demolido em 1976

23

A noção de Honra sempre esteve na base do status de Nobreza. O ceticismo generalizado, em relação a um certo desprezo em relação à "Honra, com H maiúsculo" se confirmou de forma veemente no Brasil do século XXI: escândalos de corrupção e acusações de crimes variados, que por muito tempo foram caprichosamente silenciados e varridos para baixo dos luxuosos tapetes de Brasília, proclamados em manchetes dos meios de comunicação, atingiram presidentes, governadores, senadores, deputados, magistrados e homens públicos em geral, em meio a negativas frágeis ou, simplesmente, o silêncio altaneiro, constrangedor e comprometedor dos acusados.

Arthur Ferreira Filho lembra um duelo pela Honra que não chegou a se realizar, envolvendo o Senador Pinheiro Machado mas que, num insólito desfecho, os dois contendores saíram vitoriosos – e com a Honra de cada um intacta.

Tudo começou certo dia, cedo da manhã, quando Rivadávia Corrêa, jovem deputado federal pelo Rio Grande do Sul, chegou à residência do Senador Pinheiro Machado, no Morro da Graça, e encontrou o Senador furioso, muito revoltado, com um jornal na mão:

– Veja isso aí! – disse o Senador a Rivadávia.

O jornal publicava em destaque, na primeira página, uma entrevista com violento ataque do general Carlos Teles, ofendendo a Honra do Senador Pinheiro Machado. Havia uma animosidade antiga entre Teles e Pinheiro: não era a primeira vez que os dois "se estranhavam" – como diziam os velhos gaúchos.

Num incidente anterior, o general Teles pedira ao ajudante-general do exército licença para responder a discurso em que Pinheiro, no Senado, denunciara "violências e arbitrariedades cometidas pelo general Teles em Bagé". Na ocasião, em resposta, o Senador usou a tribuna para anunciar que abria mão das imunidades parlamentares para que o general lhe processasse, se quisesse.

Na descrição de Arthur Ferreira Filho:

"Teles, que se cobrira de glória em Bagé (na Revolução Federalista) e Canudos, era um homem valente, emotivo e orgulhoso, alternando atitudes de extrema violência e de nobilitante generosidade. Tendo atuação destacada em duas guerras fraticidas, jamais alguém lhe acusara da prática de qualquer crueldade, tão comuns nessas situações de desatino coletivo, em que o ódio empana a razão, e muitos heróis trocaram já a espada do lutador pela faca do carniceiro. Carlos Teles amava entranhadamente a terra gaúcha e ufanava-se de sua gente."

Também Pinheiro Machado, ofendido por Teles, mereceu respeito no texto de Arthur Ferreira Filho, que pressentiu a irritação do Senador diante da nova animosidade que, por certo, exigiria uma reação:

"Pinheiro Machado era, por sua vez, a primeira figura da república. Orgulho do Rio Grande, expressão culminante das virtudes da raça, altaneiro, nobre, cavalheiresco, manejando, com igual elegância, a palavra e a espada. Impecável sempre, fosse vestindo uma casaca, nos salões, ou atirando o laço no rodeio, reunia em si um conjunto de qualidades que o tornavam o mais notável dos políticos seus contemporâneos. Naquele dia, seu grande coração, ferido por tão grave injúria, reagiu, como sempre, à maneira dos fortes."

Diante da injúria, nos costumes da época, em "questões de Honra", só haveria duas alternativas: a retratação do ofensor ou um duelo. Então, agindo a pedido e em nome do Senador Pinheiro, o jovem deputado Rivadávia Corrêa, procurou o general Teles, considerado "o herói de Bagé" na Revolução de 1893. Encontrou-o na sua casa, cercado de oficiais do exército, recebendo a solidariedade deles, em apoio aos ataques publicados no jornal contra o Senador Pinheiro.

Rivadávia, na época, era um jovem deputado conhecido pela sua coragem: mais tarde se destacaria como ministro e senador. Naquele dia, atendendo ao pedido do Senador, foi recebido por Teles e disse-lhe, então, que ele, Teles, "injustamente magoara o grande chefe gaúcho". Pediu-lhe que retirasse as ofensas, "ou escolhesse armas, para um desagravo no campo da Honra", e transmitiu o desafio de Pinheiro Machado para um duelo.

Teles ouviu com impaciência e retrucou com uma ofensa ao Senador: "Não retiro o que disse, nem me bato em duelo. A espada que tenho para defender a pátria não vou terçar com o facão de um degolador".

Na Revolução Federalista de 1893, que dividiu o Rio Grande do Sul entre maragatos (que defendiam o império) e pica-paus (que defendiam a república), como se sabe, houve acusações mútuas de degola de prisioneiros. Apesar da resposta agressiva, o jovem emissário do Senador gaúcho não se abalou. E, fez uma pergunta inesperada:

– General, que conceito o senhor faz da minha pessoa?

Carlos Teles, surpreso, mas sem vacilar, respondeu:

– Do senhor, faço o melhor conceito possível. Moço inteligente, digno representante da nossa terra natal na Câmara dos Deputados, merece toda a minha consideração.

– Nesse caso – tornou Rivadávia –, já que me considera um homem de bem, não se desonrará em bater-se comigo em duelo; e eu, neste momento, o desafio, para desagravar meu chefe e amigo, o honrado Senador Pinheiro Machado!

Teles, surpreso, recordaria mais tarde "ter visto na figura varonil do jovem deputado rio-grandense ressurgirem os velhos heróis do pampa, aqueles para quem a lealdade e a Honra eram a suprema razão de viver".

E, comovido até às lágrimas, o soberbo herói de Bagé e de Canudos abraçou Rivadávia Corrêa, exclamando com sua exuberante sinceridade:

– Olha, menino, atitudes como essa são tão raras nos dias que correm... Não somente honram a ti e a nossa terra, como ao homem que sabe fazer amigos do teu valor! Ficas autorizado a ir ao jornal e retirar as palavras julgadas inconvenientes pelo Senador.

Assim, em consequência do lance do deputado Rivadávia Corrêa, terminou o incidente entre Carlos Teles e Pinheiro Machado.

Arthur Ferreira Filho, ao descrever o episódio, lamenta que "a névoa do tempo foi, aos poucos, ocultando esse momento histórico à memória dos homens que vieram depois e, dele, já raros se lembram". Mas se consola lembrando que "o gesto de Rivadávia Corrêa ficará para todo o sempre, nobilíssimo exemplo de lealdade até ao sacrifício".

E conclui o grande escritor gaúcho: "O duelo que não houve entre o Senador Pinheiro Machado e o general Carlos Teles é um marco pontilhando de glória a legenda do Rio Grande".

Lances como o "quase enfrentamento" do Senador Pinheiro com o general Teles soam como gestos anacrônicos no século XXI. No Brasil do século XXI, o conceito de Honra foi relativizado de forma insólita, a começar pela conduta de grande parte dos políticos e autoridades públicas. Além disso, duelos são capitulados como crime: atualmente, os que tentarem praticar duelos estarão sujeitos a sanções penais equivalentes à tentativa de homicídio e, se o duelo for bem-sucedido, homicídio.

A honradez de Pinheiro Machado e de Carlos Teles ultrapassou as fronteiras do Rio Grande do Sul. Carlos Reverbel, em seu livro *Maragatos e Pica-paus*, sobre a violenta Revolução Federalista de 1893, destaca em diversas passagens a dignidade de Pinheiro nos debates acesos do Senado e nas batalhas sangrentas da guerra gaúcha. Por outro lado, também lembra que Carlos Teles "seria glorificado por Euclides da Cunha, ingressando com todas as honras no monumento literário intitulado *Os sertões*".

Euclides da Cunha, na sua obra clássica, não poupa elogios ao então coronel Teles, referindo-se à 4ª Brigada do general Savaget:

"Dirigia-a o coronel Carlos Teles – a mais inteiriça organização militar do nosso exército nos últimos tempos. Perfeito espécime desses extraordinários lidadores rio-grandenses, bravos, joviais e fortes. Teles era, como eles, feito pelo molde de Andrade Neves, um chefe e um soldado: arrojado e refletido, impávido e prudente, misto de arremessos temerários e bravura tranquila; não desadorando o brigar ao lado da praça de pré no mais acesso dos recontros, mas depois de haver planeado friamente a manobra. A campanha federalista do sul dera-lhe invejável auréola. A sua figura de campeador – porte dominador e alto, envergadura titânica, olhar desassombrado e leal – culminando-lhe o episódio mais heroico, o cerco de Bagé. A campanha de Canudos ia ampliar-lhe o renome. Compreendeu-a como poucos. Tinha a intuição guerreira dos gaúchos."

Carlos Reverbel acrescenta, "em homenagem à memória de Carlos Teles", que, na Revolução Federalista, foi talvez o único oficial das tropas republicanas "a merecer o respeito e a admiração dos chefes maragatos, bem como da imprensa maragata, mesmo durante os transes mais sangrentos da guerra civil. E não se diga que era complacente: quando engajado na luta, ia até às últimas consequências e jamais se entregava".

O desaparecimento da "Honra com H maiúsculo" teve veementes e lamentáveis confirmações na cena brasileira, no século XXI, quando as acusações de corrupção passam pelo congresso e não terminam no presidente da República.

Numa pesquisa realizada em todo o país, publicada em 27/08/2017, no alto da primeira página do jornal *Estado de São Paulo*, 93% dos entrevistados "desaprovavam totalmente" o presidente da República Michel Temer (apenas 3% de aprovação). Em 2018, esse grau de desaprovação recorde se repetia. Segundo a pesquisa, 94% da população brasileira consideravam o governo "ruim ou péssimo".

O Senador Pinheiro Machado morreu sem uma só acusação ou suspeita de que, em qualquer momento de sua vida pública, tivesse agido de forma desonesta ou pouco honrosa, tendo, depois de morto, o testemunho de seu grande adversário Maurício Lacerda, que elogiou sua coragem e sua honradez: "Foi preciso que se abatesse esse lidador, para que a política não tomasse mais expressão. A política, depois dele, se tornou uma conciliação de arranjos, um negócio de interesses...".

Na verdade, a conclusão é que, em 2017/2018, estavam longe os tempos em que uma insinuação, ou mesmo uma acusação de corrupção ou de atitude menos correta fosse motivo para uma reação indignada do ofendido em defesa da Honra.

A Honra, "com H maiúsculo", constituía – num passado já remoto – um dos fios condutores da educação e da vida em sociedade. De fábula a poema épico, de tragédia clássica a canção dramatizada, da versão grega à versão latina, de conto a lenda, de lição de moral a aulas de História, houve tempos em que tudo ressoava a "lições de Honra".

Nunca faltaram exemplos falando do desafio e do heroísmo, do sacrifício, do medo enfrentado para cumprir um dever, da vida e da morte gloriosa pela Honra da pátria, a Honra da casa, a Honra da família, a Honra de ser admirado e, por isso mesmo, a Honra de si. A "palavra de honra" dada já foi reconhecida como prova de veracidade de uma afirmação.

Lembro dos tempos de criança, nos irrepetíveis anos 1950, quando meu Pai "cobrava" de mim e de meu irmão alguma travessura:
— Vocês comeram sorvete antes do almoço?
— Não! – negávamos com convicção.
— Vocês dão a palavra de honra que não comeram sorvete?
Era o momento de baixar a cabeça e reconhecer:
— É... Nós comemos sorvete...
Ninguém dava a palavra de honra em vão.

A Honra, como valor insuperável, já esteve no centro das relações pessoais a tal ponto que, em muitas escolas, a recompensa para os bons alunos tomava a forma de uma inscrição no "Quadro de Honra".

No outono de 1992, a L&PM Editores publicou a versão em português de uma coleção de grande sucesso na França intitulada "Série Éticas" com a participação de vários autores ilustres. Ao lado dos volumes *A Fidelidade*, *A Polidez*, *A Tolerância*, entre outros, foi lançado o livro *A Honra*. Num dos textos dessa obra, o teólogo Maurice Bellet questiona:

"O que é um homem sem Honra? É, de fato, aquele que prefere sua vida ao que exigiria dele sua consciência. Ou mesmo que prefere seus bens, seu lucro, o dinheiro, em prejuízo do que não se compra nem se vende, mas define sua dignidade.

Num mundo mercantil, a Honra é o outro valor, que não é contabilizado, que parece em desuso, derrisório, incompreensível; não o único valor desse gênero, sem dúvida – a Sabedoria ou o Amor, por exemplo, também não se compram – mas talvez a Honra seja o valor mais provocante.

Ousar reclamar sua Honra!

A Honra faz cumprir a palavra dada; faz guardar silêncio sob tortura e ameaça de morte, em vez de entregar o nome dos camaradas; faz escolher a pobreza, o exílio, o desprezo, em vez de se aviltar numa submissão indigna.

Por certo o guerreiro de grandes épocas, o samurai, o cavaleiro, não despreza sua vida, mas ela não tem valor nenhum diante dos valores a que ele escolheu servir: antes a morte do que a desonra.

A Honra serve; ela obedece à sua lei, que é recusar a baixeza; ela marca por baixo o limite que não deve ser ultrapassado, mesmo para vencer: há vitórias aviltantes. Faltar com a Honra é ser derrotado; é sair de si para se tornar um outro que não se pode mais aceitar.

É por aí que se pode compreender que há situações em que a morte pode ser considerada preferível à desonra."

É, por aí, também, que se deve compreender o lamento do deputado Maurício Lacerda, reverenciando seu adversário político Pinheiro Machado e o vazio que deixou.

E também a motivação dos duelos do passado: o "risco de morte" – enfrentado pelo Senador Pinheiro Machado e pelo seu adversário, o jornalista Edmundo Bittencourt – era considerado preferível à desonra. Enfrentamentos, aparentemente absurdos e exagerados para nossos conceitos de hoje, mas que, na época, eram carregados de significado: tratava-se de uma questão de Honra.

Quem não age com Honra, perde a integridade. "Integridade", substantivo feminino com origem no latim *integritate*, que significa a qualidade ou estado do que é íntegro ou completo, é sinônimo de honestidade, retidão, imparcialidade. Em sentido figurado, a integridade pode ser descrita como honradez, pureza ou inocência. Pode designar uma atitude de plenitude moral, sendo a característica de uma pessoa incorruptível.

O dr. Samuel Johnson, no seu lendário *A Dictionary of the English Language* (1755), definia, como primeiro sentido da palavra Honra: "nobreza de alma, magnanimidade, e um desprezo à maldade".

Esse tipo de Honra decorre da percepção da conduta correta e da integridade pessoal: é a Honra, com "H" maiúsculo. A

Honra, atributo que merecia ser defendido de armas na mão, ou com o risco que fosse necessário. A propósito, vale lembrar um episódio emblemático.

A Espanha e o resto do mundo assistiram um magnífico exemplo de três homens honrados que arriscaram a vida em defesa da dignidade.

No dia 23 de fevereiro de 1981, ocorreu uma tentativa de golpe de Estado em Madri. Era o dia de uma sessão solene do Parlamento Espanhol, quando o então primeiro-ministro Adolfo Suárez ia despedir-se da função e transmitir o cargo a seu sucessor diante do plenário completamente lotado de parlamentares. Apenas seis anos depois da morte do ditador Franco, a Espanha lentamente se reconstruía como Estado democrático. Câmeras de televisão documentavam a solenidade e gravaram todos os detalhes do fato insólito que se deu a seguir.

Quando a solenidade se iniciava, o recinto foi invadido por um tenente-coronel bigodudo com uma pistola engatilhada na mão, liderando uma escolta barulhenta e fortemente armada que dava tiros para o alto e para todos os lados.

Era o início de um golpe de Estado.

– ¡*Quieto todo el mundo!* – berrou o tenente-coronel, na tribuna, empunhando uma pistola, em meio à fuzilaria, que convenceu os hesitantes.

O jornalista Ferreira Fernandes, do *Diário de Notícias* de Lisboa, recordou a suprema humilhação: todos os deputados (quer dizer, toda a nação) "encafuaram-se que nem coelhos" sob as cadeiras e os tampos das mesas.

Todos, com exceção de três.

Três homens não obedeceram a ordem: um velho general, então ministro da Defesa, Gutiérrez Mellado; um homem de direita, o chefe do Governo demissionário, Adolfo Suárez; e um homem de esquerda, o comunista Santiago Carrillo.

O general Mellado, sentado entre os parlamentares, levantou-se para interpelar o bando e foi agredido. Suárez e Carrillo mantiveram-se sentados, soberbos, em meio àquela multidão de centenas de parlamentares encolhidos sob as mesas e cadeiras na sala do parlamento.

O general Mellado morreu em 1995, cercado da admiração pela sua coragem. Suárez perdeu a lucidez anos depois e, em 2014, quando faleceu, vivia retirado com a silenciosa reverência do país. Santiago Carrillo morreu em 2012, aos 97 anos, com plena lucidez, reiteradamente homenageado até pelos adversários.

O escritor Javier Cercas escreveu um livro precioso, de 450 páginas, *Anatomia de um instante*, que recebeu na Espanha o Prêmio Nacional de Narrativa em 2010 (tradução brasileira publicada pela Biblioteca Azul), no qual relata em detalhes como a coragem desses três homens desarmados mudou a história do país: foi determinante para o fracasso do golpe de Estado de 23 de fevereiro de 1981 e a manutenção da democracia na Espanha. A Honra é o principal personagem desse livro, que celebra três políticos raros e inesquecíveis.

24

Voltando ao assunto do duelo, notícias com cutucadas e alfinetadas do *Correio da Manhã*, ironizando a influência do Senador Pinheiro sobre o marechal Hermes e a jovem primeira-dama Nair de Teffé, se tornaram quase rotineiras na segunda década do século XX, geralmente recebidas com indiferença – e até com bom humor – pelo Senador.

Entretanto, certo dia o Pinheiro se sentiu "atingido em sua honra" pelo *Correio da Manhã* e desafiou para um duelo o diretor-proprietário do jornal, Edmundo Bittencourt – o qual, também gaúcho altaneiro, embora atirador neófito, prontamente aceitou o desafio.

Duelos para resolver questões de honra eram legalmente permitidos nos primeiros anos do século XX e tinham regras bem determinadas.

O enfrentamento entre Pinheiro Machado e Edmundo Bittencourt foi um célebre duelo pela honra e, no final previsível, Bittencourt saiu ferido. Mas poderia ter sido mortal: o Senador, de formação militar, atirador e espadachim de primeira ordem, atirou para baixo, de forma a apenas feri-lo na perna, sem gravidade.

Essa circunstância e a rivalidade que nunca diminuiu o respeito mútuo, enaltecendo a ambos os contendores, foram fatos saudados um século depois, em maio de 2010, em uma memorável sessão do Senado Federal, quando foi lembrado o duelo e homenageada a memória do Senador Pinheiro Machado, com os pitorescos comentários do orador, senador Paulo Duque:

> "O SR. PAULO DUQUE (PMDB - RJ) – Eu queria falar hoje de um gaúcho, que tem minha completa admiração: Pinheiro Machado. Ele era um homem de grande coragem pessoal. Essa coragem nasceu, talvez, ainda na adolescência, na Guerra do Paraguai. Jovem ainda, tinha dezesseis anos, fez questão de, em 1865/1870, ir para a Guerra do Paraguai. Ele não era obrigado a ir, não foi chamado, mas era um homem que nasceu valente. Foi um homem que fez uma carreira política muito interessante, esteve na Faculdade de Direito de São Paulo, formou-se, elegeu-se Senador pelo Rio Grande do Sul... Sr. presidente, eu temo ultrapassar o meu tempo. V. Exa. vai ser o juiz disso, porque eu não quero prejudicar nenhum dos outros oradores aqui.
> O SR. PRESIDENTE (José Sarney, PMDB - AP) – V. Exa. pode prosseguir o seu discurso.
> O SR. PAULO DUQUE (PMDB - RJ) – Em pouco tempo, Pinheiro Machado conseguiu dominar o Senado – no bom sentido. Ele era, antes de tudo, um homem valente. Edmundo Bittencourt fundou um grande jornal no Rio de Janeiro, o *Correio da Manhã* – infelizmente, já desapareceu esse jornal. Por divergências políticas da época, Bittencourt iniciou uma guerra jornalística contra o Senador Pinheiro Machado, que era praticamente o chefe da política nacional à época. De tal maneira e de tal forma eram os ataques diários desse jornal que Pinheiro Machado lançou-lhe um desafio: um duelo. O dono do jornal, Edmundo Bittencourt, gaúcho também, era um sujeito corajoso. Não hesitou e respondeu: 'Aceito o desafio'. Imaginem se eu fosse fazer isso com os jornais que andaram falando do Paulo Duque agora! Hoje há uma

certa relatividade nos conceitos de honra e defesa da honra. Mas naquela época era diferente. O Rio, naquela ocasião, era uma cidade muito pequena – estou falando de 1906. A zona sul era um areal inteiro com muitas pitangueiras, não tinha ninguém, não tinha casa. Foi o lugar escolhido para o duelo. Os candidatos ao duelo não se falavam, só se falavam por meio de seus padrinhos. Havia solenidade, lavrava-se uma ata, escolhiam-se as armas, estabeleciam-se as regras. Posicionados os duelistas, Edmundo Bittencourt, um pouco nervoso, foi o primeiro a atirar, mas errou o tiro. E o que fez o Pinheiro Machado? Por isso é que ele merece ter nome de rua, como tem hoje, lá na minha cidade e em cidades de todo o Brasil... O que fez o Pinheiro Machado? Atirou para o alto. Olhem que gentleman! Atirou para o alto! Aí as testemunhas sugeriram: 'Escuta, vocês querem terminar o duelo aqui? Querem acabar?'. O Edmundo, que era valente, falou: 'Não! Vamos ver o que houve'. A pistola dele não estava bem travada e, por isso, não disparou. Aí, substituíram as balas. Recomeçou o duelo. O Edmundo deu o primeiro tiro, como sempre, afobado. Dessa vez a pistola funcionou e ele errou. Aí, Pinheiro Machado atirou e o acertou. Poderia ter liquidado com ele na hora, mas, outra vez, deu uma prova do cavalheirismo gaúcho e acertou na perna. Ferimento leve, sem consequências. Veio o médico e fez o curativo na hora. Foram embora.

Então, estavam ali em defesa da honra, cada qual achando que tinha mais direito do que o outro. Não ocorre mais assim hoje.

O Sr. Presidente (José Sarney, PMDB - AP) – Muito bem. V. Exa. trata de uma das figuras importantes da História do Brasil, o Senador Pinheiro Machado, que foi um dos consolidadores da república, pela qual ele tinha verdadeira obstinação e desejo de que a república jamais corresse perigo.

O sr. Paulo Duque (PMDB - RJ) – É verdade. E o que aconteceu no duelo? Então, eles estavam ali em defesa da honra, cada qual achando que tinha mais direito do que o outro, de sobrepujar o outro, de pisar no outro. Não ocorre mais assim. Hoje há 'uma certa relatividade nos conceitos de honra e defesa da honra'."

Nenhum dos senadores presentes, naquele discurso de 2010, contraditou o senador Paulo Duque nesse discurso quando ele constatou "uma certa relatividade nos conceitos de honra e defesa da honra" nos tempos modernos.

Aquele duelo, entre Pinheiro Machado e Edmundo Bittencourt, lembrado em 2010 pelo senador Paulo Duque, teve grande repercussão na imprensa de todo país em 1906, quando se realizou. Houve até um inútil "duelo de versões" – inútil, porque os fatos, na essência, eram os mesmos.

O *Correio do Povo*, de Porto Alegre, primeiro noticiou o duelo reproduzindo uma matéria da *Gazeta de Notícias* (que fazia oposição ao Senador). Mas, depois, na sua edição de 10 de junho de 1906, o *Correio do Povo*, buscando equidistância e imparcialidade sobre o confronto de dois gaúchos no Rio, publicou outra notícia do duelo Pinheiro Machado x Edmundo Bittencourt, na versão publicada pelo jornal *O Paiz* (favorável a Pinheiro Machado, como se percebe pela clara parcialidade da narração), uma espécie de "equiparação", para destacar sua imparcialidade. Vale a pena repetir essa versão do duelo, com seus saborosos detalhes da época:

> *Reproduzimos há dias, em nossas colunas os pormenores dados pela* Gazeta de Notícias, *do Rio, sobre o duelo ali havido entre os ilustres Senador Pinheiro Machado e o dr. Edmundo Bittencourt, diretor do* Correio da Manhã. *Transcrevemos*

hoje o que, sobre o mesmo encontro, publicou O Paiz *em sua edição do dia 24 do mez findo:*

Há alguns dias o general Pinheiro Machado, que, nestes últimos tempos, tem sido alvo predileto das injurias soezes do Correio da Manhã, *deliberou exigir do diretor desse jornal uma reparação pelas armas. Dessa missão S. Exa. encarregou a dois de seus amigos: o senador Ramiro Barcellos e o general Hermes da Fonseca.*

Ante-hontem à noite, o general Pinheiro Machado, como de costume, recebeu grande número de amigos, com os quaes conversou com a mais absoluta serenidade. Dentre esses amigos, só um, o senador Rui Barbosa, sabia que na manhã seguinte o general Pinheiro Machado teria um encontro em que punha a vida em risco: todos os demais nem de leve suspeitavam semelhante cousa. Para tranquilidade de sua senhora, o general Pinheiro Machado dissera ao jantar que o general Hermes o havia convidado para assistir a um exercício militar, que se realizaria na manhã seguinte: isso explicaria que sua excelência saísse de casa ao romper do dia. Effectivamente, cerca de 6 horas da manhã, sua excelência tomou o seu carro e dirigiu-se para Ipanema.

Chegou na hora ajustada para o combate. O sr. Ramiro Barcellos designou aos combatentes os respectivos logares. Coube o sol ao sr. Edmundo Bittencourt, que protestou não ficar ali, porque o sol o incomodava. O general Pinheiro Machado, dirigindo-se então a elle, pela primeira vez, disse-lhe.

– Passe para cá. Fique no meu logar. O sol a mim não me incomoda.

O sr. Edmundo Bittencourt respondeu-lhe:
– O senhor está me flauteando.

Ao que tornou o general Pinheiro Machado, com a gravidade que lhe é peculiar:

— Não. O simples fato de ter vindo até aqui já é um movimento de homem de brio.

Mas o sr. Ramiro Barcellos tinha já achado outro lugar que eliminava o contratempo do sol.

Na posição em que estavam, o sr. Edmundo Bittencourt olhava para o sr. Ramiro Barcellos e via-lhe o movimento dos lábios, a contar os tempos.

— Um! Dois! E, em seguida: Três!

Não tinha ainda proferido essa última ordem, e o sr. Bittencourt já se voltava, puxando o gatilho de sua pistola. A espoleta falhou. Ficou então o sr. Bittencourt à mercê do general Pinheiro Machado, que é um exímio atirador. Sua Excelência, porém, embora sua pontaria e sua notável destreza no manejo de uma pistola, propositalmente, atirou para o lado — na linha do alvo, mas para o lado. A bala perdeu-se, porque Sua Excelência quis que ela se perdesse.

Houve então um movimento por parte das testemunhas do sr. Bittencourt, sugerindo o encerramento do duelo. O general Pinheiro Machado recusou:

— Os meus atos políticos podem ser atacados politicamente. Mas, quando sou agredido na minha honra pessoal, castigo.

E voltando-se para o senador Ramiro:

— Carrega, Ramiro!

O senador Ramiro Barcellos carregou de novo as pistolas e entregou-as. Segunda vez, os adversários deram-se as costas.

Segunda vez, o senador Ramiro Barcellos ordenou:

— Um! Dois ! Três!

Mas, antes que se tivesse ouvido essa voz de commando do 'Três!', de novo, o sr. Bittencourt, muito nervoso, voltou-se precipitadamente, puxando o gatilho antes do tempo regulamentar. Desta vez sua arma disparou: a bala perdeu-se, mas *o duelo estava valendo! De novo o sr. Bittencourt teve sua vida a mercê do general Pinheiro Machado. Sua Excelência, entretanto, não deu o tiro de misericórdia: calmamente baixou a pontaria, ferindo-o na nádega. Sua honra estava redimida.*

O sr. Edmundo Bittencourt, muito pálido, levou a mão ao logar do ferimento. Foram satisfeitas as condições do duello. O general Pinheiro Machado aproximou-se delle e disse-lhe: 'Faço votos que não seja mortal o seu ferimento. Estou convencido de que é leve.'

O seu ferimento, constatou-se logo, era effectivamente leve.

Esse duelo entre o Senador Pinheiro e o jornalista Bittencourt, hoje, parece, no mínimo, um exagero absurdo e inútil; naquela época, era um rito indispensável de defesa da honra.

No Brasil do início do século XX, os duelos não só eram permitidos como tinham seus rituais e desdobramentos publicados com grande destaque nos jornais. E não só os duelos entre celebridades eram notícia. Em 17 de setembro de 1915, sexta-feira, por exemplo, o *Correio do Povo*, sob o título "Duelo mortal", noticiava outro duelo, em tom trivial:

> *Realizaram-se, ontem, às 10 horas os enterros dos padeiros João Baptista Quadrado e José Ribeiro que, anteontem, à rua 28 de Setembro, empenharam-se em luta à bala, resultando a morte de ambos. O enterro de Quadrado saiu da residência da família, à rua 28 de Setembro n. 94 e o enterro de Ribeiro saiu da Santa Casa. Sobre os féretros foram depositadas muitas coroas.*

Na verdade, o Código Penal Brasileiro, desde 1890, proibia expressamente os duelos. Todos os envolvidos em duelos tinham alguma punição, incluindo os padrinhos dos contendores. Em caso de morte, a pena era de um a dois anos de prisão. Isto é, na verdade, a pena prevista para os duelistas e para os padrinhos, de tão leve, servia de estímulo aos duelos. E essa vedação legal aos duelos, na verdade, foi uma das tantas disposições legais que "não pegou" no Brasil.

O Senador Pinheiro Machado não teve a morte honrosa num duelo, mas, como previu mais de uma vez, morreu como Júlio César, apunhalado à traição.

25

"Aqui, exatamente aqui, era o Hotel dos Estrangeiros, onde o Senador Pinheiro Machado foi assassinado" – disse Millôr Fernandes ao meu irmão, Ivan Pinheiro Machado, a caminho de um jantar no restaurante Lamas, no Rio de Janeiro, nos anos 1970.

"O Senador foi apunhalado e desceu as escadas, dignamente, enquanto se esvaía em sangue. Sentou-se numa cadeira e, antes de morrer, teve tempo de chamar o assassino que lhe golpeara pelas costas de 'canalha'."

Numa outra vez, descreveu a cena com tanta precisão como se a tivesse assistido:

"A morte do Senador" – nos disse Millôr Fernandes, na entrevista que fizemos com ele para a revista *Oitenta* – "foi um dos acontecimentos capitais da história do Rio de Janeiro. É um dos nossos grandes mortos."

Não faltavam versões, em conversas e boatos nas ruas... E também em letra de forma, nas manchetes de jornais sensacionalistas, como flagrou o *Correio do Povo* de 28 de setembro de 1915, publicando duas versões conflitantes que circularam, na véspera, no Rio de Janeiro:

> *Rio, 27 – O delegado Nascimento e Silva recebeu uma carta anônima dando-lhe o nome de um negociante em cuja casa Francisco Manso de Paiva Coimbra, autor do assassinato do Senador Pinheiro Machado, trocara, no dia do crime, uma*

nota de 500$000, tendo, então, puxado do bolso um pacote de dinheiro. Sendo chamado à presença da autoridade, o negociante confirmou a denúncia. Acareado com Manso, este, porém, negou, chamando aquele de mentiroso e usando de outras frases ásperas.
Rio, 27 – O vespertino A Ordem *afixou hoje um boletim dizendo que Manso de Paiva Coimbra, assassino do Senador Pinheiro Machado, estava envenenado.*

Na verdade, a saúde de Manso de Paiva permitiu-lhe sobreviver a uma longa cadeia. Depois de cumprir a pena de trinta anos de prisão, Manso percorria as redações dos jornais e revistas do Rio Janeiro, nos anos 1950, tentando vender a sua história – o relato de uma punhalada pelas costas em um homem desarmado.

Quando trabalhava na sempre lembrada revista *O Cruzeiro*, marco indelével da imprensa brasileira nos anos 1950, Millôr Fernandes conheceu o assassino do Senador, que visitou a redação da revista oferecendo sua "versão" do assassinato para publicação.

Mas, essa versão – de um assassino que matou pelas costas um homem desarmado – não teve qualquer repercussão, pois nem *O Cruzeiro*, nem qualquer outra publicação, teve interesse.

Muitos anos depois, Millôr Fernandes teve mais sorte do que o Senador: conseguiu morrer duas vezes. Da primeira "morte", Millôr voltou de forma inesperada, no relato emocionado do amigo Luiz Gravatá, num e-mail circular de 12 de junho de 2011 a uma dezena de outros companheiros da fraternidade informal que acompanhava com angústia a agonia do Mestre:

"Que impressionante é esse meu amigo Millôr Fernandes... Depois de um violento AVC que o deixou mais de quatro meses em coma, era difícil acreditar em recuperação: abriu os olhos e falou conosco... Mais uma vez Mestre Millôr nos surpreende."

Naquele dia, para perplexidade dos amigos, dos médicos – e contrariando todas as previsões – inesperadamente, de uma hora para outra, Millôr Fernandes tinha saído do coma.

Gravatá contou que o dr. Gabriel, o neurologista que acompanhava o escritor, dramaturgo, desenhista, humorista, poeta, pintor, jornalista e boa gente Millôr Fernandes, e dele tratava, fez alguns procedimentos para avaliar suas reações. Pediu a Millôr que olhasse para o lado esquerdo, para o direito, pra cima e para baixo. Depois, que colocasse a língua para fora e a movesse para a direita e para a esquerda. Pediu que movesse o braço direito e o esquerdo. Em seguida, fez os testes com o martelinho. A compreensão e os reflexos estavam perfeitos. Millôr respondeu a todos os testes. Vieram então as perguntas, para testar a memória e a lucidez.

"Fiquei emocionado ao vê-lo responder a mais de cinquenta perguntas feitas pelo médico. Absolutamente incrível! Não errou nenhuma delas; ou melhor, errou o número do telefone de casa, mas isso, incrivelmente, ele nunca soube. Cansei de receber telefonema de Millôr me perguntando o número do telefone de sua casa..." – escreveu Gravatá. Além disso, quando o médico perguntou a sua idade, fez como fazia sempre: mentiu que tinha 84. Perguntado sobre em que mês estavam, respondeu "janeiro", embora fosse junho. Detalhe: foi em janeiro que ele teve o AVC, a partir do qual ficou em coma.

Respondeu corretamente sobre seu endereço, disse os nomes do médico, de diversos amigos, dos filhos e netos, identificou um desenho de Claudius pendurado na parede, reconheceu os amigos Gravatá e Chico Caruso que acompanhavam emocionados a consulta médica. Em seguida uma das enfermeiras, jovem e bonita, se aproximou para realizar alguns procedimentos e perguntou:

– Você me ouve, Millôr?

– Com ou sem "H"? – ele perguntou à jovem enfermeira, ensaiando um sorriso.

Depois dessa molecagem, Gravatá teve certeza de que o velho Millôr estava de volta e escreveu num outro e-mail: "Quase todos os dias tenho estado com ele no hospital. Hoje, me convenci de que ele se recupera e está, realmente, completamente lúcido. Não noventa e nove por cento. Está cem por cento lúcido".

Mas, aos 88 anos, faltou ao corpo a energia que sobrava em sua mente privilegiada e, nove meses depois daquela alegria fugaz dos amigos e médicos que o cercavam, Millôr Fernandes enfim nos deixou. Fica a memória dos que tiveram a oportunidade de estar por perto.

Ivan Pinheiro Machado, diretor da L&PM Editores, seu amigo próximo por quase quarenta anos, lembrou que o gênio também foi um homem gentil e generoso que gostava de escutar as pessoas. Creio que o Ivan morreu um pouco com Millôr, como confessou no blog da L&PM:

"Primeiro, eu fazia parte da imensa legião dos admiradores de Millôr. O mágico das palavras e do traço. Depois fui seu editor, seu amigo e passei a admirá-lo mais ainda. Foi meu padrinho de casamento no começo da década de 80. Foi a única vez que o vi engravatado. Millôr falava muito e dizia coisas brilhantes. E se calava para ouvir seu interlocutor atentamente. Era delicado, gentil e amigo. Muitos de seus bilhetes acabavam com a saudação, "fra-paternalmente, o Millôr". O Paulo Lima [o "L" da L&PM] e eu tivemos o privilégio de uma convivência de quase quarenta anos com Millôr Fernandes. Ele era bem mais velho do que nós. E a partir de um certo tempo passamos a temer esse momento. E Millôr se foi aos 88 anos, depois de uma longa agonia. Seu filho, Ivan Fernandes, me disse que no final ele se foi suavemente, sem sofrimento. Esta é a dura e terrível realidade da vida; ela acaba. Leva os queridos e ficamos nós. Com esta dor no peito, este nó na garganta e esta saudade do homem, do amigo e do imenso artista que se foi."

Muito antes disso, em setembro de 1981, fizemos, na revista *Oitenta*, da L&PM, uma longa entrevista com Millôr, que foi republicada em livro. Nós, então jovens entrevistadores, que por certo nos considerávamos eternos, encerramos as sete horas de animada conversa com uma pergunta reveladora de que não pretendíamos perder um só minuto dessa eternidade:

"O que move um cara, durante 43 anos, das sete da manhã até as oito da noite, enquanto os outros se divertem, andam pelos bares, fazem surf etc., o que faz com que este cara escreva? Que tipo de obsessão é essa?"

A resposta de Millôr Fernandes foi uma singela lição de vida:

"– Não, mas peraí! Primeiro, não é obsessão, é profissão. Como os outros ganham a vida no mercado financeiro, o português ganha a vida no seu armazém, eu estou ganhando a minha vida. Exatamente. Eu estou ganhando a minha vida: tem aqueles que ganham a sua vida dignamente e os que ganham indignamente. Eu estou procurando vender um produto. É aquela história do bom tijolo. Eu estou lá fazendo o meu tijolo, e só entrego o que eu acho que está bom. Pode até estar ruim, mas eu não estou achando que é ruim, não. Além disso, não foram 43 anos confinados. Enquanto isso, graças ao bom Deus, eu tive enormes paixões, eu namorei as moças, eu viajei, eu fui e voltei, eu corri riscos, tive medos e muitas alegrias. E tudo isso ainda me deu o lucro marginal de estar aqui com vocês: oportunidade que eu obtive com o meu trabalho, na minha vida."

Nos irrepetíveis anos 1970/1980, Millôr, em plena forma, estava por perto quando Ivan teve uma curiosa aproximação com o Senador Pinheiro Machado, no Rio de Janeiro, no concorrido lançamento do livro de Caulos *Só dói quando eu respiro* (L&PM, 1976), uma saborosa seleção de cartuns publicados no *Jornal do Brasil*, que, na época era um dos jornais mais importantes do país.

De repente, Ziraldo apareceu, muito sorridente e excitado e disse ao meu irmão:

– Ivan, vem comigo, a condessa Pereira Carneiro quer te conhecer.

A condessa era a mítica presidente do lendário *Jornal do Brasil*.

Ivan não podia imaginar o motivo, mas a condessa o aguardava com um sorriso e uma pergunta:

– O general Pinheiro Machado era seu parente? – disse ela.

Quando o Ivan disse que era sobrinho-bisneto do Senador Pinheiro Machado, a condessa, gentilmente, estendeu a mão para cumprimentá-lo:

– Muito prazer. O general Pinheiro Machado era meu padrinho. Quando nasci, em 1899, ele já era uma das principais personalidades da política brasileira. Meu pai, o escritor João Dunshee de Abranches de Moura, jornalista e político, era correligionário e amigo do general.

O encontro do meu irmão com a condessa se deu em junho de 1976. Na época, Caulos e Ziraldo eram os principais cartunistas do *Jornal do Brasil* e a condessa Pereira Carneiro sempre prestigiava eventos que envolviam colaboradores do jornal. A condessa chegou num Mercedes Benz preto, que estacionou em cima da calçada em frente à Petite Galerie, na rua Barão da Torre, na época uma das galerias mais importantes do Rio.

Maurina Dunshee de Abranches Pereira Carneiro, mais conhecida como condessa Pereira Carneiro, foi diretora-presidente do sempre lembrado *Jornal do Brasil*, de 1953 até a data de sua morte, 1983. Sob sua direção, o *Jornal do Brasil* alcançou grande prestígio nacional e internacional, depois de uma reformulação editorial, gráfica e industrial que mudou a história da imprensa brasileira.

A condessa foi classificada pelo jornal inglês *The Guardian* como "uma das mulheres mais influentes da América do Sul" e, segundo a revista francesa *Marie Claire*, era "uma das 50 mulheres mais importantes do mundo". Ela gostava de dizer: "Sou filha, neta e bisneta de jornalistas. Tenho a sensação de que trago o jornalismo no sangue".

A propósito, Ferreira Gullar escreveu em uma coluna na *Folha de S. Paulo* em 2/8/2015:

> *...jornalismo moderno só havia no* Diário Carioca, *até que a condessa Pereira Carneiro, dona do arcaico* Jornal do Brasil, *decidiu modernizá-lo. Ela tomou essa decisão influenciada pelo suplemento dominical de seu jornal, inventado por Reynaldo Jardim e que se tornara um exemplo de criatividade na imprensa do país. Para efetivar a modernização do JB, chamou Odylo Costa Filho, que era maranhense, como seu falecido marido. A renovação efetivamente se deu quando foi para lá o trio que já tentara renovar a revista* Manchete*: Jânio de Freitas, Amilcar de Castro e, modéstia à parte, eu. Pois bem, uma das inovações foi retirar o fio negro que separava as colunas de textos nas páginas, já que, para Amilcar, bastava o espaço em branco entre elas. Disso resultou uma leveza visual que nenhum jornal tinha. Outra inovação, que se deveu ao Jânio de Freitas, foi o modo de usar a primeira página. Até então, no JB como nos demais jornais, as notícias mais importantes começavam na primeira página e continuavam em alguma página de dentro. Jânio mudou isso: as notícias importantes eram postas resumidamente na primeira página e integralmente numa página de dentro reservada àquele assunto: se fosse política, ia para a página de política, fosse economia, para a página de economia. Isso significava uma revolução no modo de estruturar o jornal e que ia se impor no futuro. Hoje, todos os jornais têm páginas específicas para diferentes assuntos, o que facilita ao leitor encontrar o que deseja ler e também ajuda na composição*

do jornal, tanto do ponto de vista gráfico quanto redacional. Mas começou ali, no JB.

"O general Pinheiro Machado e meu pai eram grandes amigos", disse a condessa Pereira Carneiro ao Ivan, naquele vernissage. "Eles gostavam de conversar em longas caminhadas. Às vezes, nessas caminhadas, eles me levavam para passear. O Senador era muito educado e muito simpático: sempre me presenteava com flores e bombons. Foi uma imensa tristeza a morte dele..."

A condessa e o seu *Jornal do Brasil* deixaram saudades: a morte de ambos foi muito triste para o jornalismo brasileiro.

26

A partir da posse de Venceslau Brás (presidente da República entre 1914 e 1918), foi como se um punhal começasse a ser enterrado lentamente nas costas do Senador Pinheiro Machado. No plano político, a aliança "café com leite" (São Paulo + Minas Gerais) passou à ofensiva. O assassinato do Senador foi uma morte anunciada: anunciada pelo próprio Senador.

Mas houve um outro insólito anúncio: a profecia de um adivinho, o hierofante Múcio Teixeira.

"Hierofante" designava o cultor de ciências ocultas e adivinho. Na Grécia Antiga, era o sacerdote que presidia aos mistérios de Elêusis e, na Roma Antiga, hierofante era o grão pontífice.

Em setembro de 1914, exatamente um ano antes do fatídico dia em que o Senador tombou apunhalado, o *Correio do Povo* publicou a insólita "profecia do assassinato":

> **Múcio Teixeira – membro da mesa do Senado morrerá em breve!**
>
> *Rio, 9 – O hierophante Múcio Teixeira esteve no Senado, e, aludindo ao falecimento do senador Feliciano Penna, disse na redacção do jornal* Imparcial*:*
>
> *Eu não devia dizer a vocês porque ando com o coração cheio de presagios. Eu voltei ao Senado, porque ainda vejo, cada vez mais distinctos, signaes fatidicos que annunciam uma nova morte naquella casa do Congresso. Desta vez os signaes são*

claros e evidentes, mostrando-nos até o logar onde se assenta a victima ilustre que está prestes a ser imolada!

– Como assim? – indagaram do vate hierophante.

– Positivamente. Eu vejo o signal terrivel, uma espada de fogo sobre a mesa!

– Sobre a mesa do senado?

– Exatamente. Mas, não me perguntem mais nada. Eu não sei ainda quem é, qual será a cabeça que vai cair sobre o golpe do destino. Sei apenas que essa cabeça como a de Tiradentes, nos versos do poeta, vae cair de bem alto.

E Múcio Teixeira enxugou uma lágrima.

No Brasil de 1915, as profecias de um hierofante eram notícia de jornal. E notícia de destaque. Afinal, nesse caso, o hierofante Múcio Teixeira estava prevendo a morte de um senador – assassinado! Mais precisamente: de "um senador membro da mesa"!

Pinheiro Machado, mais do que "membro da mesa"... comandava a mesa! Era o presidente do Senado... Isto é, a morte do presidente do Senado estava sendo anunciada pelo hierofante!

O anúncio do adivinho teve repercussão. Mas não foi tratado como um escândalo – nem foi lembrado como o seu verdadeiro significado: uma tragédia anunciada.

A profecia do hierofante Múcio Teixeira coincidiu com o falecimento do senador Feliciano Penna por causas naturais, noticiado no *Correio do Povo*, em 10 de julho de 1914.

Mas Múcio foi claro, informando que o falecimento do senador Feliciano Penna ainda não era a morte que anunciara. E sentenciou, com o lábio trêmulo: "Signaes fatidicos annunciam uma nova morte naquela casa do Congresso"...

O anúncio premonitório, proclamado mais de um ano antes do assassinato, não surpreendeu o Senador, pois tinha consciência de que se criava na opinião pública uma espécie de clamor em favor do assassinato.

Embora não tenha comentado a profecia do hierofante publicada pelo jornal, Pinheiro Machado percebia as articulações à sua volta, especialmente às suas costas. O Senador adivinhava o que estava por vir, tanto que advertiu, numa palestra a estudantes, semanas antes do crime:

"É possível que, durante a convulsão que nesta hora sacode a república em seus fundamentos, possamos submergir. É possível mesmo que o braço assassino, impelido pela eloquência delirante das ruas, nos possa atingir. Afirmamos porém, aos nossos correligionários, que se esse momento chegar, saberemos ser dignos da vossa confiança. Tombaremos na arena, olhando para a grandeza da nossa pátria, serenamente, sem maldições nem desprezo, sentindo tão somente compaixão para com aquele que assim avilta a nobreza imaculada dos brasileiros. Não ocultaremos, como César, a face com a toga, e de frente olharemos fito a treda e ignóbil figura do bandido, do sicário. Não temos para oferecer ao nosso país, talento, competência extraordinária, que possa ofuscar o entendimento das multidões; mas temos uma vontade enobrecida ao serviço da pátria. Temos intenções as mais retas e podemos, de fronte erguida, dizer a todos os nossos compatriotas, que voltem, uma a uma, todas as páginas da nossa vida pública, certos de que ali nada encontrarão que possa enodoá-la."

Era uma morte anunciada (e, por muitos, exigida) na tribuna do parlamento, nas ruas e nas páginas dos jornais.

Raimundo Faoro resume as peripécias políticas das forças determinantes da trajetória de Pinheiro Machado, de grande estrela do Senado ao final violento, apunhalado. A ideia geral, "segundo as palavras sussurradas ao governador de São Paulo em 1900", seria a formação de "um grande partido de governo". Na visão de Faoro, Pinheiro foi usado para formar essa base sólida – e depois descartado:

"Nesse interregno, que vai das eleições de 1900 à morte de Pinheiro Machado [ocorrida em 1915], a política dos governadores campeia sobre o país, agitada e convulsa, mas num clima onde o dissídio não vulnera as bases da estrutura [...] Os quinze anos de febre não serão a obra de um homem, o artifício de uma personalidade, nem um corpo estranho na regularidade da política. O líder, não o líder que comanda mas que coordena e interpreta, será Pinheiro Machado, elevado em 1903 à vice-presidência do Senado, terceiro na ordem de sucessão presidencial, cabendo-lhe dirigir os trabalhos da câmara alta, na ausência do vice-presidente da república. Nessa escolha, realizada pelos seus pares, ex-governadores ou chefes da política estadual, já se percebe a diretriz diversa, contrastante ao Partido Republicano Federal. O líder não representa um estado poderoso, São Paulo, nem se tornará porta-voz, no futuro, de Minas Gerais, para o suporte das ambições presidenciais das duas unidades federativas."

Venceslau Brás governou o Brasil no período de 1914 a 1918, foi o nono presidente do Brasil, eleito para assumir o cargo deixado pelo marechal Hermes da Fonseca. Foi o candidato apoiado pela elite paulista e mineira, depois de terem restabelecido a aliança com o Pacto do Ouro Fino, retornando assim à política oligárquica do "café com leite".

Era conturbado o ambiente político no Rio de Janeiro, capital da república, nos idos de 1915. Reclamava-se pelos jornais, pelas ruas, por toda parte que "o país ia de mal a pior". Como única maneira de alterar o quadro da política brasileira, pregava-se, abertamente, a eliminação do Senador Pinheiro Machado.

Numa guerra, seria possível dizer que o Senador estava submetido a um "fogo de barragem", especialmente de um dos jornais mais influentes da época, senão o mais influente: o *Correio da Manhã*, em cujas páginas, diariamente, implacavelmente, as notícias negativas, mais do que "notícias", propriamente ditas, eram manifestos raivosos cheios de insinuações e acusações:

O sr. Pinheiro Machado passava por detrás da mesa, cochichava ao ouvido do sr. Pedro Borges e havia desaparecido por encanto. E os seus homens incondicionais, um a um, foram seguindo sorrateiramente o chefe do PRC. Foram todos trancar-se no gabinete destinado ao vice-presidente da Casa, onde o sr. Pinheiro os entreteve em rápida, porém definitiva conferência resolvendo não dar número...
Correio da Manhã, 4/7/1915

Quando houver guerra, ou mesmo simples ameaça, é olhar onde está o sr. Pinheiro e afirmar que ali também está a vitória, ou são por ela todas as probabilidades. Confiando demais na brandura, no espírito conciliador do sr. Wenceslau Braz, acostumado às suas condescendências, ele esperava no caso pernambucano, vencer, impor sua vontade, dar uma mostra da sua força sem mais consequências. Suspeitou que desta vez não seria assim. Sentiu que o *sr. Wenceslau Braz estava duro.*
Correio da Manhã, 5/7/1915, primeira página

Pode-se mesmo dizer que a preocupação política do governo tem sido exclusivamente a de não parecer que hostiliza o Morro da Graça. A organização do ministério obedeceu a esse ponto de vista de sorte que nele se encaixam pessoas, que outra coisa não fizeram durante todo o tempo da pagodeira hermista, senão obedecer a tudo quanto lhes exigia o sr. Pinheiro, e, por isso mesmo são justamente odiadas pela opinião pública.
Correio da Manhã, 5/7/1915

Em abril de 2018, no julgamento do ex-presidente Lula pelo STF, o ministro Gilmar Mendes lembrou essa crise da política brasileira, quando a maioria dos jornais diziam que a "opinião pública" estava contra Pinheiro Machado; mas o Senador respondia que não era a "opinião pública" mas sim a "opinião *publicada*" que o atacava.

E, de fato, sobre o Senador Pinheiro, além do *Correio da Manhã*, a maioria dos jornais publicava cruéis acusações. Além de uma parte importante da imprensa, também os parlamentares – na maior parte aqueles da aliança "café com leite" de São Paulo e Minas Gerais – de suas tribunas, lançavam sobre ele críticas e agravos. A ofensiva era tão intensa que até mesmo companheiros de partido tramavam, nas sombras...

Um dos momentos mais constrangedores foi a brincadeira de mau gosto de um deputado, que anunciou, como piada, o seguinte "projeto de lei":

"Art. 1º - Fica extinto o Senador Pinheiro Machado.
Art. 2º - Revogam-se as disposições em contrário."

Eram tantas as pressões que Pinheiro Machado tinha absoluta certeza de que seria assassinado. De cabeça erguida, enfrentava as maiores provocações quando andava pela rua. Mas tinha a intuição de que, das provocações, alguns adversários – que se tornaram inimigos perigosos – passariam à ação. Com o tom floreado da época, o relato de Joaquim Luiz Osório, lembrado por Ciro Silva, é expressivo:

"A 8 de janeiro de 1915, Pinheiro Machado reunia em sua dominadora morada a representação de seu estado para expor a gravidade da situação, terminando por apelar para cada amigo, caso viesse a sucumbir na arena, no sentido de uma forte coesão em prol do ideal republicano, sem esmorecimento, com ardor, pelas responsabilidades que desenhava caberem aos descendentes da terra de Bento Gonçalves na obra da liberdade e da democracia. E, então, afirmava a sua tranquilidade de consciência, justificava atos mal compreendidos e apreciados, explicando sua ação em quarenta anos de vida pública de forma tão sincera, tão eloquente, tão persuasiva que, a todos nós eletrizava e comovia, e impressionava pela sinceridade dos conceitos, através dos quais se lia um profundo amor, um verdadeiro fetichismo pela república, ao par de uma despreocupação rara pela vida, sempre que era mister o sacrifício pela pátria."

27

Em 4 de setembro de 1915, menos de uma semana antes de ser assassinado, insistentes rumores de revolução no Rio Grande do Sul se espalharam pelo Rio de Janeiro. Pinheiro, aos 64 anos de idade, mostrava-se ainda o mesmo homem, disposto a defender a ordem e a legalidade, "de armas na mão, se for preciso", como fizera nos combates da Revolução Federalista de 1893.

Abordado, então, pelos jornalistas sobre "uma nova revolução no Sul", declarou:

– Se houvesse revolução no Sul, eu não estaria aqui...

E acrescentou, sorrindo:

– Já estaria a caminho da minha querida terrinha.

Acreditava que seria um alvo certo dos ódios políticos e fez um apelo aos companheiros mais fiéis numa reunião dramática: "Nunca a minha vida correu tanto perigo... Os meus amigos leais devem exercer vigilância pela minha vida, neste momento em que a polícia do sr. Aurelino Leal deixa que o meu extermínio seja pregado em praça pública por uma meia dúzia de desordeiros e vagabundos. Só a vigilância de vocês evitará um golpe à traição".

Tanta era sua certeza da morte violenta, por assassinato, que o Senador Pinheiro Machado chegou ao extremo de elaborar um "Testamento Político":

Testamento político do general Pinheiro Machado
Neste momento em que a capital da república está profundamente agitada por elementos subversivos, que

evidentemente procuram atentar contra a ordem, as autoridades legais, quiçá contra as próprias instituições; convencido de que a minha vida corre perigo, pois que a minha atitude, agora como sempre, tem sido de antemural contra a onda que, em mais de um estádio da república, tem procurado ferir de morte o regime, entendi fazer as seguintes declarações, que servirão de esclarecimentos aos vindouros, sobre a minha ação política, caso sucumba na luta que se avizinha:

Mantendo-me impávido perante os perigos que prevejo, porque tenho a consciência tranquila, convencido de que tenho, com inexcedível dedicação, servido com honra, não medindo sacrifícios, o meu ideal político, que foi e é a implantação da República Federativa em nossa pátria.

Nos altos postos que hei ocupado, jamais apartei-me da rota do dever cívico, tendo no parlamento e fora dele defendido com serena energia, nunca esmorecida, os interesses que reputo cardeais para a grandeza da minha pátria, atendendo com solicitude as aspirações legítimas desta terra onde nasci, não pondo, um momento sequer, ao serviço de apetites inconfessáveis, a autoridade, o prestígio conquistado entre meus concidadãos.

O Tesouro público contou sempre com a minha assídua e vigilante cooperação para impedir que a cobiça o assaltasse, embora ela se desenhasse em indivíduos a mim ligados por estreitos laços pessoais ou partidários. Inflexível tem sido a minha diretriz nesse sentido, comprovada por inúmeros atos, atitude reconhecida pelos meus próprios adversários, cujos rancores não ousaram contestar essa feição do meu caráter.

No terreno propriamente doutrinário, não fiz concessão às ambições, que me rodearam, conservando intactas as minhas convicções, que julgo assecuratórias da pureza do regime que adotamos, que não pode e não deve sofrer o influxo das alterações, que o deturpariam ao sabor dos interesses triunfantes "na ocasião".

Se me for adversa a sorte na grande luta em que pelejamos há anos, morrerei sereno, certo de que a história fará justiça ao meu patriotismo.

(a) *J.G. Pinheiro Machado* – Rio, 4 de março de 1914.

Subscrito do envelope: "Para ser aberta pela minha mulher se, porventura, for eu vítima do ódio dos meus e dos inimigos da república. Rio, 4-3-1914".

Sem citar nomes, fica evidente nesse "testamento" a alfinetada em "parentes, companheiros e amigos", que não escaparam de uma estocada certeira, quando Pinheiro escreveu que o Tesouro público contou sempre com a sua "assídua e vigilante cooperação para impedir que a cobiça o assaltasse". E aí veio a alfinetada: "embora ela [a cobiça] se desenhasse em indivíduos a mim ligados por estreitos laços pessoais ou partidários".

Isto é, o Senador reconhecia que inclusive pessoas ligadas a ele, "por estreitos laços pessoais ou partidários", tentavam se aproveitar da posição de destaque e da sua força política de Senador para auferir vantagens. Nesses casos, podia afirmar com orgulho sua atitude pessoal inflexível de rigorosa probidade, "reconhecida pelos meus próprios adversários, cujos rancores não ousaram contestar essa feição do meu caráter".

Depois desse testamento, redigido cerca de um ano e meio antes do assassinato, a situação se tornou mais tensa, com ameaças e pressões muito fortes contra o Senador Pinheiro. Com formas e palavras variadas, os inimigos martelavam numa equação: "Pinheiro Machado é a razão de todos os nossos males. A morte dele resolverá todos os nossos problemas".

Desde o início do governo Venceslau Brás "o prestígio político do Senador Pinheiro Machado vinha sendo destruído, lentamente" – anotaram Hélio Silva e Maria Cecília Ribas Carneiro na *História da República brasileira (entre paz e guerra 1915-1919)*. "Pinheiro recuava, estrategicamente, para não ser oficialmente derrotado. Mas, apesar de toda sua grande sagacidade e de sua experiência na política nacional, ele ia perdendo terreno pouco a pouco."

O Senador enfrentava a oposição implacável dos representantes dos dois estados mais poderosos do país: São Paulo e Minas Gerais. A aliança "café com leite" – o café de São Paulo e o leite de Minas Gerais – detinha um poder econômico muitas vezes superior à frágil economia pastoril do Rio Grande do Sul.

O escritor Jorge Alberto Benitz lembra que Pinheiro, adepto da doutrina positivista de Auguste Comte, "tinha uma postura de defesa da centralização do poder estatal e, jogando com as oligarquias dos estados da federação, atendia pleitos destes na contramão da hegemonia café com leite das elites paulista e mineira".

E sugere um claro confronto ideológico:

"Pinheiro Machado, um republicano conservador convicto, tinha uma visão ideológica filtrada pelas limitações e grandezas do pensamento positivista. Grandezas se comparadas com os que advogavam a total submissão do Brasil e dos brasileiros aos interesses dos banqueiros nacionais e internacionais e aos barões do café. Logo, o positivismo que embalava gaúchos como Pinheiro Machado incomodava esse domínio paulista. E também os que, como Rui Barbosa, já faziam de tudo para agradar, na época, os senhores de então, paulistas e ingleses."

Benitz refere um artigo de Gunter Axt, em um livro sobre Antônio Chimango, que traz uma cópia da carta, datada de 22 de agosto de 1915 (duas semanas antes do assassinato de Pinheiro), "no mínimo estranha", de autoria de Ramiro Barcellos, ex-aliado que se tornou desafeto do Senador, vaticinando, dias antes do assassinato, "um acontecimento inesperado qualquer, que vai se operar no centro do país e talvez venha a ter aqui, no Rio Grande do Sul, sua maior repercussão".

Ou Ramiro Barcellos tinha bola de cristal ou estava bem informado demais da conspiração assassina. Nas semanas que antecederam o crime, diariamente o Senador Pinheiro foi alvo de um verdadeiro bombardeio dos jornais: a imprensa não dava trégua. E não só pelos jornais ele era atingido: na Câmara se multiplicavam ataques e ofensas pessoais. Começavam a surgir boatos sobre possíveis atentados à sua vida. Os amigos e aliados se alarmavam diante do agravamento da situação. Surgiram denúncias de preparativos para um atentado à vida de Pinheiro. O deputado Floriano de Brito fez um discurso na Tribuna da Câmara advertindo que se tramava o assassinato do Senador.

"A campanha orquestrada pelos inimigos ganha fôlego!" – denunciavam os aliados do senador gaúcho.

A maioria da imprensa também não dava trégua, atribuindo-lhe declarações que não fizera e intenções que não tinha – antecipando em mais de um século a manipulação dos fatos e situações da mentira travestida na chamada "pós-verdade", escolhida como palavra do ano pela Universidade de Oxford em 2016.

"Pinheiro Machado não menosprezava as ameaças, mas enfrentava-as. Sua coragem e bravura pessoais de há muito tinham sido testadas, com as lutas da Guerra do Paraguai e as violências da revolução no Rio Grande do Sul." – lembram Hélio Silva e Maria Cecília Ribas Carneiro, que oferecem uma visão do quadro político e emocional que cercou o assassinato. "Criara-se uma atmosfera de animosidade contra o caudilho gaúcho. Sua figura era imponente, mas não simpática. Tinha arrogância e bravura que se exacerbavam, precisamente, quando se sentia combatido."

O Senador tinha um temperamento impetuoso e decidido que temperava com uma notável habilidade política, que encantava aqueles que o cercavam.

Não é verdade que o Senador "desdenhava a popularidade". Ao contrário, dentro dos seus princípios, gostava de ser agradável às pessoas. E nisso, tinha sucesso – até inimigos se rendiam às suas gentilezas. Aprendera duramente que era inútil guardar ressentimentos e cultivar inimizades. Tanto que "educou-se" no sentido de receber certos agravos e ofensas sem demonstrar ressentimento. Por certo, ele disputava e cultivava a simpatia das pessoas, mas recusava-se a subornar apoios com enganos e falsas promessas. Com esse modo de agir, sem demagogia, despertava entusiasmos, dedicações e simpatias sinceras – mas também inveja e ressentimento.

Ao primeiro contato, impressionava com seu porte ereto, a elegância cuidada, contrastando e realçando o físico de um homem rude e primitivo. Sentia-se o gaúcho sob o fraque bem talhado, adornado com a gravata vistosa e a pérola de valor. Esse contraste lhe era favorável. Constituía-se um misto de força e distinção. Era áspero e refinado, simultaneamente. Daí a impressão primeira, distanciadora. Se, porém, Pinheiro Machado queria agradar, logo se mostrava cativante, sem exageros. Antes com um toque de nobreza antiga, que fazia com que o interlocutor se sentisse agradado e festejado.

Costa Pôrto, autor de uma biografia do Senador, no prefácio da obra, revelou que sua admiração pessoal pela figura de Pinheiro foi sendo construída aos poucos no seu espírito:

"Espantava-me o mistério do seu domínio, elites e grupos amarrados à sua direção, mais forte e atuante à medida que recrudescia a campanha dos adversários. Diziam-no inculto, quase analfabeto, atrabiliário e prepotente um coronel Paiva transportado para cenário mais vasto –, e custava-me entender como, tão mal aquinhoado assim, conseguira controlar o país, em fase de esplendor e de brilho poucas vezes atingida.

Recapitulando as figuras exponenciais do passado, não encontrava vultos que se lhe equiparassem em prestígio e projeção. Onde, portanto, o fundamento de sua força, do domínio que exerceu no país? Era tema para despertar-me a curiosidade e despertá-la tanto mais quanto nunca logrei desprender-me da fascinação com que Pinheiro me dominava o espírito. Procurando repeli-lo, descobria-o presente a todas as minhas meditações, podendo aplicar-lhe o verso de Bilac:

'Por que, hei de, em tudo quanto vejo, vê-lo?'

Mergulhando nos arquivos para recompor a fisionomia da república, surpreendia-me vislumbrando, aqui e ali, os traços fugidios do gaúcho, a encher de mistério e de interrogações a moldura da nossa evolução partidária. E quando dei cabo de mim mesmo, empolgara-me o plano de estudar Pinheiro, detendo-me na análise do homem que sumariou a trepidação de quase dois decênios da república, sendo, nos últimos oito anos, o ponto de convergência de todos os caminhos e veredas."

28

O Senador sabia do risco de vida iminente, tantas eram as ameaças que recebia. Meses antes do seu assassinato, previra a própria morte, inclusive na forma – "pelas costas" –, em entrevista ao escritor e jornalista João do Rio, lembrando o fim de César na tragédia de Shakespeare: "Morro na luta. Matam-me pelas costas, são uns 'pernas finas'. Pena que não seja no Senado, como César...".

A morte de César, no Senado romano, descrita por William Shakespeare na peça *Júlio César*, foi um dos encantamentos do Senador: a tragédia de Shakespeare sobre o Imperador Romano era sua leitura recorrente, como se estivesse prevendo sua morte de forma semelhante a morte de César.

Morrer como César...

O episódio da morte no Senado romano e o discurso fúnebre de Marco Antônio fascinavam o Senador, que se identificava com a situação: acreditava que tudo que fizera pelo país e pela república – atuando no parlamento com seriedade e competência, numa história pessoal iniciada no século anterior, arriscando a vida como Voluntário da Pátria, ainda adolescente, na Guerra do Paraguai; e, ainda, jovem general, comandando combates na Revolução Federalista de 93 – eram fatos subestimados pelos inimigos e injustamente esquecidos pela maioria das pessoas.

Na obra shakespeariana, César, como se sabe, foi um imperador amado pelo povo de Roma, com grande poder político. Num determinado momento, em função de uma conspiração palaciana, criou-se uma forte oposição a César, e ele veio a ser assassinado por pessoas em quem sempre confiara.

O Senador Pinheiro se comovia, especialmente, com as palavras de Marco Antônio no discurso fúnebre em homenagem a César. A tragédia de Shakespeare, como todas as obras memoráveis, antecipa comportamentos e situações que se repetem na vida. Na peça shakespeariana, num primeiro momento, o assassinato de César, por Brutus, de certa forma foi aceito – e até desejado – pela população, pois os opositores o acusavam de ter se tornado um ditador em busca de mais e mais poder.

A obra de Shakespeare repetiu-se no caso de Pinheiro Machado como dolorosa farsa. Depois de suportar dia após dia o suplício de ofensas e calúnias – enfrentando adversários cada vez mais agressivos, que criavam um clima de hostilidade em grande parte da população que se voltou contra ele – enfim o punhal assassino apanhou-o.

Na peça, por uma liberalidade dos assassinos de César, Marco Antônio foi autorizado a fazer o discurso fúnebre, cercado pelo povo, diante do cadáver do grande líder romano, coberto com a túnica ainda ensanguentada pelas punhaladas de Brutus e dos conspiradores, nos idos de março do ano 44 a.C. Nesse discurso, Marco Antônio, como se sabe, "vira" a situação, fazendo a plateia de cidadãos, na praça, entender que César era um homem de bem, injustamente assassinado por traidores:

"Quem tem lágrimas, prepare-se para derramá-las. Todos vocês conhecem este manto. Lembro-me da primeira vez em que César o envergou; era uma tarde de verão, na sua tenda, quando venceu os Nérvios. Olhem! Neste ponto o manto foi atravessado pelo punhal de Cássio. Vejam que rasgão lhe fez neste ponto o invejoso Casca.

Foi aqui que Brutus, o bem-amado, o feriu e, quando arrancou a maldita lâmina... vejam com que rapidez o sangue de César jorrou, golfando pelas veias afora para se certificar se era ou não o amado Brutus que tão impiedosamente o apunhalava! Porque Brutus, vocês sabem bem, era o anjo de César! Julguem os deuses o quanto César o amava!

Esta punhalada foi de todas a mais cruel. Quando o sangue jorrou e o nobre César viu Brutus apunhalando-o, a ingratidão, mais poderosa do que a lâmina dos traidores, aniquilou-o completamente! Então, o seu magnânimo coração despedaçou-se, e, encobrindo o rosto com este manto, o grande César caiu ao pé da estátua de Pompeu, todo banhado de sangue. Que queda aquela, meus compatriotas! Eu, vocês, nós todos, caímos com ele, enquanto a sanguinolenta traição cantou vitória sobre nós!

Agora vocês choram! Bem vejo; sentem o poder da compaixão; são lágrimas generosas, essas. Ó almas cheias de bondade, choram somente porque veem o manto despedaçado do nosso César? Olhem! Olhem todos para cá! Vejam! César desfigurado... Foi neste estado que os traidores o deixaram!"

Os gritos contra os traidores, inicialmente tímidos, começaram a crescer e dominaram a multidão, transformando-se em ruidosa revolta. Então, Marco Antônio voltou a falar:

"Meus bons amigos, meus queridos amigos! Não seja eu quem estimula vocês a uma tão repentina revolta! Aqueles que praticaram este ato são pessoas dignas, se bem que eu não possa adivinhar as razões particulares que os incitaram a proceder assim! São homens ponderados, dignos, que, sem dúvida alguma, vão dar a vocês explicações sobre o que fizeram."

Enquanto isso, cresciam os murmúrios revoltados. O povo começava a perceber o erro que fora o assassinato de César.

"Eu não vim aqui, meus amigos, para encantar ou incendiar os vossos corações. Eu não sou orador, como Brutus, mas, todos vocês sabem, sou um homem simples, franco, que é amigo dos seus amigos; eles próprios não o ignoram, esses que publicamente me deram licença para falar. Não tenho inteligência, nem palavras, nem nobreza, nem gesto, nem expressão, nem valor oratório, para incendiar o sangue dos homens. Contento-me em falar com toda a franqueza; não apresentei novidades para vocês; mostro as feridas do generoso César, pobres, muito pobres bocas mudas, e peço-lhes que essas bocas mudas falem por mim.

Mas se eu fosse Brutus e Brutus fosse Marco Antônio, vocês teriam aqui um Marco Antônio que desencadearia a vossa cólera, que daria a cada ferida de César uma voz capaz de comover as pedras de Roma e de fazer com que se erguessem para a revolta!"

O povo que, num primeiro momento, aplaudira o assassinato, começa a chorar lamentando as punhaladas que mataram César, depois de ouvir as palavras comovidas e verdadeiras de Marco Antônio.

E, logo em seguida... a multidão saiu à caça daqueles que tinham assassinado César. É inevitável constatar o parentesco desse incidente romano recriado pela genialidade de Shakespeare com a tragédia de Pinheiro Machado.

29

Antes do assassinato, a campanha contra o Senador Pinheiro era raivosa e implacável, como relata Costa Pôrto: "O ódio rugia de toda a parte, corporificando-se em campanha sem quartel, e Pinheiro já o pressentira desde 1910, quando, em discurso no Senado, aludia ao plano premeditado, 'tendente a chamar sobre a minha pessoa o ódio público'".

A campanha de ódio crescia: tramava-se contra o caudilho de forma escancarada, falando-se em apelo ao crime, sugerindo que um braço assassino poderia salvar a nação da tirania.

A individualização do ódio contra Pinheiro foi cuidadosamente construída como um caso pessoal, de cada um. Individualizou-se uma intolerância coletiva, cultivada pelos seus inimigos. Odiaram-no, até, mais pelos seus formidáveis gestos másculos de suprema elegância viril do que pelos seus atos francos, descobertos, feitos à luz do dia, como nenhum outro os fez.

Quando se discutia a reforma da lei eleitoral, que purificasse as eleições, fechando as portas à fraude, Gonçalves Maia demonstraria seu ceticismo quanto a resultados práticos, permanecendo a fonte dos males, e sintetizaria seu pensamento, ressonância da mentalidade ambiente, sustentando que o saneamento dos costumes só seria possível mercê de simples projeto, de lei, resumido num artigo: "Elimine-se o general Pinheiro Machado".

O Senador por certo não se acovardava – "não se mixava" como diz o gaúcho. Essa atitude altaneira, entretanto, aumentava a fúria dos inimigos. Crescia um movimento que tinha como objetivo "afastar o caudilho", porque o diziam "tirano".

Era inevitável a pergunta: "afastar o caudilho" do quê? Do Senado? Ou seria... da vida?

Pinheiro respondia a toda essa pressão com a mesma atitude altaneira de seu comportamento quotidiano. Sabia-se vigiado, mas não tomava precauções: andava sozinho, frequentava todos os lugares e, vezes sem conta, ficava no carro enquanto o motorista executava suas ordens, dando um recado aqui, comprando uns charutos ali.

Uma contradição na rica personalidade do Senador, apontada por Costa Pôrto. Individualista extremado, Pinheiro se caracterizava por uma concepção singularíssima, em que, alicerçando a obra partidária em elementos humanos, não acreditava nos homens:

"Emergindo das vastidões dos pampas, onde o ilimitado dos horizontes dá ao 'bicho da terra' o esquecimento da própria pequenez, o orgulho pessoal como que o isolava do mundo, chegando àquela expansão, que traduz a misantropia envolta nos véus do convencionalismo: 'A convivência humana... só para dominar; do contrário, mil vezes a solidão'."

Sem acreditar nos homens, Pinheiro começava por descrer dos próprios correligionários. O escritor Humberto de Campos contava que, certa vez, um correligionário, diante das ameaças contra o Senador, disse: "General, se o senhor for vítima de um atentado, haverá uma revolução". Ao que o Senador prontamente respondeu, misturando a ironia com o que realmente pensava: "Revolução se houver um atentado contra mim?! Ora... Só se o golpe falhar!".

Apesar de não acreditar nos homens, o Senador abria, entretanto, exceção estranha, para acreditar... nos adversários. Insistia, sem dúvida, em irritá-los, em desafiar-lhes o ódio, como quando dizia: "Em regra, quando meus inimigos querem uma coisa, eu não quero. É uma velha balda".

Mas acreditava muito no exercício da política, na possibilidade de dialogar, e um exemplo disso eram suas boas relações com Rui Barbosa que, depois de longa amizade, tornou-se um adversário político ferrenho. O vai e vem das relações políticas não influiu nesse caso: Rui sempre lhe mereceu admiração e até mesmo carinho.

Tinha um princípio: "um político nunca deve recusar acordo". E não se afastava de uma preocupação: não acirrar ódios que, mais tarde, poderiam ser obstáculos a aproximações necessárias. Pinheiro nunca confundiu "adversário" com "inimigo":

"O adversário de hoje pode ser o aliado de amanhã." – dizia o Senador sempre cuidadoso em "não destruir pontes", como gostava de dizer.

Nesse sentido, considerava fundamental "reconhecer os méritos de quem está contra nós". Acreditava que reconhecer as qualidades dos adversários não era um favor, mas sim "um gesto de prudência, para enfrentá-los com mais eficácia...".

Daí o julgamento insuspeito de Carlos Peixoto de Melo Filho, reconhecendo nele "a virtude de fazer justiça ao adversário", concluindo com uma colher de ironia: "As simpatias do sr. Pinheiro Machado estão em razão direta com a combatividade dos que conseguem hostilizá-lo".

Esse e tantos outros reconhecimentos da competência política do Senador eram partilhados por aliados e adversários. Para ele, claramente, amizade pessoal e adversidade política podiam conviver perfeitamente.

Se os adversários o tratavam assim tão bem, é fácil imaginar os companheiros do Partido Republicano: deixavam de ser simples correligionários, para se transformarem em crentes, quase fanáticos, no trato, na finura, no "paternalismo", com que o Senador fazia da disciplina um prazer e da obediência um fardo leve.

Na população em geral, o seu prestígio era impressionante. O escritor gaúcho Augusto Meyer, membro da Academia Brasileira de Letras, era um menino quando o Senador já tinha se tornado o mais famoso político brasileiro. Num dos seus livros de memórias, *No tempo da flor*, Meyer relata a emoção quando, certo dia, em Porto Alegre, viu passar o Senador Pinheiro Machado caminhando pela praça:

"Certa manhã de muito azul e foguetório, entre alas de basbaques, vi ladeira acima o ídolo da nossa gente. Aprumado, esbelto, mandador, travara familiarmente do braço de Borges de Medeiros e parecia alheio a tudo, ao estouro dos foguetes, ao dobrado marcial da banda militar, ao sussurro da multidão fascinada e ávida, que o seguia de perto, passo a passo... mesmo arregalando os olhos, eu não acabava de crer que ali subia com ele a mesma rua da Ladeira, calcando as mesmas pedras do calçamento, como simples mortal – José Gomes Pinheiro Machado..."

O Senador sabia cultivar sua popularidade: em Porto Alegre e também do Rio de Janeiro, tinha prazer em passear em locais de movimento, para ver e ser visto... Costa Pôrto tinha razão quando escreveu que, com o senso pragmático e a objetividade absoluta nas relações políticas, "se Pinheiro não leu Maquiavel, tinha com ele absoluta identidade".

Seu desassombro pessoal "chegava às raias da temeridade, não receando a paixão dos inimigos e desafiando os conspiradores, cujas ciladas desarmava com a força moral de coragem nunca desmentida".

Com mais de sessenta anos de idade, conservava a plenitude do vigor físico e, manejando várias armas, não temia o perigo: se o agredissem, "os pernas finas" teriam que fazê-lo pelas costas, não o atacando de frente, como dizia a João do Rio, em palestra no Senado. Recebendo frequentes ameaças de inimigos e repetidos avisos anônimos, expunha-se aos riscos, dizendo-se com a energia e a força de vontade necessárias "para jugular o medo". E tinha de sobra essas qualidades.

Certa vez, narra um cronista, a multidão se apinhava em frente à redação do jornal *O Paiz* (jornal favorável a Pinheiro), "açulada pela palavra de agitadores de esquina". De repente, em meio à exaltação das imprecações, surge um carro e dele salta, sereno, impávido, indiferente, agindo como ducha gelada na efervescência do agrupamento de manifestantes, e passa por eles... o Senador!

O burburinho cessa, e os valentões ficam mudos. Pinheiro cruza pelos manifestantes, calados e perplexos, e entra na sede do jornal. Depois de conversar com os correligionários, a quem proibiu que o acompanhassem, voltou serenamente ao carro, de cabeça erguida, indiferente, impávido, sereno.

Em seguida, diante dos manifestantes (ou melhor, ex-manifestantes transformados em plateia muda e perplexa), retomou o passeio, repetindo ao motorista, em voz baixa, já dentro do carro, a frase que se tornou célebre: "Nem tão devagar que pareça provocação e nem tão depressa que pareça medo".

No comentário de uma testemunha: "E o gaúcho sumiu-se em meio ao burburinho da massa atônita, dominada pela impressão daquela coragem pessoal que a atordoava".

Desarticulando a agitação das ruas, a bravura de Pinheiro fazia redobrar o ódio dos inimigos. Esse ódio se transformou numa campanha que reclamava "a necessidade de ação imediata", culminando, ante "a ineficiência dos meios legais", no assassinato do Senador, propagandeado abertamente.

Não foi surpresa, portanto, que a propaganda cerrada da solução criminosa se transformasse numa semente que frutificou no cérebro de um psicopata. O fato de o homem mais poderoso da política brasileira da Velha República ser originário de um estado do "sul longínquo", muito distante dos poderosos e influentes Rio,

São Paulo e também Minas, foi uma das razões dessa campanha que resultou no assassinato. Não havia nenhuma contradição ideológica, de fundo político consistente, que desse amparo à oposição virulenta que Pinheiro sofria. Era apenas a ânsia de poder, a inveja, a consciência da grandeza do Senador diante da mediocridade da maioria de seus oponentes, dos quais ninguém mais se lembra: não há um só nome de seus detratores a que os livros escolares dediquem uma linha sequer.

Nesse sentido, a maioria da imprensa, ecoando interesses políticos e econômicos imediatos, teve papel decisivo na criação do "caldo de cultura" e do "factoide" que desembocou no assassinato. Noticiando o crime de 8 de setembro, o jornal *O Paiz* publicou um diagnóstico preciso dos fatos no dia seguinte ao assassinato:

"Temos de encarar a tragédia de ontem como a triste consequência de um estado de anarquia que, de há anos, se vinha desenhando, agravando-se dia a dia com sintomas alarmantes, perturbando, de modo perigosíssimo, a maneira de pensar, de sentir da alma popular, generosa e simples, sempre maleável para o bem ou o mal, segundo a diretriz da propaganda feita pelos diretores da opinião pública. A serviço de interesses contrariados, os jornais se entregavam a enxurradas de ofensas e injúrias, em combate que ecoava no parlamento, na opinião, nos conciliábulos dos políticos, a quem doía o prestígio do adversário, barreira às pretensões do mando, no jogo das competições partidárias."

30

No Hotel dos Estrangeiros, no dia 8 de setembro de 1915, a vida repetia a arte de Shakespeare. O Senador, impecavelmente vestido, como sempre, com a infalível pérola na gravata, acompanhado dos deputados Cardoso de Almeida e Bueno de Andrade, tinha ido até lá para um encontro com o presidente de São Paulo, Albuquerque Lins.

Despreocupado, cumprimentando as pessoas na entrada do hotel, o Senador foi golpeado pelas costas por um homem que correu na direção dele e cravou-lhe um punhal, atingindo o coração. O Senador, num gesto instintivo, ainda levou a mão à cava do colete para sacar o seu próprio punhal, mas tombou. Tombou como César. Exatamente conforme previra. E poderia se repetir exatamente o comentário de Marco Antônio sobre o assassinato de César: "Que queda aquela!".

A hemorragia interna derrubou o Senador ali mesmo. O ataque pelas costas não lhe permitiu – como escrevera em seu testamento – "olhar fito a treda e ignóbil figura do sicário".

É uma evidência histórica óbvia a relação do bombardeio diário de ataques, insinuações, desqualificações assacadas contra o Senador com a punhalada que lhe tirou a vida. Com a furiosa campanha que precedeu o homicídio, criou-se uma falsa certeza, uma absurda divisa.

Poucos políticos brasileiros foram tão atacados, tão criticados: o Senador Pinheiro enfrentou uma campanha de ódio, especialmente pelos jornais (o grande meio de divulgação da época). Essa campanha de desmoralização e, mais do que isso, de destruição do Senador, foi decisiva para construir a vontade homicida do criminoso, como ele mesmo declarou no julgamento, perante os jurados e o juiz:

"...prossegue o acusado: tomando a resolução de exterminar o general Pinheiro Machado tratou de pol-a em pratica, no que se sentia fortalecido pelas palavras incendiadas de deputados e senadores, e por artigos de jornaes que lia com vivo interesse; que ha cerca de 4 dias, estando no largo do Machado, vira um negro offerecendo uma faca-punhal à venda e deante do que lia nos jornaes sobre o reconhecimento do marechal Hermes, entendeu que era indispensável assassinar o general Pinheiro Machado e com esse designio adquiriu a referida faca-punhal por 600 réis."

Fica claro o triunfo da campanha realizada pelos adversários que faziam de tudo para criar uma imagem negativa de Pinheiro Machado.

Em outra passagem de seu depoimento em juízo, o criminoso afirma: "A ideia de assassinar o general Pinheiro Machado, desde que nasceu no meu espírito, jamais se apagou".

Franz Werfel (1890 -1945), escritor judeu-alemão, lançou, na longínqua Viena, nas primeiras décadas do século passado, um livro que, desde a ironia do título, é uma declaração de princípios: *"Não o assassino – o assassinado, sim, é culpado"*. A ideia central da obra: "Ainda continuo empenhado na desesperada tarefa de que os homens desaprendam o ódio".

Enquanto isso, mais ou menos na mesma época, depois de sofrer uma inédita campanha de difamação e de ódio, o Senador Pinheiro, então o político mais importante da cena brasileira, veio a ser assassinado. E, insolitamente, confirmando Franz Werfel, a vítima, isto é, o assassinado, foi por muitos considerado, de certa forma, "culpado", por causa de sua inflexível honradez nos assuntos públicos – confundida com "teimosia" e "intransigência" – que contrariou interesses e gerou ódios irremediáveis.

Criou-se, na verdade, um factoide em relação à atuação do Senador Pinheiro. Na definição de Aurélio Buarque de Holanda, "factoide", é "um fato, verdadeiro ou não, divulgado com sensacionalismo, no propósito deliberado de gerar impacto diante da opinião pública e influenciá-la".

O termo se ajusta com perfeição ao assassinato do Senador: claramente foi criado um factoide pelos seus inimigos, que bradavam noite e dia pelos jornais e da tribunas parlamentares que Pinheiro seria "a razão de todos os males do país", ou "um mal a ser extirpado". Instaurou-se contra o Senador um "factoide do mal", cuidadosamente articulado visando a liquidá-lo.

Numa ação deliberada, a partir de determinado momento, no parlamento e na imprensa, os ataques ao Senador eram diários e sempre muito pesados. Mas eram, na totalidade, ataques adjetivos, isto é, carregados de opiniões desabonatórias e ofensas, mas sem comprovação de atos desabonatórios, de desonestidades ou de ilegalidades. Criou-se uma espécie de circo em que Pinheiro era criticado severamente por generalidades, do tipo "desgraças nacionais". Esse comportamento tinha repercussão nos jornais em que ele era atacado; e na Câmara dos Deputados aumentavam "as referências negativas ao Senador".

Os ataques foram num crescente, construindo "a crônica de uma morte anunciada", como o título do livro de García Márquez. Tudo feito com sensacionalismo, "no propósito deliberado de gerar impacto diante da opinião pública e influenciá-la".

A ponto de Manso de Paiva – como declarou em depoimento na Justiça – ter se julgado "no dever" de apunhalar o Senador. Assim, nesse caso, o factoide se construiu no sentido de "criar um impacto" para destruir, moralmente – e fisicamente – o Senador.

E a característica de ato deliberado e cuidadosamente planejado é, sem dúvida, a arma do crime. O Senador não foi assassinado com uma "facada", o que sugere uma faca comum, de cozinha ou de churrasco. A arma utilizada pelo criminoso para golpear o Senador, mencionada várias vezes no júri, não era uma simples faca improvisada, para churrasco ou para picar fumo: era uma "faca-punhal". Ou seja, o Senador foi morto com uma faca-punhal – na ocasião, recentemente afiada, como comprovou a perícia –, uma arma que, como foi apurado, veio a ser adquirida para o fim específico de "apunhalar".

Esse fato objetivo – a natureza da arma, uma arma letal – é significativo. Nos autos do processo do Tribunal do Júri, verifica-se que a primeira questão enfrentada, com os recursos existentes nos primórdios do século XX, foi a verificação da capacidade mental do criminoso Manso de Paiva, isto é, se ele tinha a perfeita compreensão de que praticara um crime. A conclusão da perícia médica foi, em síntese, que o criminoso era uma pessoa "normal", influenciada de forma intensa e decisiva pela gigantesca campanha movida contra o Senador:

"Passemos agora à última parte do exame, isto é, a que trata das **funções psíquicas e seus distúrbios.** Abordemos a parte mais importante de um exame de sanidade mental, visando o funcionamento das faculdades intelectivas, emotivas e volitivas, isto é, procurando ver se normal é o processo da percepção, da associação de ideias, da memória, do juízo e do raciocínio, e por igual forma das emoções e das volições. Como meios de investigação, recorreram os peritos ao *interrogatório* e ao *testemunho* dos guardas, que mais frequentemente estavam em contato com o acusado, e como resultado de suas pesquisas, afirmam nunca ter constatado delírio, alucinações de qualquer ordem ou ilusões no observado. Em todas as vezes que conversou com os peritos, Paiva Coimbra se manteve inteiramente lúcido, sem desordens da atenção, percepção, memória, e de ação e julgamento, completamente orientado no tempo, lugar e meio."

Revelou que sua decisão "teve influência decisiva do que lia nos jornais sobre o Senador Pinheiro".

Interrogado sobre os artigos de jornal que mais o impressionaram, apontou diversos do *Diário de Notícias*, do *Correio da Manhã* e de outros jornais. Quando saía das sessões da câmara ou quando lia um artigo incendiário dos jornais de então, convencia-se de que só a morte do general Pinheiro Machado salvaria a situação. Certa vez saiu da câmara tão exaltado que disse: "eu vou matar este caudilho miserável", e hoje se admira que não tenha sido preso nessa ocasião. Tudo o que lia e o que ouvia dos oposicionistas ao governo cada vez mais aumentava o seu ódio contra o general Pinheiro Machado, chegando mesmo a sonhar quando dormia com as frases que mais o haviam entusiasmado. Diz que era tamanho o ódio que tinha ao general Pinheiro Machado que quando o via passar de automóvel ou quando estava próximo dele ficava nervoso e trêmulo, com um desejo enorme de lhe saltar em cima, sendo preciso *muita força de vontade* para conter-se.

Efetivamente, das circunstâncias apuradas no processo, nada se verifica em contrário ao que afirmam os peritos, nenhuma perturbação de ordem mental ocorrendo nas formas especificadas. E pelo interrogatório a que foi submetido, o acusado demonstrou estar mesmo na posse regular de suas faculdades intelectuais, nenhum distúrbio aparente, de forma a poder ser considerado um alienado mental. Isto se verifica facilmente pelo modo com que discorre, respondendo às perguntas que lhe foram feitas.

O *Correio do Povo*, de Porto Alegre, acompanhou o júri:

O julgamento de Manso de Paiva Coimbra Rio, 27 – *O dr. Caio Monteiro de Barros falou até a meia-noite, continuando na analyse do laudo dos peritos. Depois procura justificar Manso, filho do Rio Grande e aliado dos federalistas; seu espirito veiu se formando numa tremenda atmosphera; presenciou*

> scenas que foi gravando; está ainda em sua memoria toda a impressão profunda que ele ouvira, principalmente na Camara, onde pronunciavam os mais inflammados discursos contra Pinheiro Machado, apontando-o como causador de todos os nossos males. Bastaria rememorar a companhia civilista. Lembra os discursos de Irineu Machado, na camara, e os pronunciados no senado por homens de maior evidencia e da maior responsabilidade social, que apontavam Pinheiro Machado como responsável por todos os males e maleficios que calaram sobre este desgraçadissimo paiz. Manso não foi mais que o condensador do que proclamavam todos em todos os meios e em todos os logares, Pinheiro Machado era, finalmente, apontado como verdadeiro flagelo. Manso foi retirado do recinto do Tribunal com a physionomia muito abatida e passo vacilante. Ao entrar na sala destinada aos réos, encostou-se á parede, distendeu os braços e bocejou. Olhando para os soldados que o conduziam disse: Eu não sei se chegarei ao fim disso: estou doente; já sinto febre. Manso de Paiva Coimbra foi condenado a trinta annos de prisão, tendo appellado dessa sentença.

Condenado, Manso de Paiva cumpriu a pena. Foi considerado "um preso exemplar".

Uma das grandes suspeitas, em matéria de cumplicidade, foi a boa relação de Manso com Nilo Peçanha, inimigo de Pinheiro. As suspeitas foram aquecidas por um fato insólito: Manso de Paiva, um marginal desempregado, admitiu ter dormido no palácio do governo do Rio de Janeiro, convidado por Nilo Peçanha, então presidente do estado, na véspera do assassinato.

O impacto ocasionado em todo o país pela morte do Senador foi indescritível. Em pouco tempo todos sabiam do ocorrido.

Nos meios políticos, houve pânico e desafogo. Grande emoção popular. A imprensa teve assunto para se fartar. Seus correligionários ficaram aturdidos.

Depois de cumprir vinte anos de cadeia, Manso foi libertado e deixou de ser assediado pelos repórteres, que desistiram da busca inútil de uma revelação que não veio, de um nome jamais mencionado. Ele sempre reiterou que não agiu a mando de ninguém. Mas essa negativa nunca convenceu.

A versão de um ato impulsivo de um desempregado inculto é totalmente descartada diante do cenário de conspiração e conclamação dos inimigos pregando a eliminação do Senador.

Sinval Medina, no livro *A faca e o mandarim*, através da ficção ilumina fatos históricos do assassinato. Para esclarecer a história, nas palavras do personagem principal (o inolvidável jornalista Custódio de Paiva Lima), estabelece uma instigante relação entre o assassinato de Pinheiro Machado e o suicídio de Getúlio Vargas:

"Tenho para mim" – diz o personagem – "que Getúlio Vargas e Pinheiro Machado estão mais próximos um do outro do que suspeita a nossa vã filosofia. Número um, a matriz do pensamento de ambos é o positivismo. Número dois, cada um a seu modo, foram nacionalistas. Número três, vinham da elite, mas se preocupavam com o povo. O manifesto de fundação do Partido Republicano Conservador, inspirado por Pinheiro, fala claramente na defesa das riquezas brasileiras, no estímulo à empresa nacional e nos direitos do trabalhador. O conservadorismo do Senador se reduzia à defesa da Constituição. Ele não queria mexer na carta de 91. Temia que uma eventual revisão pudesse trazer de volta o parlamentarismo, que considerava a negação da forma republicana de governo. Regime de gabinete era coisa de monarquista."

Em 1915, quando o Senador foi assassinado, o Brasil ainda era uma república muito nova, em que se misturavam dramáticas carências sociais, inexploradas riquezas naturais e imensos problemas resultantes de disparidades regionais. No cenário socioeconômico do Brasil das primeiras décadas do século XX, o escritor Sinval Medina lembra que Vargas e Pinheiro foram os únicos líderes políticos brasileiros vítimas de morte violenta em pleno exercício do poder. E oferece uma bem pensada análise das posições políticas de Pinheiro e Getúlio, análise que ganha naturalidade, realismo e consistência nas palavras de seu personagem:

"Outra obsessão, tanto de Pinheiro como de Getúlio, era fortalecer a federação, igualando os estados mais fracos aos mais fortes. Queriam ambos acabar com a hegemonia do eixo Minas-São Paulo. Almejavam um país com menos desigualdades e mais oportunidades. Visavam reduzir a dependência do capital externo, estimulando a agricultura e a indústria nacional. Já a banqueirada e a turma do café, ou seja, os paulistas e seus asseclas, pouco se lixavam para as selvas da Amazônia, o sertão do Nordeste ou o pantanal do Mato Grosso. Aquilo era outro mundo, uma terra de ninguém que lhes importava tanto quanto o deserto do Saara ou a Patagônia. Não conseguiam ver o país como um todo."

E o personagem de Medina vai mais longe:

"Resumindo. Para mim, Getúlio e Pinheiro, em épocas diferentes, guardadas as proporções, meteram a mão nas mesmas cumbucas. Mexeram nos mesmos vespeiros. E acabaram do mesmo jeito. Ou quase. Penso eu que, se Getúlio não tivesse feito o que fez, mais cedo ou mais tarde encontraria um Manso de Paiva pela frente. Ou melhor, pelas costas. A campanha que seus inimigos desencadearam na imprensa, no parlamento, nas forças armadas, tinha o claro objetivo de jogar o povo contra ele. Foi uma campanha de ódio, de degradação, de extermínio, dirigida contra o homem, não contra o político. Exatamente como fizeram com o Senador Pinheiro Machado."

A ficção de Medina impressiona com essa sugestiva ligação entre o assassinato de Pinheiro Machado e o suicídio de Getúlio

Vargas, ambos pressionados pelas poderosas elites que dominaram desde sempre a cena política brasileira, e que utilizaram a imprensa para um fogo cerrado visando, em momentos históricos diferentes, a desqualificar ambos os líderes, que contrariavam seus interesses. Na vida real, Pinheiro e o pai de Getúlio foram grandes amigos e companheiros na Revolução de 1893. Getúlio, então muito jovem, herdou essa amizade.

Na verdade, esses panfletos "incendiários" (na expressão do assassino Manso de Paiva), travestidos de matérias jornalísticas, foram decisivos para construir o clima hostil a Pinheiro e estimular a mão assassina. Não por acaso, o criminoso Manso de Paiva declarou num trecho de seu depoimento que o clamor dos jornais oposicionistas foi decisivo na sua decisão pessoal de assassinar Pinheiro: "...quando lia um artigo incendiário dos jornais de então, convencia-se de que só a morte do general Pinheiro Machado salvaria a situação".

Era impressionante a pressão dos jornais de oposição contra o Senador, especialmente o *Correio da Manhã*, que bombardeava Pinheiro diariamente, não vacilando em descer ao nível mais baixo nas ofensas ao Senador. A crítica veemente, aceitável num jornal de oposição, era substituída pelo insulto, pela injúria rasteira, como este trecho do *Correio da Manhã* que desce ao nível mais baixo do insulto, na primeira página de sua edição de 5 de julho de 1915:

> *Se o sr. Pinheiro não quer paz, tão almejada pelo presidente da republica, então que tenha a guerra franca e declarada. E esta será melhor, porque trará como consequência o aniquilamento político deste caudilho desabusado que pretende dispor eternamente dos governos como das suas éguas na fazenda da Boa Vista.*
>
> **Correio da Manhã,** 5/7/1915

"...o aniquilamento político deste caudilho desabusado…" – mais do que uma crítica, é uma declaração de guerra… Em outra publicação, o *Correio da Manhã* defende que seja "reduzida a nada" a influência do Senador. E sugere "dilapidação dos cofres públicos" de forma injuriosa, pois nem os piores de seus inimigos políticos jamais ousaram sequer insinuar qualquer ato de corrupção: "Não há neste país quem, fora das contingências políticas, não deseje ver reduzida a nada a influência do chefe conservador. Não é esta uma aspiração dos brasileiros originada do ódio gratuito a este nefasto personagem. São os seus erros, é sua imoral politicagem, é a dilapidação dos cofres públicos, por ele permitida e até acoroçoada que fazem com que a nação o repudie".

31

Historiadores, estudiosos diversos, referências de políticos da época e, sobretudo, manifestações da própria vítima coincidem numa trágica unanimidade: o Senador Pinheiro Machado estava marcado para morrer.

No dia 8 de setembro de 1915, depois de malograda tentativa de obter quórum no Senado, Pinheiro suspendeu a sessão, saiu em visitas diversas e foi assassinado por Francisco Manso de Paiva Coimbra, que declarou ter-se "convencido da 'malignidade' do Senador ao ler os jornais cariocas e participar dos meetings em que o senador e o marechal Hermes eram duramente criticados".

Voltando ao escritor Sinval Medina, diante desse "fogo de barragem" – como se definiria em linguagem militar o bombardeio cerrado de notícias desfavoráveis, informações distorcidas ou simplesmente falsas em relação ao Senador –, ele desenha na visão do seu personagem a semelhança entre os bombardeios de notícias falsas e/ou tendenciosas que Pinheiro Machado e Getúlio Vargas, em momentos diferentes de suas vidas e da política nacional, tiveram que, estoicamente, enfrentar:

"Tanto Pinheiro como Getúlio suportaram nos últimos dias de vida um calvário a que poucos homens públicos foram submetidos neste país. E com que altivez reagiram a todas as abominações! Sem nunca descer ao nível dos detratores. Sem jamais passar recibo às vilanias de que foram vítimas. Impávidos. Colossos."

E quando se diz que foram momentos em que ambos – Pinheiro e Getúlio – tiveram que se portar "estoicamente" o bombardeio de injúrias e calúnias, valem os três significados da palavra "estoico": 1 - aquele que permanece inabalável perante uma desgraça: impassível, imperturbável, inabalável, inquebrantável, insensível; 2 - aquele que se sente conformado perante o sofrimento; 3 - aquele que é firme e rígido relativamente a seus princípios: austero, firme, inexorável, inflexível, intransigente, perseverante, rígido, rigoroso, severo.

O personagem de Sinval Medina se põe a imaginar a imensa pressão que os dois grandes personagens da república – Pinheiro e Getúlio – tiveram que enfrentar:

"Não é fácil resistir à mesma cantilena vomitada todos os dias aos quatro ventos. O povo é influenciável. Inconstante. Água mole em pedra dura. A calúnia, repetida centenas, milhares de vezes, acaba por ganhar ares de verdade. E aquilo foi se espalhando, foi crescendo, entrando na cabeça das pessoas. Num determinado momento, muita gente começou a acreditar nas mentiras assacadas contra os dois grandes homens. O fato é que, quando a morte os levou, Getúlio e Pinheiro tinham virado bodes expiatórios. Cada um a seu tempo, foram responsabilizados por todas as frustrações, desgraças e misérias nacionais. Bastava apeá-los do poder para o Brasil entrar nos eixos. Quantos cidadãos de boa-fé caíram nessa serenata?"

Não por acaso, tanto com Pinheiro, como também com Getúlio, repetiu-se a mesma situação, idênticos arrependimentos tardios: Getúlio Vargas e Pinheiro Machado insultados e atacados em vida, precisaram morrer para que as respectivas obras e o exemplo que deixaram pudessem ser reverenciados. O personagem de Sinval Medina na bem pensada analogia entre os dois grandes líderes, conclui:

"Muito bem. Pergunto. Morto Pinheiro, o país mudou? Sim, com certeza. Para pior. Portanto. Sem querer ser pessimista, para mim é o que vai acontecer agora, com o fim de Getúlio. Quem viver, verá. Pinheiro e Vargas, no meu modo de ver, as mais importantes figuras da história republicana, acabaram de maneira trágica. Tendo ambos conhecido com antecedência o que os aguardava. Mais. Encararam com coragem o próprio destino, certos de que o sacrifício os reconciliaria com o povo."

E a suposição do personagem de ficção se materializa na realidade concreta do país:

"De fato. Foi o que sucedeu. Pinheiro, em seu funeral, recebeu a maior consagração até então tributada a um homem público no Brasil. Quanto a Getúlio, basta lembrar o 24 de agosto. Com um único tiro, o Velho recuperou o respeito e o amor dos brasileiros. Enquanto os valentões de ontem se escafederam, meteram-se debaixo da cama, enfiaram-se no esgoto feito ratazanas, borrados de medo da massa que se levantou em favor do presidente."

Com o tempo, tanto Pinheiro como Getúlio foram quase "santificados", inclusive por muitos daqueles que os levaram, de uma forma ou de outra, à morte. Nesse sentido, o personagem do livro de Medina faz uma profecia: "Garanto que amanhã ou depois, muitos deles, por oportunismo, tecerão loas ao homem que empurraram para a fogueira. Como os algozes de Joana d'Arc. Que, ao queimar a camponesa, consagraram a santa".

O personagem de Medina fica enfurecido com "o tom de certos discursos no Congresso, logo após o assassinato de Pinheiro Machado. Tipos os mais asquerosos, esquecidos do que haviam dito e feito na véspera, tomavam da palavra para botar o senador na coroa da lua. Da noite para o dia, o morto virava 'excelso patriota', 'mártir do dever', 'grande benemérito', 'alma imortal', 'sustentáculo da ordem constitucional' etc. etc. Puro fingimento. Os urubus que se lamentavam em público estouraram champanhas no recesso do lar. Para não falar dos muitos que tomaram parte na conjura e depois choraram lágrimas de crocodilo no velório".

Depois do assassinato, um muro inexpugnável de cúmplices impediu que as investigações avançassem. A ficção de Medina teve o rigoroso apoio da realidade: "As investigações sempre entravaram nas escadarias do Senado. Ou na porta da Câmara dos Deputados. Ou nas antecâmaras do Catete. Ou nas datas vênias dos tribunais".

O fato concreto é que, desde o primeiro momento após o crime, houve uma conspiração de silêncio em torno do complô que matou Pinheiro, como resumiu, com propriedade, numa frase, o personagem de Sinval Medina: "A verdade nunca foi investigada a fundo. Não interessava a ninguém".

A punhalada mortal foi a síntese macabra de uma imensa campanha de desqualificação e difamação do Senador Pinheiro Machado. Na edição do dia 9 de setembro, o dia seguinte à tragédia, o *Diário Oficial* foi publicado com uma tarja preta, dando a notícia à nação:

> **Senador Pinheiro Machado** – *Vítima de um atentado deixou ontem de existir o sr. general José Gomes Pinheiro Machado, Senador Federal pelo estado do Rio Grande do Sul.*
>
> *Republicano desde os tempos da propaganda, o morto de ontem deixa uma fé de ofício em que se contam os mais assinalados serviços à causa republicana, pela qual se bateu sempre com ardor e sem desfalecimento.*
>
> *Ainda estudante, tomou parte na campanha do Paraguai, como voluntário, recebendo, de volta à pátria, na faculdade de direito, o grau de bacharel em ciências jurídicas e sociais.*
>
> *Exerceu a advocacia no seu estado natal até a Proclamação da República, época em que entrou para a política, sendo então eleito pelo seu estado para representá-lo na Constituinte.*

Durante a Revolução de 1893 comandou uma das divisões das forças legais, voltando, após a pacificação, a representar o Rio Grande do Sul no Senado Federal, até o dia de ontem, sendo atualmente o vice-presidente daquela Assembleia.

O sr. Senador Pinheiro Machado era chefe do Partido Republicano Conservador e um dos políticos que mais prestígio têm alcançado no Brasil.

Várias homenagens foram prestadas, dentre elas destacaram-se, de início, as tributadas pelo Poder Legislativo. No Senado, a sessão é presidida pelo vice-presidente da república, Urbano dos Santos.

"**Uma alma imortal** – A palavra de Antônio Azeredo expressou com precisão o sentimento de seus correligionários e daqueles que não se conformavam com a falsa normalidade com que eram conduzidas as investigações:

'Bem sei que as minhas palavras, nesta hora angustiosa, não poderão agradar a toda gente; não importa; nem estou aqui para cortejar a popularidade nem, principalmente, aos pregoeiros do assassinato, como remédio às soluções políticas, mas para interpretar os sentimentos da grande maioria desta casa que via nesse grande homem que o punhal assassino fez tombar, o seu guia ilustre, o seu chefe eminente, o grande e benemérito patriota, cuja perda irreparável a república deplora.

O assassinato de Pinheiro Machado, pregado estupidamente nos meetings e na imprensa amarela, louca e apaixonada, vinha sendo anunciado já algum tempo para cá, mas era tão hediondo o crime premeditado pela perversidade dos mais irrequietos dos seus inimigos e adversários políticos, que a ameaça parecia jamais ser posta em prática.

Desgraçadamente, porém, a mão assassina, armada contra o íntegro chefe do Partido Republicano Conservador, deu ontem o golpe certeiro, pelas costas, ferindo-o traiçoeiramente no coração, abrindo assim uma era tão deplorável para nossa pátria, tão cumulada já de sérias e cruéis dificuldades, neste momento de dúvidas e incertezas.

Se estabelecermos o regime do assassinato político como solução para casos desta natureza, em um país como o nosso, onde não há ordem nem disciplina, onde nada temos organizado, ficaremos em piores condições do que o México, teremos a nossa pátria inteiramente perdida, sacrificada a república, desaparecida a liberdade, rasgada a Constituição, desintegrado o nosso território, humilhado até – quem sabe? – pela intervenção estrangeira.

Ninguém poderá sensatamente admitir o assassinato como uma solução política e se, por uma grande fatalidade, chegássemos a essa situação desgraçada, nós seríamos um país em dissolução. E, como Deschanel diante do corpo inanimado de Jaurès, terminarei as minhas palavras: 'Não há terra que tenha a insolência de guardar os despojos de uma alma imortal'."

A verdade é que o Senador, político experiente, acostumado aos grandes embates, pressentia o seu fim. Tinha certeza de que não escaparia. A punhalada pelas costas fez o sangue do Senador Pinheiro correr, em 8 de setembro de 1915. A notícia espalhou-se como um rastilho. As pessoas, em grande maioria – mesmo aqueles que o hostilizavam –, repetindo a peça de Shakespeare, sentiram-se abaladas, revivendo a emoção descrita tantos séculos antes com as palavras de Marco Antônio diante do assassinato de César.

A câmara-ardente foi armada na Vila Brasilina, depois transferida para o edifício do Senado Federal, no Rio de Janeiro. Ao velório compareceram o presidente da República, Venceslau Brás, amigos, correligionários e populares. O Governo decretou três dias de luto nacional, durante os quais desfilaram milhares de pessoas ante o esquife do Senador.

32

Milhares de pessoas – muitas delas com lágrimas inconformadas – presenciaram as cerimônias fúnebres do Senador Pinheiro Machado, no Rio de Janeiro e, dias depois, em Porto Alegre, onde veio a ser sepultado.

Desde sua fundação pelo jornalista Caldas Júnior, em 1895, o jornal *Correio do Povo* acompanhou a vida e a morte do Senador Pinheiro Machado.

Em 2015, na seção "Há um século no *Correio do Povo*" (com pesquisa e edição de Dirceu Chirivino e Renato Bohusch), o jornal reproduziu o que publicara um século antes, nas edições dos dias 9, 10, 11 de setembro de 1915 (sábado) e nos dias seguintes, com as notícias e a repercussão do assassinato do Senador, das cerimônias fúnebres e do transporte do corpo a Porto Alegre:

> *"Rio, 9 – Perdura, dolorosamente, no espírito público o brutal atentado praticado contra o Senador Pinheiro Machado, representante do Rio Grande do Sul, desde o início da república, no Senado Federal, e que tombou vitimado pelo punhal de Francisco Manso de Paiva Coimbra, padeiro desempregado, com antecedentes policiais em Pelotas, ex-agente da polícia municipal de Pelotas, expulso da corporação pelas frequentes desordens que provocava na cidade."*

Dias antes do enterro, em Porto Alegre, e ainda no Rio de Janeiro, ocorreu o velório na antiga capital do país, noticiado no *Correio do Povo* do dia 12 de setembro de 1915, domingo:

"*Rio, 11 – Pouco antes das 9 horas já as imediações do Senado apresentavam anormal aspecto, não só devido a ausência completa do tráfego de veículos como também pela numerosa massa popular, ávida de curiosidade. Numerosos caminhões do corpo de bombeiros e da polícia ali se achavam para conduzir o grande número de coroas de flores que acompanharia o corpo.*

Às 8 horas chegou a viúva do Senador Pinheiro Machado acompanhada do dr. Nabuco de Gouveia. A viúva debruçou-se sobre o esquife soluçando e proferindo lamentos e imprecações comovedores.

O dr. Ângelo Pinheiro Machado, irmão do Senador, bastante comovido, procurava suavizar a dor de sua cunhada. Depois das condolências foi ela convidada a retirar-se pois ia efetuar-se o saimento do féretro.

Seguravam nas alças do caixão os drs. Rivadávia Corrêa, Pandiá Calógeras, Lauro Müller, Carlos Maximiliano, Ângelo Pinheiro Machado e general Bento Ribeiro.

Os médicos que autopsiaram o cadáver do Senador Pinheiro Machado encontraram um ferimento penetrante da cavidade torácica atingindo o pulmão e seccionando completamente a artéria pulmonar, atingindo o brônquio.

Durante a noite passada, velaram o cadáver. A toda hora da noite e da madrugada entrava e saía muita gente. Foi armada com muita simplicidade a câmara-ardente no salão de bilhar. Têm chegado centenas de coroas, inclusive uma, enviada pelo presidente da república, dr. Venceslau Brás e com estes dizeres: 'Ao benemérito brasileiro general Pinheiro Machado, a homenagem do presidente da república.'

Os jornais vespertinos de hoje lamentam, indignados, o atentado que matou o Senador Pinheiro Machado e publicam telegramas de Buenos Aires, de Montevidéu, de Lisboa e dos Estados, contendo palavras de pesar. O serviço de embalsa-

mento do corpo, feito pelos drs. Daniel de Almeida, Nabuco de Gouvea e Rodolpho Jesetti, foi exaustivo. Os médicos trabalharam quatro horas ininterruptas, assistidos pelo dr. Carlos Maximiliano, ministro do Interior. No meio de soluços cruciantes, a viúva, beijando continuamente o rosto do esposo, murmurava:

'Coitado do meu marido! Tão bom, tão meu amigo...'

Nessa ocasião, entrou na sala o marechal Hermes da Fonseca, que se dirigiu à viúva, abraçando-a longamente. Em seguida, a viúva, apontando para o marido, e olhando para o marechal Hermes disse:

'Veja! Olhe! Ele foi seu amigo até o último dia!'

O marechal Hermes, não contendo as lágrimas, soluçando, curvou-se sobre o caixão e beijou a face do Senador Pinheiro Machado.

Seguiu-se longo préstito, observando a seguinte organização: ciclistas, carros com coroas, carreta com o féretro, esquadrão de cavalaria, carro com o sacerdote, carro da família, representantes do presidente e do vice-presidente da república, deputados e senadores, corpo diplomático e outras autoridades.

Às 10 horas, chegava o féretro ao pátio do Arsenal da Marinha. A excelentíssima viúva do Senador Pinheiro Machado saiu do seu automóvel e juntou-se ao féretro. Debruçada sobre o caixão, ela ouviu Múcio Teixeira, que recitou uma ode camoniana, dedicada ao morto. As cerimônias prosseguiam. Durante muito tempo, foi considerado o maior velório jamais realizado na história do Rio de Janeiro.

Ao chegar o cortejo até ao cais, aí foi o caixão retirado da carreta e transportado até a bordo do iate 'Tenente Rosa', que acompanhado de várias lanchas levaria o féretro até o couraçado 'Deodoro', que o transportaria ao Rio Grande do Sul, onde seria realizado o enterro em Porto Alegre. Do cais, muitas pessoas, com os seus lenços, davam o último adeus ao navio que iniciava a última viagem do Senador Pinheiro Machado. No Rio de Janeiro, multidões acompanharam o corpo até ser levado ao navio que o transportaria a Porto Alegre. O Senador, inerte, sem vida, enfim liberado dos insultos e agressões diárias, foi, finalmente, embarcado no couraçado 'Deodoro', rumo ao Rio Grande do Sul.

Foi longa e demorada a viagem Rio de Janeiro-Porto Alegre, por mar, do caixão com o cadáver do Senador, transportado pelo cruzador 'Deodoro' para o enterro em Porto Alegre. O 'Deodoro' levou ordem de não forçar a marcha e nem tocar em porto nenhum."

33

O *Correio do Povo* do dia 16 de setembro de 1915, quinta-feira, noticiou os preparativos para o enterro:

> Continuaram ontem os preparativos para as solenes exéquias do Senador Pinheiro Machado, que serão efetuadas nesta capital. Do interior do estado continuaram a chegar representantes dos municípios que vêm assistir à cerimônia de sepultamento do extinto Senador rio-grandense.
> **A chegada do corpo** – Conforme telegramas que publicamos na seção competente, o cruzador "Deodoro", que traz a bordo o corpo do Senador Pinheiro Machado, somente hoje pela manhã chegará ao Rio Grande. Por esse motivo, o barco "Javary", que daqui seguiu para receber o corpo do extinto vice-presidente do Senado Federal, somente partirá do Rio Grande, de regresso a esta capital, amanhã, às 10 horas.
> **A sepultura** – Para o sepultamento do cadáver do Senador Pinheiro Machado o governo do estado adquiriu no cemitério desta capital um terreno no primeiro quadro e próximo ao túmulo de Júlio de Castilhos."

Correio do Povo do dia 19 de setembro de 1915, domingo:

> "Chegou ontem às 10 horas da manhã, conforme fora anunciado, o vapor 'Javary' trazendo do Rio Grande para esta

capital o cadáver do Senador Pinheiro Machado que, do Rio de Janeiro até ali, fora transportado pelo couraçado 'Deodoro' da Marinha de Guerra Nacional.

A transladação do corpo – *Às 6 horas da manhã de anteontem, ao se aproximarem os navios 'Deodoro' e 'Javary', o cais do Rio Grande já estava tomado por uma compacta massa popular. Às 12 horas o 'Deodoro' deu uma salva de cinco tiros, anunciando assim o início da solenidade: o féretro foi retirado, por marinheiros, do interior da câmara-ardente para o convés. Ante a multidão que se comprimia, um guindaste elétrico suspendeu o caixão e pousou-o vagarosamente no cais. Dali foi o corpo levado a mão para bordo do 'Javary': às 14 horas o paquete partiria rumo a Porto Alegre pela lagoa dos Patos. Dos seus correligionários, o respeito através de uma mensagem: 'Parte destemido gaúcho! Vai descansar em Porto Alegre, na mesma colina sagrada que guarda os despojos de Júlio de Castilhos! Último adeus, general! Republicano excelso, adeus!'.*

A chegada do Javary – *A viagem do 'Javary' para Porto Alegre foi boa. O vapor entrou no porto ontem, pouco depois das 9 horas. Alguns 'gigs' da Liga Náutica Rio-Grandense foram aguardá-lo na volta da Casa de Correção. No cais, bandas de música executavam marchas fúnebres. O ataúde foi retirado de bordo por guindastes e conduzido até a carreta de artilharia. Durante o trajeto para a Intendência Municipal, acompanhado por autoridades e grande massa popular, o préstito parou várias vezes para as devidas homenagens. Os sinos da Cathedral Metropolitana dobravam. Na Intendência, o féretro ficou exposto à visitação pública. O enterro do Senador Pinheiro Machado realizar-se-á às 10 horas da manhã de hoje."*

Correio do Povo do dia 21 de setembro de 1915, terça-feira:

"***Os funerais*** – *Em Porto Alegre, as cerimônias do sepultamento anteontem, do Senador Pinheiro Machado, assassinado no Rio de Janeiro, a 8 do corrente, constituíram urna significativa homenagem à memória do extinto rio-grandense, pela imponência com que foram realizadas.*"

Desde cedo, a parte mais central da cidade foi se enchendo de povo, trajando a maioria de luto e que se dirigia, em grupos compactos, para a frente da Intendência Municipal. Nos edifícios de todas as repartições públicas, corporações, consulados e sociedades, estavam hasteadas bandeiras em funeral. De momento a momento, passavam portadores de coroas para serem depositadas sobre o esquife do Senador Pinheiro Machado. No caminho do cemitério, havia compacta multidão de populares que procuravam escolher o melhor local para assistir à passagem do cortejo e ao enterramento da vítima. Em todas as ruas por onde deveria passar o cortejo, os combustores da iluminação pública estavam acesos e envoltos em crepe. Os sinos dobravam a finados.

Quando chegou a Porto Alegre, a população saiu às ruas em massa para reverenciar o cortejo fúnebre. Porto Alegre, em 1915, tinha cerca de 150 mil habitantes. As fotos sugerem que perto de 100 mil pessoas lotaram completamente a avenida que levava do centro da cidade até o cemitério de São Miguel e Almas.

Um orador inesperado interrompeu o cortejo, antes do sepultamento, quando o féretro de Pinheiro Machado, acompanhado de imensa multidão de milhares de pessoas, se dirigia ao cemitério, passando pela rua dos Andradas e pelas outras ruas principais do centro de Porto Alegre, subindo a lomba do cemitério, rumo ao sepultamento.

Assim como na Roma Antiga, César, apunhalado pelos infiéis, teve Marco Antônio a discursar suas virtudes, o Senador

Pinheiro Machado também teve um orador, que resgatou sua dignidade diante da multidão que acompanhava o cortejo: o jornalista e escritor Carlos Cavaco, muito ligado a adversários políticos do Senador, conhecido pelas suas polêmicas, atravessou-se, abrindo os braços, e diante do silêncio surpreso da multidão, com voz poderosa, pronunciou um inesperado e emocionado elogio fúnebre:

"Senhores! Esse cadáver que aí passa apertado entre as tábuas negras de um esquife, envolto no sudário silencioso da morte, não é o cadáver de meu chefe, porque eu não tenho chefe. É o corpo de um grande amigo, que ainda depois da tempestade de lama que a covardia e a inveja atiraram contra o meu nome, estendia-me a mão cavalheiresca e leal, hoje abatida pelo punhal infame do sicário.

Mataram esse homem, apunhalaram-no pelas costas, covardemente.

Ele teve erros que eu combati na imprensa com a pena, na tribuna com a palavra e nos campos com a lança. Mas teve predicados tão raros que o tornaram o chefe supremo de um povo de homens livres.

Hoje, que o seu cadáver vai para o sepulcro banhado nas lágrimas da pátria; hoje, que o vejo passar com a majestade de um sol que marcha para o ocaso, eu que cada vez mais descreio dos homens, mas que acreditava nele, medito sobre o destino das coisas e digo sobranceiramente: Amigo, na confusão dessas lágrimas sinceras, que caem sobre o teu corpo, andam prantos mentirosos, porque muitas gargalhadas de gozo se disfarçam em lamentos de piedade.

Essa camarilha em torno do teu cadáver faz pensar na tempestade em torno do teu sepulcro. Foste tão grande, que o teu braço caído, e o teu cérebro apagado, ainda servem de barreira aos ímpetos da traição.

Amanhã, porém, quando a terra te apertar nos seus braços frios, quando souberem que o mármore da tua lousa fecha o teu leito derradeiro, quando murchar a última flor, quando secar a última lágrima, quando apagarem o último círio das homenagens dos homens de hoje, quando tiverem, finalmente, a convicção de que morreste, talvez que de lá, desse Além, eternamente ignorado, tu possas ler em muitas frontes malditas de inimigos covardes e de covardes amigos, essa sentença extraordinária que voou com asas de sangue de teus lábios leais: 'CANALHAS! BASTA!'. Segue o teu destino!"

A multidão escutou o discurso em silêncio respeitoso, quebrado apenas pelos soluços de muitos homens e mulheres que choravam, inconformados. Em seguida, vagarosamente, o cortejo retomou o rumo do cemitério.

Perplexidade: era o sentimento dominante das pessoas. Os amigos mais chegados, como o general Hermes da Fonseca, tinham dificuldade de conter as lágrimas.

Seriam, precisamente, 14 horas quando o corpo baixou à sepultura. Antes, porém, o dr. Borges de Medeiros e o general Salvador Pinheiro Machado, irmão do falecido Senador, e mais os outros parentes do extinto estiveram demoradamente olhando o rosto do Senador Pinheiro Machado. Fechada a carneira, com lajes e uma camada de cimento, retiraram-se todas as autoridades.

Depois de sepultado o Senador, intensificaram-se as investigações sobre o criminoso Manso de Paiva e seus possíveis mandantes, e as notícias mais variadas ocuparam as manchetes:

Correio do Povo do dia 16 de setembro de 1915, quinta-feira:

"Rio Grande, 15 – Manoel Branco Júnior, proprietário do Armazém Cherubin, prestou informações sobre o assassino do Senador Pinheiro Machado. Conheceu o criminoso em 1909, na padaria de propriedade do sr. Albino José da Cunha, onde,

certa vez, Manso de Paiva fez disparar uma pistola Mauser, quase acertando o pé do declarante. Manso atendia no balcão da padaria. Era de temperamento irrequieto, desequilibrado, não sendo delicado para com a freguesia, chegando a ser agressivo quando zangado. Manso foi tambem empregado da Pensão Leandro, no Casino."

Correio do Povo do dia 28 de setembro de 1915, terça-feira:

"Rio, 27 – O delegado Nascimento e Silva recebeu uma carta anônima, dando-lhe o nome de um negociante em cuja casa Francisco Manso de Paiva Coimbra, autor do assassinato do Senador Pinheiro Machado, trocara, no dia do crime, uma nota de 500$000, tendo, então, puxado do bolso um pacote de dinheiro. Sendo chamado à presença da autoridade, o negociante confirmou a denúncia. Acareado com Manso, este, porém, negou, chamando aquele de mentiroso e usando de outras frases ásperas."

34

Mais de um século se passou e permanece um ponto de interrogação sobre o assassinato do Senador Pinheiro Machado. Um imenso e secular ponto de interrogação pende sobre a verdadeira motivação do crime e a identidade dos mandantes.

No dia 8 de setembro de 2015, os jornais, rádios, TVs, blogs lembraram os cem anos da morte do Senador. Nesse dia, em matéria de página inteira, o jornalista e fotógrafo Ricardo Kadão Chaves, com a colaboração do vereador Artur Zanella, recordou a tragédia na seção "Almanaque Gaúcho" do jornal *Zero Hora*, de Porto Alegre:

> *"Exatos cem anos atrás. Dia 8 de setembro de 1915. Às 16h30min, vindo do Palácio Monroe, Senado Federal, o Senador gaúcho José Gomes Pinheiro Machado entra no saguão do luxuoso Hotel dos Estrangeiros, no Flamengo, acompanhado de dois deputados federais paulistas, Cardoso de Almeida e Bueno de Andrade. Francisco Manso de Paiva Coimbra, um padeiro desempregado e com antecedentes criminais no Rio Grande do Sul e em São Paulo, permite que ele passe e, em seguida, enfia-lhe um punhal nas costas.*
>
> *O poderoso político exclama suas últimas palavras:*
> *'Ah, canalha! Apunhalaram-me!'*
>
> *O criminoso, calmamente, entrega a arma branca suja de sangue a Cardoso de Almeida e aguarda, tranquilo, que a polícia chegue para prendê-lo.*

Acabou ali a vida de um dos mais influentes políticos da República Velha.

O garoto destemido que, aos quinze anos, contra a vontade do pai, deixou a Escola Militar para lutar como Voluntário da Pátria, na Guerra do Paraguai. O jovem ardoroso defensor do estabelecimento da república no país. O homem que, mesmo depois de formado em Direito pela Faculdade do Largo do São Francisco, em São Paulo, e já eleito Senador, deixou sua cadeira no Senado Federal para vir combater os rebeldes maragatos da Revolução Federalista, de 1893, comandando os pica-paus da Divisão Norte, por ele organizada...

Pinheiro Machado nasceu em Cruz Alta, em 8 de maio de 1851. Foi um articulador poderoso o suficiente para que muitos de seus adversários desejassem sua morte. Sabia que corria risco. Dois meses antes de ser assassinado, numa entrevista para o jornalista João do Rio, previu a morte:

'Morro na luta. Matam-me pelas costas, são uns 'pernas finas'. Pena que não seja no Senado, como César.'

O crime gerou uma enorme comoção nacional. O padeiro assassino disse que agiu por conta própria."

"O padeiro assassino disse que agiu por conta própria." Talvez assim tenha ocorrido. Para tanto, a grande campanha movida pela oposição contra Pinheiro surtiu seu efeito. O clamor dos jornais, incentivando o ódio e a eliminação do Senador foi decisivo para o ato criminoso.

Entretanto, essa afirmação, que pressupõe o gesto criminoso individual, sem cúmplices, aceita pelo júri e pelos políticos da época, vem sendo questionada há mais de um século. Como arquitetos do crime não faltam "suspeitos" e/ou acusados tardios e surpreendentes. Entre eles Borges de Medeiros e Nilo Peçanha!

A propósito desses questionamentos, há um livro importante: *João Francisco, a Hiena do Cati* (Martins Livreiro, 2ª edição, 1997), de autoria do jornalista e historiador gaúcho Ivo Caggiani, que dá voz ao general João Francisco Pereira de Souza, aliado e amigo do Senador Pinheiro:

"A eliminação de Pinheiro Machado era pregada aos quatro ventos como única maneira de alterar o quadro da política nacional. Sobre ele recaíam as mais cruéis acusações. Não só a imprensa em linguagem panfletária, mas também os parlamentares, de sua tribuna, teciam sobre a figura de Pinheiro Machado as mais candentes críticas e os maiores agravos. O próprios companheiros de partido tramavam nas sombras..."

João Francisco foi um dos principais comandantes das forças republicanas (os chimangos) na Revolução Federalista de 1893. Caggiani lembra que, passados seis anos do assassinato de Pinheiro Machado, a 17 de outubro de 1921, o jornal *O Paiz*, do Rio de Janeiro, publicou uma carta de autoria de João Francisco dirigida ao deputado Joaquim Osório, na qual aponta Nilo Peçanha como suspeito de articular o assassinato do Senador Pinheiro:

"Pouco antes do horrível crime, visitando eu o general Pinheiro Machado, este contou-me que era sabedor de denúncias com provas cabais, que estavam organizando um complô sob a chefia de Nilo Peçanha, para matá-lo. Eu e outros amigos sugerimos-lhe as medidas que se nos afiguravam convenientes para abortar tal execução, ao que o general Pinheiro Machado respondeu:

'É inútil. Não há hipótese de um atentado contra mim que possa falhar. Eles querem a minha morte instantânea. É ingenuidade supor que tentam de outra forma. Nilo é um assassino e quer que eu morra antes de ser decidida pelo Senado a intervenção no Rio de Janeiro.'

Isso eu tenho contado a muita gente do situacionismo rio-grandense. E se não foi ainda mais divulgado, é porque a covardia do sr. Borges de Medeiros, que tem contaminado o nosso meio político e social, tem traído miseravelmente os sentimentos de altivez, de dignidade e de caráter, que tanto elevaram, em outro tempo, a nossa raça."

A acusação lançada por João Francisco, incriminando o então ex-presidente da república Nilo Peçanha (na época candidato à presidência, na sucessão de Epitácio Pessoa) no assassinato de Pinheiro Machado, abalou a opinião pública em 1915. João Francisco tinha grande prestígio como militar e como político, desde a Revolução Federalista de 1893, quando foi um dos líderes republicanos de maior destaque na vitória final.

Na tribuna da Câmara os Deputados, Gumercindo Ribas (que, como advogado da família de Pinheiro Machado, acompanhara o inquérito) e Otávio Rocha defenderam Nilo Peçanha, dizendo que não acreditavam nas acusações porque João Francisco ficou calado e nada disse nos dias em que se procurava desvendar o crime.

Respondendo ao deputado Gumercindo Ribas, em carta publicada no mesmo jornal, João Francisco a certa altura afirma:

"É exato que não lhe comuniquei tal ocorrência, isto é, a declaração que eu e outros amigos ouvimos do grande Pinheiro Machado. Limitei-me a comunicar tudo isso aos irmãos da vítima e a outros amigos e companheiros leais do extinto e inesquecível chefe gaúcho. Assim procedi por entender ser inútil prestar o meu depoimento ao referido advogado, que não me inspirava confiança. E não me inspirava confiança por ser Nilo Peçanha muito ligado ao sr. Borges de Medeiros, que, disso estou convencido, não tinha e não tem interesse pela descoberta dos verdadeiros responsáveis pelo assassinato do general Pinheiro Machado.

Eu conhecia bem a hipocrisia do sr. Borges de Medeiros e sabia que ele e seus íntimos se sentiriam melhor e até se regozijaram com o desaparecimento de Pinheiro Machado. Tenho em meu arquivo documentos incontestáveis, que, se for preciso, publicarei para confundir de vez esses falsos apóstolos."

Essa gravíssima acusação contra Borges de Medeiros ficou sem resposta.

Como se recorda, Pinheiro Machado, Júlio de Castilhos e Borges de Medeiros, nos primeiros tempos das lutas republicanas, ainda no século XIX, formavam um trio muito unido de lideranças republicanas. Depois da morte prematura de Júlio de Castilhos, as relações entre Pinheiro e Borges de Medeiros esfriaram. E mais adiante conclui João Francisco:

"Agora, sim, eu entendi do meu dever dar publicidade a tudo, para desmascarar os tartufos que querem, com Nilo Peçanha à frente, apoderar-se do governo da nação, para continuarem a roubar e a matar impunemente."

Diante dessa denúncia, a polêmica sobre o assassinato de Pinheiro Machado voltou com força às manchetes. A acusação de João Francisco foi destaque nos jornais do Rio de Janeiro, que se ocuparam longamente do assunto.

Repercutiu especialmente a citação de trechos do depoimento de Manso de Paiva, durante o julgamento, em que o assassino confirmou que dormira de 7 para 8 de setembro, isto é, na noite da véspera da tragédia, no Palácio do Ingá, do governo do Rio, onde morava Nilo Peçanha, então presidente do estado do Rio de Janeiro, ex-presidente da república (ele assumiu a presidência em razão da morte de Afonso Pena, de quem era vice, em 14 de junho de 1909, e governou até 15 de novembro de 1910), que seria candidato mais uma vez à presidência, sem sucesso.

Ouvido pela reportagem do *Rio-Jornal* sobre as declarações de João Francisco, o assassino confesso do Senador Pinheiro se enfureceu subitamente e retrucou: "Aí está! Aí está! Esse João Francisco é também um grande canalha! Se o João Francisco sabia disso, por que, então, só agora veio publicamente dizer?".

E, mais adiante, resolvido "a contar tudo", Manso de Paiva trouxe informações que seriam reveladas ao público em reportagem publicada no *Rio-Jornal*, confessando seus contatos com Nilo Peçanha antes do assassinato. Os detalhes foram reproduzidos por Ivo Caggiani na biografia do general João Francisco, em que se contam detalhes da surpreendente amizade e intimidade de Nilo Peçanha e Manso de Paiva. Disse o criminoso:

"Conversei com o Nilo, nesse dia, longamente, e deixando-o à porta escritório do visconde de Moraes, à rua D. Manoel, voltei à cidade. As impressões dessa palestra ficaram gravadas em meu espírito. Simpatizei com Nilo Peçanha. Dias depois, voltei a procurá-lo. Recebeu-me admiravelmente. Pus-lhe ao corrente da minha ideia e mostrei-lhe as tendências que eu tinha para esses lances extremos. Ele franziu a testa, carregando os sobrolhos, como para atemorizar-me. Diante, porém, de meus protestos, em que ele descobriu sinceridade, calou-se. A conversa ficou aí. Um mês depois, éramos dois bons camaradas. Eu frequentava, já, sua residência."

Outra passagem do depoimento de Manso de Paiva é instigante:

"Certo dia quando vínhamos de Niterói, eu e ele [Nilo Peçanha], passou por nós, no mar, o coronel Filadelfo Rocha. O dr. Nilo, olhando-o de revés, disse-me com azedume: 'A alma danada do Estado é esse homem: tanto tem de pequeno, quanto de ruim.'

Então eu disse ao dr. Nilo: Por que não o manda matar?

'Isso, não', voltou-me o dr. Nilo. 'Sou absolutamente contrário a esses lances.'

Mas, depois, como eu me calasse, o dr. Nilo disse: 'Se alguém, espontaneamente, entendesse que, matando o coronel

Filadelfo, faria um grande bem ao Estado, certo a justiça muito dificilmente puniria.'

Ao que eu lhe obtemperei: 'Nenhuma justiça seria capaz de condenar um criminoso dessa espécie. E acrescentei: Por que V. Exa. não manda liquidar esse bandido?'

Nesse instante o dr. Nilo fez-me ver que isso seria gastar cera com um péssimo defunto. Que ele não era pelo assassinato. Em todo o caso, se tivesse de adotar uma medida dessa ordem, fa-lo-ia cortando o mal pela raiz.

'Isto é, eu não mandaria matar um coronel, mas sim, um general...'

A princípio não compreendi bem a alusão. Depois é que percebi que o 'general' deveria ser o Pinheiro. Então voltando a falar a S. Exa. sobre o assunto, disse-lhe claramente a disposição em que me achava. O dr. Nilo, ainda dessa vez, procurou dissuadir-me da ideia do assassinato. A verdade, entretanto, é que, desde aquele dia, Nilo começou a favorecer-me, a dar-me dinheiro, a fazer umas certas franquezas. Cheguei mesmo a pernoitar na sua casa várias vezes. Um dia quando vínhamos para a cidade, ele interpelou-me nestes termos: 'Então, Paiva, você ainda pensa em assassinar o Pinheiro?'

'Eu lhe respondi: Se V. Exa., quiser... é só mandar!'

'Eu não, disse o dr. Nilo, com espanto. Faça o que entender, mas não me envolva em nada disso.'

Mais tarde, nesse mesmo dia, falei ao dr. Nilo sobre o assunto, obtendo dele conselhos para que o não fizesse. Esses conselhos, porém, me pareceram tão pouco sinceros, no tom displicente em que eram anunciados, que, antes, tomei-os como um incitamento para o meu plano.

E parando no meio da ceia, Manso de Paiva concluiu:

'Já vê que, embora o dr. Nilo não me tivesse diretamente armado o braço, concorreu, entretanto, para que em mim se fixasse a ideia desse crime, que só levei a efeito porque supus que ia ao encontro dos desejos dele." (*Rio-Jornal*, 19 de outubro de 1921 – Ano VI – 1254 – Rio de Janeiro).

Essas declarações são impressionantes: "Já vê que, embora o dr. Nilo não me tivesse diretamente armado o braço, concorreu, entretanto, para que em mim se fixasse a ideia desse crime, que só levei a efeito porque supus que ia ao encontro de seus desejos". Isto é: Manso de Paiva revelou que matou Pinheiro Machado para ir ao encontro dos desejos de Nilo Peçanha!

Embora os jornais tenham dado atenção ao fato, não houve qualquer iniciativa oficial no sentido de aprofundar as investigações das novas denúncias. Além dos fatos em si, que não tiveram desmentido, por certo chama a atenção a insólita intimidade que o assassino estabeleceu com o ex-presidente da república Nilo Peçanha: "Conversei com o Nilo...", "Simpatizei com Nilo Peçanha...", "Um mês depois, éramos dois bons camaradas. Eu frequentava, já, sua residência".

No mesmo dia, o jornal *O Paiz*, referindo-se às declarações de João Francisco, publicou em destaque:

"Chamado nominalmente a defender-se, defenda-se o sr. Nilo Peçanha, mas defenda-se às claras, por si mesmo, porque não bastarão para comprovar a sua inocência as negativas rápidas e secas dos seus atuais correligionários gaúchos que Pinheiro nunca sonharia capazes de uma tão alarmante camaradagem. O libelo do general João Francisco está de pé. E não se acusa de assassino, com todas as letras, um candidato a presidência, sem que o acusado destrua incontinente, perante a nação, o testemunho que o avilta."

Do ponto de vista jurídico-criminal, por certo o item "motivação" estaria plenamente preenchido: Nilo Peçanha, então presidente do estado do Rio de Janeiro, mais de uma vez teve que enfrentar ameaças de intervenção federal no estado em decorrência de denúncias do Senador Pinheiro Machado, a quem considerava, mais do que adversário, um inimigo declarado.

Nesse sentido, incansável, o general João Francisco lançou uma verdadeira campanha nacional com entrevistas e cartas aos jornais do país com a acusação de que Manso de Paiva fora apenas um instrumento nas mãos de Nilo Peçanha, que seria o verdadeiro culpado do assassinato:

"Toda a água da baía de Guanabara ainda é pouca para lavar o sangue das mãos de Nilo Peçanha!" – denunciou João Francisco.

No entanto, nunca se levou adiante a investigação dessa acusação e, portanto, nada se provou contra Peçanha. Preso, Paiva negou que estivesse a soldo de quem quer que fosse. Alegou ter agido por conta própria e declarou não estar arrependido: "É preciso acabar com os tiranos. E eu matei o chefão".

Mas Nilo Peçanha não contestou e nem tomou qualquer medida contra as declarações do general João Francisco. As declarações e as denúncias do general mereceram destaque e repercussão pelo respeito que a sua história pessoal inspirava, e diante da importância e da biografia do denunciante.

João Francisco foi um guerreiro ilustre e incansável: tendo como única motivação o seu sentimento de justiça e solidariedade às causas que acreditava, participou de importantes combates. Herói da Revolução Federalista de 1893, também se destacou em outros combates, inclusive na Coluna Prestes, na qual teve grande atuação, inclusive na indicação de Luiz Carlos Prestes para líder daquela que é considerada uma das primeiras guerrilhas da história. Ferido em combate, teve que buscar o exílio no final das lutas da chamada Coluna Heroica.

Para se ter uma ideia da vida, da dimensão pessoal e da importância de João Francisco, o texto vívido do necrológio publicado pelo *Correio do Povo*, em 5 de maio de 1953, com a notícia da morte do general, é significativo:

"Com a idade de oitenta e sete anos, faleceu às últimas horas de ontem, em São Paulo, o general João Francisco Pereira de Souza, cujo sepultamento foi realizado hoje às 16 horas naquela capital. O general João Francisco era gaúcho. Seu nome fica ligado a todos os movimentos libertadores surgidos no regime republicano como o de um indomável guerreiro.

Foi comandante do Segundo Regimento de Cavalaria da Milícia do Rio Grande do Sul, e na Revolução de 1893 participou da batalha de Campo Osório, em que encontrou a morte o almirante Saldanha da Gama.

João Francisco pertenceu ao Partido Republicano e se orgulhava de ter participado da última batalha que, no dizer de Pinheiro Machado, "cortou a última esperança da monarquia".

Já afastado das atividades políticas, achava-se em São Paulo quando eclodiram os movimentos revolucionários de 1922 e 1924. O velho general não resistiu ao fascínio, e deles participou.

Estava na fronteira da Argentina com um corpo dos exércitos revolucionários, quando em 1924 foi organizada a Coluna Prestes, que avançou para o Norte, sendo o então capitão Luiz Carlos Prestes feito por ele comandante.

Terminada a luta com a vitória da legalidade, João Francisco exilou-se na Argentina o no Uruguai, onde retirou do corpo as balas recebidas na batalha de São Paulo, deixando uma num músculo da perna direita como lembrança daquele entrevero. Em 1930 retornou ao Brasil e comandou uma divisão ligeira do Exército Revolucionário, tendo então sido secretariado pelo sr. Benjamin Cabello.

Vencida a luta e posto no Catete o sr. Getúlio Vargas, o general João Francisco retirou-se do cenário político."

35

Borges de Medeiros fazia parte da conspiração que resultou no assassinato do Senador Pinheiro Machado? Quando Borges declarou apoio oficial à candidatura de Nilo Peçanha à presidência da república, João Francisco reagiu com fúria: "Parece mentira mas é verdade! Borges de Medeiros está agora abraçado com o algoz de Pinheiro Machado", escreveu o general, insistindo na acusação de que Nilo Peçanha estava por trás do assassinato do Senador Pinheiro: "Eu conhecia bem a hipocrisia do sr. Medeiros e sabia que ele e seus íntimos se sentiram melhor, e até se regozijaram, com o desaparecimento de Pinheiro Machado".

Lira Neto, em sua excepcional biografia de Getúlio Vargas, lembra que, com a morte de Pinheiro Machado – e o consequente fim, na arena política, da presença, do carisma e da marcante personalidade do Senador –, abria-se a Borges de Medeiros a possibilidade de ocupar espaço no plano federal, substituindo Pinheiro.

Na prática, porém, as primeiras tentativas foram frustrantes: salientaram a fragilidade de Borges de Medeiros em relação ao cenário federal: ficou evidente que, sem a capacidade de articulação e a força de Pinheiro Machado, o Rio Grande do Sul estava enfraquecido politicamente no plano nacional.

Mesmo assim, diante da morte do Senador, Borges começou a articular a retomada do controle da bancada gaúcha na Câmara Federal, antes subordinada diretamente a Pinheiro. Borges de

Medeiros sentiu-se livre para arbitrar sobre as dissidências municipais do modo que julgasse mais conveniente a seus propósitos.

Entretanto, a lendária perspicácia de Getúlio Vargas percebeu a jogada de Borges, e deixou claro que estava de olho na esperteza. Numa sessão cívica no Conselho Municipal de São Borja, Getúlio fez um discurso que embutia uma crítica pesada – quase uma acusação – a Borges de Medeiros:

"Pinheiro Machado não era como certos políticos pusilânimes, arremedos caricaturais de volubilidade, que por uma falsa auréola de puritanismo, jogam a sorte dos amigos como repasto feroz à voracidade dos fariseus. A rude franqueza e a lealdade sem jaça que sempre acompanharam Pinheiro Machado nunca permitiram, num partido por ele chefiado, que a gangrena da bajulação sórdida se apoderasse da sua pessoa para afastá-lo dos amigos que haviam com ele sorvido no mesmo cálice a amargura dos momentos extremos. (...) Não temia competidores, nem invejava prestígios porque era dotado de uma superioridade real que não lhe emprestavam posições oficiais. Por isso, não usava, no seio de suas próprias hostes, a divisa dos fracos – dividir para reinar. Não estimulava, nem mantinha discórdias, criando incensadores de sua egolatria, despenhadeiro fatal aos espíritos inflados de vaidade."

Essa manifestação teve intensa repercussão nos meios republicanos. Lira Neto anotou a reação solidária, mas temerosa diante das possíveis consequências, do amigo Armando Porto Coelho, em carta a Getúlio:

"Causou funda impressão o teu discurso a respeito do Senador Pinheiro: o *Uruguay* [jornal que publicou o discurso] anda de mão em mão. Há no teu trabalho alusões que ferem, que certamente magoarão o dr. Borges. Mas foste justo e verdadeiro. Permite, porém, que te diga que não foste político. As verdades que a rigidez do teu caráter te fez pronunciar pertencem ao rol das verdades que o convencionalismo em que vivemos colocam no rol das verdades que não devem ser ditas."

Getúlio, com sua manifestação, deixava claro que não seria fácil "enterrar" o prestígio do Senador Pinheiro Machado. No Rio Grande do Sul, o vácuo político deixado pelo assassinato revelava-se difícil de ser rapidamente preenchido, como pretendia Borges.

No plano federal, os jornais ocupavam grandes espaços com conjeturas sobre os motivos e os possíveis mandantes do assassinato. Parecia difícil acreditar no gesto repentino de um padeiro desempregado como explicação para o assassinato do maior líder político do país. A suspeita de uma possível interferência de Nilo Peçanha no assassinato se transformou num escândalo no Rio de Janeiro e teve influência decisiva no resultado eleitoral: realizadas as eleições presidenciais, a candidatura Nilo Peçanha teve derrota esmagadora. O candidato Artur da Silva Bernardes saiu vencedor nas eleições para presidente da República, por larga margem.

Meses depois do assassinato, no dia 9 de maio de 1916, data do aniversário do Senador Pinheiro, o jornal *O Paiz* publicou o seu retrato na primeira página, acompanhado de um artigo em sua homenagem. Num dos parágrafos do artigo, o texto lamenta "a indiferença e o descaso" diante do assassinato e o "esquecimento" em relação à grande figura do Senador pouco mais de um ano depois do assassinato:

> *O contraste entre o poder, o prestígio e a fascinação que ele exerceu nos últimos tempos da sua gloriosa existência e a indiferença e o descaso pela sua memória confrange-nos o coração e depõe de modo bem triste contra o ambiente moral em que vamos atravessando a vida, sem ideal, sem nobreza nas aspirações, sem fidalguia nos gestos, sem correção nas maneiras, sem altivez nas atitudes e sem dignidade no procedimento.*

O esquecimento sobre o crime monstruoso que abateu o Senador é quase completo, esforçando-se os que mais diretamente conviviam com o grande morto em afastar de si a lembrança dos laços políticos da solidariedade estreita que com ele sempre mantiveram – com receio covarde de se tornarem suspeitos perante situação dominante.

A denúncia em relação aos antigos adeptos do Senador que procuravam esquecer – e fazer com que os outros também esquecessem – os vínculos políticos que mantiveram com ele é um traço de caráter frequente de certas pessoas, especialmente aqueles que receberam grandes favores do morto. Sobre esses, Alexandre Dumas deixou, numa frase inexcedível, a última palavra: "Há favores tão grandes que só podem ser pagos com a ingratidão".

Esses valores ultrapassam a vida real e são retratados, com muita vida e muita veracidade, na ficção! Na ficção, o Senador brilhará para sempre como personagem, com impressionante realismo, de *O tempo e o vento*, a obra-prima de Erico Verissimo.

36

A lenda não morreu e vive desde sempre. Mais de um século depois do assassinato do Senador Pinheiro Machado, realidade e ficção se misturam, até mesmo num romance da melhor ficção brasileira. Entre as páginas luminosas de *O tempo e o vento*, aparece o Senador Pinheiro Machado visitando Rodrigo Cambará na vívida Santa Fé. O texto do grande escritor gaúcho Erico Verissimo é tão real que a ficção ganha a tinta de uma bela reportagem que merece ser lembrada:

"Em fins de julho, a caminho de São Luiz, o Senador Pinheiro Machado fez uma breve visita a Santa Fé. Hospedou-se na casa de Joca Prates, confabulou com os correligionários, foi homenageado no Centro Republicano e, durante várias horas, fez a cidade vibrar com sua presença.

Quando saiu à rua, de botas, bombachas, casaco de casimira escura, chapéu de feltro negro, e um pala de seda enrolado no pescoço e atirado por cima do ombro – mulheres corriam às janelas para vê-lo passar, homens detinham-se nas calçadas, cumprimentavam-no respeitosamente, tirando os chapéus, e depois ficavam a segui-lo com o olhar. E assim, ladeado por Joca Prates e Titi Trindade, o senador subiu a pé a Rua do Comércio, encabeçando um grupo que foi aos poucos engrossando e que, ao chegar à Praça da Matriz, parecia quase uma procissão. Pinheiro Machado entrou com a comitiva na Intendência, onde foi homenageado pela Câmara Municipal, cujo presidente o saudou num breve discurso. Menos de meia hora mais tarde, saiu sozinho do paço municipal, atravessou a rua, entrou na praça e parou um instante junto ao busto do fundador de Santa Fé. E os curiosos que o observavam viram depois o político mais poderoso do Brasil cruzar a praça a bater na porta do Sobrado. O senador ia visitar os Cambarás! [...]

Sempre achara prodigioso que um homem nascido numa casinhola da Rua do Comércio, em Cruz Alta, pudesse ter atingido tamanhas altitudes na geografia política do Brasil. Seus ditos e a crônica de seus feitos corriam o país de norte a sul, constituindo já elemento de folclore. Muitas vezes em discussões no Senado fizera frente a Rui Barbosa e, embora não pudesse ombrear com a "Águia de Haia" em matéria de erudição e eloquência, sua presença de espírito, sua solércia e seu bom senso de tropeiro lhe haviam feito levar a melhor em mais de uma polêmica com o senador baiano.

Rodrigo sentia-se não só fascinado como também intrigado por aquela personalidade complexa, que às vezes lhe parecia um singular ponto de encontro do campo com a cidade. Pinheiro Machado trajava com o esmero dum Brummel, mas as bombachas e as botas com esporas lhe sentavam tão bem quanto o fraque e as botinas de verniz. O fato de ser visto na Rua do Ouvidor de colarinho engomado e plastrão não o impedia de levar um punhal na cava do colete a fantasia. Embora não fosse homem habituado a recorrer à violência, poder-se-ia dizer que psicologicamente trazia sempre nas mãos um rebenque com o qual não hesitava em fustigar a cara dos insolentes. Sedutor consumado, sabia fascinar tanto as mulheres como os homens, e para aliciar adeptos entre estes últimos, contava-se que costumava alternar o tratamento paternal com o sobranceiro, chegando, não raro, a usar artifícios quase femininos de conquista. Era fora de dúvida que nascera para mandar. Tinha como poucos o senso de autoridade combinado com o da oportunidade, e mesmo os que não o amavam (e estes eram legião) não deixavam de respeitá-lo ou admirá-lo.

E esse homem excepcional entrara, havia pouco, no Sobrado! [...] Achavam-se os três na sala de visitas, e Licurgo, no breve silêncio que se fizera após as apresentações, puxara já três pigarros. Sentado numa poltrona, com as pernas cruzadas, Pinheiro Machado olhou firme para Rodrigo, com ar avaliador.

– Estive conversando com seu pai – disse, com sua voz pausada e grave. – Um homem como ele, um castilhista dos bons tempos, não pode ficar à margem do partido. Essas brigas de família são como chuvas de verão: caem com muito barulho mas logo passam.

Rodrigo olhava intensamente para o senador, cuja presença parecia aquecer a atmosfera da sala. Don Pepe tinha razão. Aquele homem de negra cabeleira crespa e olhos magnéticos lembrava mesmo um chefe cigano. Em seu rosto, dum moreno queimado, havia uma expressão que tanto sugeria crueldade como ascetismo: podia ser tanto a face dum bandoleiro como a dum profeta. Era, sem a menor dúvida, a máscara dum condutor de homens. O visitante puxou do bolso a cigarreira de ouro, tirou dela um crioulo caprichosamente feito, prendeu-o entre os lábios e pôs-se a bater distraído nos bolsos. Rodrigo ergueu-se, rápido, riscou um fósforo e aproximou-o da ponta do cigarro do senador. [...]

Rodrigo sentiu um contentamento de namorado quando Pinheiro Machado pôs-lhe a mão no ombro, já com uma intimidade de velho amigo.

Vamos, Rodrigo, quero que me acompanhes até a casa do Joca Prates. Não tenhas receio, o Trindade não estará lá e, se estiver, dou-te a minha palavra como não te forçarei a uma reconciliação com ele. Foi com uma exaltada sensação de orgulho que Rodrigo saiu a caminhar pela Rua do Comércio ao lado de Pinheiro Machado. Vou conversar com o dr. Borges de Medeiros a teu respeito – prometeu o senador. – Vejo em ti um bom corte de deputado. É só questão de tempo. Estás ainda muito moço. Mas... digamos, daqui a uns quatro ou cinco anos, quem sabe? Deixa que esses petiços de fôlego curto fiquem correndo carreira nestas canchas municipais. Tu és parelheiro que merece tomar parte em páreos mais importantes.

Está tentando me subornar – refletiu Rodrigo – está me acenando com uma deputação... Não sabia se devia indignar-se ou envaidecer-se ante aquelas palavras." [*O tempo e o vento*, "O retrato". Círculo do Livro, p. 328-333]

Erico Verissimo, ao misturar realidade com ficção, faz o retrato de uma época, revelando a figura arrebatadora do Senador Pinheiro Machado, capaz de despertar fascínio e grande simpatia, até mesmo veneração. Mas Pinheiro era, entretanto, acima de tudo, um homem polêmico e temido: pelo seu poder, pelo seu temperamento, pela sua maneira de ser, pelo fascínio do seu carisma. Embora seja uma obra de ficção, tudo o que está ali descrito, em cada um dos parágrafos em que o Senador é personagem, como ocorre nas grandes obras, *poderia ter acontecido*.

Pinheiro Machado torna-se personagem da trama, figura recorrente na narrativa a partir da leitura dos jornais pelos personagens. Os fatos e as personalidades que marcaram a época se incorporam ao texto de ficção.

O professor Marcio Miranda Alves, doutor em Letras da USP e professor da Universidade de Caxias do Sul, autor de um precioso texto em que analisa a figura do Senador inserido na trama ficcional de Erico Verissimo, lembra que Pinheiro Machado surge como personagem em *O tempo e o vento* tendo como cenário um fato histórico verdadeiro: a disputa eleitoral à presidência da República, entre Rui Barbosa e Hermes da Fonseca, em 1910. Miranda Alves destaca três pontos fundamentais que dão sólido cunho de realidade à narrativa: "...em primeiro lugar, o cuidado do autor em manter-se fiel às palavras ditas por Pinheiro Machado. Em segundo, a intenção de exaltar a imagem de hombridade e coragem do senador, mesmas características que são caras ao caráter de Rodrigo Cambará. Em terceiro, mas não menos importante, a versão de que jornalistas e políticos trabalhavam juntos para incendiar o povo contra o senador. Todos esses aspectos combinados amolecem a rebeldia de Rodrigo Cambará contra o "Chefe" e o fazem pensar em apoiá-lo, sem olhar conveniências pessoais e nem mesmo ideias políticas".

Miranda Alves ressalta um trecho em que evidenciam-se esses três pontos destacados, a dar verossimilhança à ficção:

"Como consequência das últimas eleições, [...] a atmosfera do país estava carregada de ressentimentos e ódios, e muitos políticos, publicistas e demagogos tratavam de instigar o povo contra a pessoa de Pinheiro Machado, cujo assassínio era abertamente pregado em comícios no Rio de Janeiro. Um deputado federal chegara a dizer da tribuna da Câmara que, se apresentasse um projeto, seu artigo primeiro seria: 'Elimine-se o Sr. Pinheiro Machado.'

Já em princípios daquele ano o Senador reunira em sua residência do Morro da Graça os representantes do Rio Grande, exortando-os a manterem-se unidos para o bem da república, caso ele viesse a tombar assassinado. Em palestra com o jornalista João do Rio, confiara-lhe: 'Morro na luta, menino. Eles me matam. Mas pelas costas. São uns 'pernas finas'. Pena é que não seja no Senado, como César. Há de ser na rua. Morro em defesa da república.'

Contavam-se histórias que ilustravam bem a atitude serena e impávida do Senador em meio dessas malquerenças e ameaças. Duma feita, ao passar de automóvel por meio duma multidão exaltada que, havia pouco, gritava insultos a seu nome, disse em voz alta ao chofer, para que todos ouvissem:

'Só tire o revólver quando eu tirar o meu. Só dispare o seu primeiro tiro depois que eu tiver disparado o meu'.

E o automóvel passou pelo meio da multidão, onde se fizera de súbito um silêncio respeitoso.

Noutra ocasião, ao deixar o Senado, a cuja porta se aglomeravam populares dispostos a vaiá-lo, instruiu o chofer:

'Siga. Não tão depressa que possam pensar que tenho medo, nem tão devagar que possa parecer acinte'."

Essa diferenciação entre o "verossímil" da ficção e a "verdade" do jornal – lembra ainda Miranda Alves – nos ajuda a observar dois momentos da narrativa. O primeiro trata da reação dos personagens à notícia do assassinato de Pinheiro Machado e, o segundo, da cobertura jornalística adaptada à ação romanesca. Na narrativa ficcional e histórica de Erico, a notícia chega primeiro ao telegrafista que, pasmo, vai lendo a mensagem telegráfica desenhando o drama:

"[...] À medida, porém, que as letras iam formando as palavras e estas as sentenças, os olhos do funcionário se agrandavam, sua caligrafia tornava-se menos firme e por fim, depois de escrever a última letra do nome do signatário do despacho – um deputado estadual – os lábios do telegrafista tremeram e ele ficou olhando para o papel com uma expressão de mudo horror, como se tivesse acabado de ler nele sua própria sentença de morte."

Em seguida, o telegrama chega ao coronel Joca Prates:

"Abriu-o de cenho cerrado, leu e ficou lívido. Depois passou o papel para um dos amigos e, como se tivesse perdido a fala e o movimento, ficou a olhar com uma fixidez estúpida para as cartas sobre pano verde.

– Que barbaridade! – exclamou um dos jogadores. Os outros dois, que haviam lido a dramática mensagem por cima do ombro do primeiro, saíram a andar pelas dependências do clube numa pressa ofegante e atônita.

Joca Prates pôs-se de pé lentamente e, como um sonâmbulo, encaminhou-se para o telefone do bufete, comunicou-se com a própria casa e, ao ouvir a voz da esposa, balbuciou:

– Dedé, aconteceu uma coisa horrorosa...

Não pôde continuar, pois o pranto lhe cortou subitamente a voz. [...] Atrás do balcão do bufete Saturnino cofiava sombriamente o bigode, murmurando: 'Que barbaridade! É o fim do mundo. Que calamidade!'."

No cinema da cidade, em meio a um filme, a sessão vira um rebuliço:

"Os espectadores precipitaram-se atropeladamente na direção da porta, como se alguém houvesse gritado – incêndio! Algumas mulheres soltavam lamentos histéricos, muitas desatavam no choro, outras gritavam os nomes dos maridos e filhos. Alguns cidadãos trepavam nas cadeiras e pediam calma. Vários deles empenhavam-se em discussões que degeneravam em briga. De quando em quando no meio da balbúrdia ouviam-se frases como: 'Abaixo a tirania!' 'Viva a liberdade!'."

E começa a se organizar uma espécie de reação cívica. O romance ganha o tom de uma história real:

"– A coisa não vai ficar assim – murmurou o intendente.

– O Rio Grande não pode ficar acovardado depois duma barbaridade dessas. Mataram o nosso Pinheiro!

E, num assomo de ódio, exclamou:

– Vai haver uma revolução!"

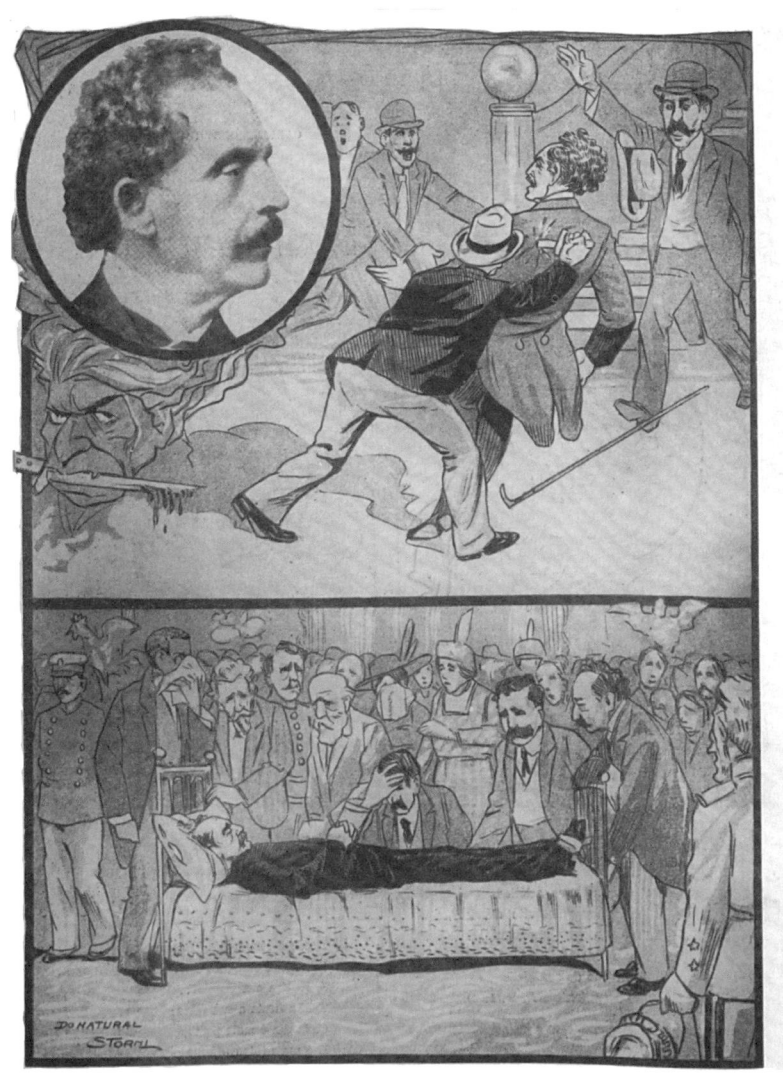

Legenda original: *1. No Hotel dos Estrangeiros. – Reconstituição da cêna do covarde assassinio: Paiva Coimbra, agindo de surprêsa, crava a faca nas costas do general Pinheiro Machado. Acodem os deputados Bueno de Andrade e Cardoso de Almeida. 2 – No Morro da Graça: o cadáver do general Pinheiro Machado depósito no salão do Palácio, sôbre uma modesta cama de ferro, logo após o traiçoeiro assassinato. (Caricatura de Alfredo Storni. Revista* O Malho, *número 159, abril de 1953.)*

37

A revolução anunciada pelo personagem de Erico Verissimo não aconteceu. Para alegria de muitos políticos inimigos – e também para muitos "amigos" (que o Senador tinha a cautela de colocar entre aspas) –, restou a versão da autoria de um homem só, de um amalucado insuflado pelos jornais.

No Rio Grande do Sul, o centenário da morte de Pinheiro Machado, em 2015, foi lembrado com homenagens ao grande brasileiro em todos os municípios, com exceção de um: justamente o município cujo nome homenageava o grande morto, o município de Pinheiro Machado, que recebeu esse nome logo depois do assassinato do Senador, em substituição ao nome tradicional daquela antiga cidade gaúcha, Cacimbinhas.

Tudo porque a alteração do nome do município resultou de uma prepotência e de uma arrogância. Tentando homenagear o Senador assassinado, autoridades locais, logo depois do crime, com a tolerância das autoridades estaduais, na prática ofenderam a população de uma cidade inteira: o município de Cacimbinhas, na zona sul do Rio Grande do Sul, teve seu nome alterado para Pinheiro Machado como se fosse uma espécie de absurda "punição" por ser a cidade onde nasceu Francisco Manso de Paiva Coimbra.

Ou seja, foi uma homenagem desastrada que conseguiu ser, ao mesmo tempo, um constrangimento e um insulto: constrangimento à memória do Senador Pinheiro Machado; e um insulto à comunidade de Cacimbinhas. Como se a pacata população de

Cacimbinhas tivesse de alguma forma participado do crime, ou com o homicídio tivesse se solidarizado.

A mudança do nome original, apresentada na época como uma "homenagem" ao ilustre Senador assassinado, foi, na verdade, uma absurda imposição por decreto do intendente provisório da cidade, Ney de Lima Costa, num ato de bajulação às autoridades estaduais. Na época, o Rio Grande do Sul era governado por um irmão do Senador, o general Salvador Pinheiro Machado, vice-presidente estadual, no exercício da presidência, em razão de afastamento por doença do titular, Antônio Augusto Borges de Medeiros.

A cidade, é claro, nunca aceitou esse ato absurdo que, além de injusto, criava um grave constrangimento para uma comunidade inteira: dava a entender que toda a população da cidade de Cacimbinhas tinha responsabilidade ou solidariedade pelo ato criminoso e insano de uma das pessoas ali nascida (que, inclusive, havia muitos anos deixara a cidade).

A maior parte da população de Cacimbinhas, com toda razão, sentiu-se ofendida com a mudança de nome da cidade, pelo seu insólito caráter "punitivo". Embora na sua maioria correligionários do senador e das lideranças estaduais do Partido Republicano Rio-grandense (PRR), como o presidente estadual Borges de Medeiros, os próceres políticos cacimbinhenses se sentiram alijados e, particularmente, irritados com os considerandos apontados como justificativa para homenagear o senador vitimado, porque desmereciam a história municipal.

A população chegou a pegar em armas contra essa desonra.

O jornalista e escritor Nikão Duarte publicou um livro, *A guerra de Cacimbinhas*, com pesquisas realizadas na imprensa da época do assassinato de Pinheiro Machado e em arquivos do Rio Grande do Sul, além de entrevistas com descendentes das pessoas que se envolveram na chamada guerra de Cacimbinhas, revolta popular ocorrida contra a mudança do nome da cidade, entre 1915 e 1916. O texto de Nikão Duarte, no formato de uma linha do tempo, aliando recursos jornalísticos e literários, aborda os acontecimentos decorrentes da decisão de mudar o nome do município, tomada unilateralmente pelo intendente provisório, com o apoio de autoridades estaduais.

O autor descreve com detalhes a luta malsucedida pela retomada do nome original do município: os cacimbiquenses da segunda década do século XX demonstraram coragem e determinação em defesa de suas posições: derrubaram e expulsaram o "intendente afoito" e deixaram para as gerações seguintes um ideal que foi derrotado, mas não esquecido.

Com certeza, é exatamente por esse motivo que o município que leva o nome de Pinheiro Machado não valoriza a memória e a fascinante personalidade do gaúcho que mais influiu na vida brasileira nas primeiras décadas do século XX.

O escritor Nikão Duarte, com toda a razão, afirma que "assim como Cacimbinhas não merece a culpa pela insanidade de Manso de Paiva, ao político Pinheiro Machado é injusto impor o esquecimento". É possível dizer que, no caso de Cacimbinhas, a insanidade de Manso de Paiva tenha justificado a insanidade de um intendente municipal, ofendendo a população inteira de um dos mais importantes municípios da zona sul do Rio Grande do Sul.

O depoimento do jornalista e escritor Nikão Duarte, lá nascido e filho de uma família tradicional, é esclarecedor:

"Integro famílias originárias do município gaúcho que desde outubro de 1915 se chama Pinheiro Machado em substituição à denominação original de Cacimbinhas. A mudança decidida em gabinetes oficiais palacianos à revelia do desejo dos cerca de 14 mil habitantes da então vila foi uma homenagem compulsória ao general honorário e Senador José Gomes Pinheiro Machado (1851-1915), uma personagem fascinante do Brasil republicano, assassinado a 8

de setembro de 1915 no Rio de Janeiro por um antigo morador de Cacimbinhas, o padeiro Francisco Manso de Paiva Coimbra.

A decisão foi tomada em meio à comoção pelo assassinato, avalizada pelo presidente em exercício do Rio Grande do Sul, o general Salvador Pinheiro Machado, irmão do Senador.

Ney de Lima Costa (1884-1933) foi um rábula que reivindicou o cargo de juiz em Cacimbinhas e, na crise entre as facções locais do PRR (Partido Republicano Rio-grandense) acabou sendo nomeado intendente provisório. Depois de expulso da vila, foi vereador e presidente da Câmara Municipal de Passo Fundo.

Nem uma luta civil deflagrada pela população após o ato da surpreendente alteração do nome, nem campanhas sucessivas organizadas nas cinco décadas seguintes foram capazes de retomar a denominação inicial do município que, desde 1878, havia se emancipado da histórica cidade de Piratini.

As consequências dessa combinação de acontecimentos se estendem tempo afora. De imediato, a então vila deflagrou uma insurreição civil – tema do livro A guerra de Cacimbinhas *(Porto Alegre: Com Efeito, 2015) – em que apeou do poder o intendente provisório e espalhou pelas décadas seguintes sucessivos, mas malsucedidos movimentos pela retomada do nome original. E na atualidade, mesmo que assimilada a denominação imposta, a comunidade praticamente ignora a figura pública de Pinheiro Machado, que, no seu tempo, foi o político gaúcho de maior influência nacional, só encontrando paralelo posterior em Getúlio Vargas que, aliás, foi seu herdeiro político.*

A mudança de nome da cidade, que supera um século e é, ainda hoje, uma situação mal resolvida, comete injustiça tanto para com a população quanto para com o homenageado, punindo aquela pelo gesto de um desatinado e este por relegá-lo ao esquecimento entre os habitantes da terra que recebeu o seu nome.

Esse duplo desperdício histórico está a exigir um gesto de conciliação que aproxime a Cacimbinhas (que virou Pinheiro Machado) do Senador assassinado Pinheiro Machado, cujo idealismo pode ser comprovado por circunstâncias como a de ter servido voluntariamente às forças brasileiras em confronto com o Paraguai, de ser um dos "pais" da república, e de constituir a base para a sua preservação como regime político desde 1889.

Histórias ouvi sobre esse episódio que impôs a uma população inteira um gesto de força tomado pelos detentores do poder formal. Meu avô e minha avó maternos, Juca e Síria Farias, costumavam reunir os filhos mais jovens e os muitos netos em torno da cama do casal, nas noites frias da fronteira sul-rio-grandense, para contar causos que invariavelmente conduziam para a expulsão do intendente provisório – Ney de Lima Costa, o apadrinhado do presidente estadual Borges de Medeiros, enviado à vila para "pacificar" as facções divergentes da representação local do Partido Republicano Rio-grandense, e autor do ato da mudança de nome do município pouco mais de cinquenta dias após a morte do Senador Pinheiro.

Já os avós paternos, Nico Duarte – que por anos trabalhou na Intendência do município de Pinheiro Machado – e Zizi Duarte, mostravam recortes de jornais locais e regionais sobre o enfrentamento de 1915 e início de 1916, quase sempre acompanhados da exclamação de que tudo aquilo daria um livro.

Só na maturidade é que percebo o quanto essas influências estão presentes na minha própria trajetória pessoal. Cresci entre as imagens de um Pinheiro Machado distante. O município de Pinheiro Machado localiza-se 350 quilômetros a sudeste de Porto Alegre e tem atualmente 14 mil habitantes."

Nessa desavença, com certeza, o Senador Pinheiro Machado, com a modéstia e o espírito de justiça que o caracterizava, sem a menor dúvida, ficaria ao lado dos defensores da permanência do nome "Cacimbinhas".

Mausoléu do Senador Pinheiro Machado no cemitério da Santa Casa de Misericórdia de Porto Alegre, RS

lepmeditores
www.lpm.com.br
o site que conta tudo

IMPRESSÃO:

PALLOTTI
GRÁFICA

Santa Maria - RS | Fone: (55) 3220.4500
www.graficapallotti.com.br